Alfred Dürr

Zur Chronologie der Leipziger Vokalwerke J. S. Bachs

Zweite Auflage: Mit Anmerkungen und Nachträgen versehener
Nachdruck aus Bach-Jahrbuch 1957

BÄRENREITER KASSEL · BASEL · TOURS · LONDON
1976

Musikwissenschaftliche Arbeiten
Herausgegeben von der Gesellschaft für Musikforschung
Nr. 26

© by Bärenreiter-Verlag Kassel 1976
Alle Rechte vorbehalten / Printed in Germany
Herstellung Bärenreiter Kassel
ISBN 3-7618-0544-6

Vorwort zur 2. Auflage

Vor die Frage gestellt, ob eine Neuausgabe der vorliegenden Arbeit in Neufassung oder in unveränderter, mit Anmerkungen versehener Gestalt zu veröffentlichen sei, hat sich der Verfasser für die zweite Möglichkeit entschieden. Ausschlaggebend hierfür war die Absicht, das Verifizieren von Verweisungen aus bereits vorliegendem Schrifttum auch bei Benutzung der Neuausgabe zu ermöglichen. Dies konnte umso leichter geschehen, als sich die seit Abfassung dieser Studie angefallenen Neuerkenntnisse, so zahlreich sie im einzelnen sein mögen, dennoch nicht substanzverändernd auswirken: Eine Revision der angewendeten Methode und der mit ihrer Hilfe gewonnenen grundsätzlichen Erkenntnisse schien in keinem Falle geboten. So mag eine tiefer greifende Neubearbeitung nach Abschluß der Neuen Bach-Ausgabe einer späteren Generation vorbehalten bleiben.

Auch der zuweilen erhobene Vorwurf, die Methode dieser Arbeit lasse in blindem Philologismus die Musik selbst unberücksichtigt und gelange darum zu falschen Ergebnissen, konnte den Verfasser nicht zur Änderung seiner Methode bewegen. Denn abgesehen von seinem persönlichen Bekenntnis, daß es ihm letzten Endes immer nur um die Musik und um nichts anderes geht, existiert doch eine verbindliche Rangordnung, die besagt, daß die innere Evidenz aus der äußeren hervorgeht, nicht umgekehrt. Darum sieht er die vorliegende Arbeit als den unumgänglich ersten Schritt an, der weitere Schritte ermöglichen soll.

Bei der Einfügung der Nachträge zur 2. Auflage wurde wie folgt verfahren: Kurze Richtigstellungen und Ergänzungen werden als Randbemerkung, gegebenenfalls auch am Fuße der Seite nachgetragen, um ein allzu häufiges Blättern zu vermeiden. Neuerkenntnisse, die eingehender erläutert werden müssen, werden im Anschluß an den Wiederabdruck mitgeteilt; auf sie wird am Rande des entsprechenden Kontextes durch den Buchstaben N mit nachfolgender Nummer verwiesen. — Neu gefaßt wurde Anhang C (Verzeichnis der ermittelten Aufführungen, nunmehr mit Seitenverweisungen). Begreiflicherweise war der Verfasser genötigt, sich auf die wichtigsten Nachträge zu beschränken. Hypothesen, die nicht mit dem Quellenbefund im Zusammenhang stehen (z. B. zur Aufführung der Motetten BWV 227, 228) oder Reisen Bachs, die evtl. den Ausfall einer zu erwartenden Leipziger Aufführung erklären könnten, bleiben im Aufführungskalender unerwähnt, was umso leichter geschehen konnte, als diese nunmehr im *Kalendarium zur Lebensgeschichte Johann Sebastian Bachs. Zusammengestellt und herausgegeben vom Bach-Archiv Leipzig ... am 20. November 1970* unschwer ermittelt werden können.

Desgleichen wurde auf die vollständige Aufzählung aller nachweisbaren und mutmaßlichen Aufführungen fremder Werke durch Bach verzichtet. Sie gehören nicht zum eigentlichen Thema dieser Arbeit. Ihre Vervollständigung hätte einen relativ großen Umfang eingenommen, vieles wäre hypothetisch geblieben, und endlich sind, wenn nicht alles täuscht, gerade auf diesem Gebiet noch weitere Neuerkenntnisse zu erwarten. Maßgebend für die Aufnahme waren der kompositorische Anteil Bachs (sofern das Werk von ihm umgearbeitet wurde) sowie die Möglichkeit von Rückschlüssen auf die Aufführung eigener Werke Bachs, insbesondere das Auftreten von Kopisten, die auch in eigenen Kompositionen Bachs beobachtet worden sind. Hingewiesen sei jedoch auf den „Katalog der Kopien lateinischer Figuralmusik fremder Meister...", den Christoph Wolff in seiner Arbeit *Der stile antico in der Musik Johann Sebastian Bachs*, Wiesbaden 1968 auf S. 161 f. mitteilt.

Dank schuldet der Verfasser außer den bereits in der 1. Auflage genannten Wissenschaftlern (siehe unten, S. 5, Anm. 1) einer großen Zahl von freundlichen Helfern und Ratgebern, unter denen Barbara Brewer, Marianne Helms, Klaus Hofmann, Yoshitake Kobayashi, Robert L. Marshall, besonders aber Hans-Joachim Schulze, der die Freundlichkeit hatte, das Manuskript vor Drucklegung durchzusehen, für viele genannt seien. Dank gebührt ferner der Neuen Bachgesellschaft und ihrem Vorsitzenden Hans Pischner für die freundliche Erteilung der Abdruckerlaubnis sowie dem Bärenreiter-Verlag und Wolfgang Rehm für die Veranstaltung der Neuausgabe.

Göttingen, im Mai 1976   Alfred Dürr

Zur Chronologie der Leipziger Vokalwerke J. S. Bachs

Von Alfred Dürr (Göttingen)[1]

ABKÜRZUNGEN

Ergänzungen siehe unten

AfMf	= Archiv für Musikforschung	
Am.B.	= Amalienbibliothek (Deutsche Staatsbibliothek Berlin)	
BB	= Deutsche Staatsbibliothek Berlin. Die Signaturen der Bach-Handschriften dieser Bibliothek werden in Kurzform mitgeteilt. Es bedeutet $P\,1$ = Deutsche Staatsbibliothek Berlin, *Mus.ms.Bach P 1* $St\,1$ = Deutsche Staatsbibliothek Berlin, *Mus.ms.Bach St 1*	**N 1**
BG	= Gesamtausgabe der Bachgesellschaft	
BJ	= Bach-Jahrbuch	
BWV	= Wolfgang Schmieder, *Thematisch-systematisches Verzeichnis der Werke J.S.Bachs*, Leipzig 1950	
Dadelsen I	= Georg von Dadelsen, *Bemerkungen zur Handschrift Johann Sebastian Bachs, seiner Familie und seines Kreises*, Trossingen 1957. Tübinger Bach-Studien, hrsg. v. W.Gerstenberg, Heft 1	
Dadelsen II	= Georg von Dadelsen, *Beiträge zur Chronologie der Werke Johann Sebastian Bachs*, Habil.-Schrift, Tübingen 1958. Die Arbeit konnte nach Abschluß dieser Studie im Typoskript eingesehen und an mehreren Stellen beim Korrekturlesen berücksichtigt werden.	**N 2**
H	= Christian Friedrich Henrici (= Picander) H I–V *Ernst-Schertzhaffte und Satyrische Gedichte*, Teil I–V, Leipzig, 1727–1751	
JLB	= Johann Ludwig Bach JLB 1–17 Johann Ludwig Bach, Kantaten Nr. 1–17 (gezählt nach BG 41, S. 275f.)	

---

[1] Die hier vorgelegte Studie ist aus einer Gemeinschaftsarbeit verschiedener Wissenschaftszweige und Forscher heraus entstanden. Sie wäre nicht denkbar gewesen ohne den von Wisso Weiß, Erfurt, hergestellten Katalog *Papier und Wasserzeichen der Notenhandschriften von Johann Sebastian Bach* (Ms., Veröffentlichung geplant innerhalb der Neuen Bach-Ausgabe), ferner ohne die schriftkundlichen Vorarbeiten, die – nachdem ein Versuch Peter Wackernagels, die Schreiber der Berliner St-Signaturen systematisch zu erfassen, infolge der Kriegsereignisse nicht über die Anfänge hinaus gediehen war – insbesondere von Wilhelm Virneisel für das Johann-Sebastian-Bach-Institut Göttingen geleistet worden sind. Sie erstreckten sich in erster Linie auf die Sonderung der Schreiber innerhalb einzelner Stimmensätze. Gleichzeitig wurden jedoch auch am Musikwissenschaftlichen Institut der Universität Tübingen schriftkundliche Untersuchungen durchgeführt, durch die Georg von Dadelsen, ausgehend von der Betrachtung der Schreiber des Bachschen Familien- und Schülerkreises, zu ähnlichen Ergebnissen gelangte, wie sie hier veröffentlicht werden. Die beiderseitigen Ergebnisse wurden laufend ausgetauscht und aufeinander abgestimmt. Allen genannten Wissenschaftlern fühlt sich der Verfasser zu wärmstem Dank verpflichtet, darüber hinaus allen denjenigen, die als Mitarbeiter an der Neuen Bach-Ausgabe die Lösung der quellenkundlichen und chronologischen Probleme vorangetrieben haben. Von diesen haben insbesondere Werner Neumann (Leipzig), Wolfgang Plath (Tübingen) und Arthur Mendel (Princeton, USA) der vorliegenden Studie entscheidende Ergebnisse zugeführt.

Zu Abkürzungen ergänze:

BALpz	= *Bach-Archiv Leipzig*
BT	= *Sämtliche von Johann Sebastian Bach vertonte Texte*, hrsg. von Werner Neumann, Leipzig 1974
Dok	= *Bach-Dokumente*, hrsg. vom Bach-Archiv Leipzig, I: Kassel etc. und Leipzig 1963, II: ebenda 1969, III: ebenda 1972 (zitiert nach Nummern)

Ergänzungen	NBA	= Neue Bach-Ausgabe
siehe unten	NV	= *Verzeichniß des musikalischen Nachlasses des verstorbenen Capellmeisters Carl Philipp Emanuel Bach*, Hamburg 1790
	P	= Partitur
	Rudorff	= Originalhandschriften der Sammlung Rudorff, z. T. Bach-Archiv Leipzig, z. T. in Privatbesitz
	Sti	= Stimmen
	Thom	= Originalstimmen der Thomasschule Leipzig, z. Z. Bach-Archiv Leipzig
	WZ	= Wasserzeichen

Darüber hinaus werden in den systematischen Darstellungen folgende Abkürzungen verwendet:

A	= Alto
B	= Basso
Bc	= Continuo
Bctr	= Continuo transponiert (f. d. Orgel)
Cno	= Corno
Cto	= Cornetto (Zink)
Fg	= Fagott
Fl	= Flauto (Blockflöte)
Ob	= Oboe
Org	= Organo
S	= Soprano
T	= Tenore
Ti	= Timpani
Trav	= Flauto traverso, Traversa (Querflöte)
Trba	= Tromba
Trbne	= Trombone
Vl	= Violino
Va	= Viola
Vc	= Violoncello
Vne	= Violone

Die chronologische Ordnung der Werke Johann Sebastian Bachs ist ein Kernproblem der musikwissenschaftlichen Forschung. Von ihrer Lösung hängen nicht allein wichtige biographische Erkenntnisse ab, erfahren wir doch durch sie z. B., welchen Einfluß Bachs Dienststellung — als Kapellmeister oder als Kantor — auf die Art seiner Kompositionen ausgeübt hat, und können so unsere Erkenntnisse zum Problem „geistlich-weltlich" bei Bach entscheidend erweitern; sehr viel wichtiger ist noch, daß uns die Kenntnis der Entstehungsfolge seiner Werke allein den Einblick in die Entwicklung des Bachschen Stils vermittelt und uns so einen Höhepunkt abendländischer Musikgeschichte erst recht verstehen lehrt.

Hier soll nun vom Leipziger Vokalwerk Bachs die Rede sein, vornehmlich also von den Kantaten, die der Thomaskantor und Director musices für die sonntägliche Musik in den Hauptkirchen Leipzigs bereitzustellen hatte. — Wer die bisherigen Datierungsversuche auf diesem Gebiet durchgeht, wird weithin keinen sicheren Boden unter seinen Füßen spüren. Zweifellos hat

Zu Abkürzungen ergänze:

N	= *Nachtrag (2. Auflage). Siehe S. 163 ff.*
SPK	= *Staatsbibliothek Preußischer Kulturbesitz Berlin (West)*
TdrLn	= *Textdruck Leningrad (Bestätigung der ermittelten Datierung) — nähere Angaben siehe N 7*
Wolff	= *Christoph Wolff, Der stile antico in der Musik Johann Sebastian Bachs, Wiesbaden 1968*

auch hier Philipp Spitta alles Wesentliche gesagt und dabei, berücksichtigt man die Mittel seiner Zeit, wahrhaft Staunenswertes geleistet; um so verwunderlicher ist es deshalb, daß in der Folgezeit, angesichts der ungeheuren Möglichkeiten, die die Photographie mit sich brachte, niemand Neigung verspürte, auf dem einmal eingeschlagenen Wege diplomatischer Quellenkritik weiterzugehen, und man entweder im Vertrauen auf die Gründlichkeit des großen Bach-Biographen auf eine eigene Nachprüfung ganz verzichtete oder sich in gewagten Spekulationen erging, bei denen die geistreiche Formulierung leider nur allzuoft in umgekehrtem Verhältnis zur Beweiskraft ihrer Thesen stand. Einige typische Fälle mögen die Situation erläutern:

Ein zentrales Argument Spittas bei der chronologischen Einordnung der Kantaten ist seine These, das Rückpositiv der Thomaskirche sei im Jahre 1730 selbständig spielbar gemacht worden, alle Kompositionen mit obligater Orgel seien daher nach diesem Umbau entstanden (vgl. Spitta II, 112 und 769f.). Diese Annahme hat nun B. F. Richter im Bach-Jahrbuch 1908, 49ff. widerlegt; dennoch halten Richter und mit ihm alle späteren Forscher an Spittas Einordnung der Kantaten mit obligater Orgel fest, obwohl die Voraussetzung dafür entfallen ist. — Symptomatisch sind ferner Arnold Scherings Umdatierungen des Weihnachtsoratoriums (BJ 1933, 36ff.), sowie der Matthäus- und der Markus-Passion (BJ 1939, 1ff.), weil sie mit einem entwaffnenden Aufwand an Gelehrsamkeit und mit brillanter Diktion einer lediglich auf persönlichem Dafürhalten gegründeten Meinung das Wort reden. — Und selbst die neuesten Forschungen — einschließlich meiner eigenen[2] — haben bis heute stets die nunmehr bald hundert Jahre zurückliegenden Forschungsergebnisse Spittas weitergegeben.

Mit der modernen Papierforschung sowie der Auswertungsmöglichkeit schriftkundlicher Befunde mit Hilfe der Fotokopie sind uns jedoch in den letzten Jahrzehnten zwei Hilfsmittel erwachsen, an denen die Forschung nicht vorbeigehen darf. Es ist bedauerlich, daß in der Zeit zwischen beiden Weltkriegen, als die Quellenarbeit noch nicht unter den Nachwirkungen von Verlagerung und Bombenschaden zu leiden hatte, in der unerschöpflichen Fülle der Bach-Literatur nicht ein einziges Werk zu finden ist, das sich in größerem Umfang mit der Untersuchung der Bachschen Originalhandschriften befaßt hätte, obwohl es doch offenkundig war, daß weder eine Gesamtbiographie von der Art des Spittaschen Werkes noch eine zufallsbedingte Zusammenfassung einzelner Kompositionen in der BG die richtige Gelegenheit zu planmäßiger und erschöpfender Durchforschung sämtlicher Handschriften nach bestimmten Merkmalen hatte bieten können.

Erst die systematische Sammlung der Originalquellen im Rahmen der Neuen Bach-Ausgabe bildete freilich die geeignete Basis für ausgedehnte

---

[2] Ausgenommen hiervon sind die durch die Themenstellung nicht betroffenen Datierungen der vor 1723 entstandenen Kantaten durch F. Smend (*Bach in Köthen*, Berlin 1951) und den Verfasser (*Studien über die frühen Kantaten J. S. Bachs*, Leipzig 1951).

Arbeiten dieser Art, wenngleich unter Einschränkung durch verschiedene Kriegsverluste.

Im folgenden soll nun versucht werden, mit den Mitteln exakter Quellenforschung eine revidierte Chronologie des Bachschen Vokalwerks zu entwerfen. Da sich die hier angestellten Untersuchungen jedoch nur an den Originalhandschriften vornehmen lassen, bleiben alle diejenigen Kompositionen außer Betracht, zu denen keine derartigen Handschriften erhalten sind, die uns also nur in Kopien aus späterer oder nicht bestimmbarer Zeit überliefert sind.

Wenngleich die dargelegte Chronologie im ganzen einwandfrei gesichert scheint, so trägt die Darstellung doch im einzelnen noch weitgehend den Charakter des Vorläufigen und bedarf in jedem Einzelfalle der Nachprüfung im Rahmen der Kritischen Berichte der Neuen Bach-Ausgabe. Die folgenden Ausführungen mögen daher mehr als Diskussionsgrundlage denn als fertiges Schema verstanden werden; die Ideallösung wäre dagegen in einer Vereinigung quellenmäßiger und stilkritischer Untersuchungen zu sehen — ein Plan, der sich vielleicht in späteren Jahren einmal durchführen läßt.

I. Die Bachschen Originalhandschriften

Jede Untersuchung an der Quelle setzt voraus, daß wir uns über ihre Entstehung allgemeine Begriffe gebildet haben. Zunächst sei daher das Zustandekommen der Originalhandschriften zu einem Bachschen Vokalwerk an einem angenommenen Normalfall aufgezeigt. Unter Originalhandschriften verstehen wir dabei alle diejenigen Handschriften, die zur Aufführung eines Werkes unter der Leitung des Komponisten hergestellt und verwendet worden sind[3], gleichgültig, ob sie autograph, also von der Hand Bachs geschrieben, oder durch einen von Bach beauftragten Kopisten hergestellt worden sind. Daher fallen Kopien von Bachschülern, die für deren eigene Aufführungen oder zu Unterrichtszwecken hergestellt worden sind, nicht unter den Begriff der Originalhandschrift in dem von uns gewählten Sinne.

Am Anfang jeder Neukomposition steht eine eigenschriftliche Partitur Bachs. Nach dieser wurden nun die Stimmen herausgeschrieben, und zwar zunächst je eine für jedes Instrument und jede Singstimme. Diese Tätigkeit wurde meist nicht von Bach selbst besorgt, sondern von einem besonders vertrauenswürdigen, möglicherweise dafür besonders honorierten Kopisten, vielleicht auch von einem Chorpräfekten. Wir nennen ihn im folgenden den Hauptschreiber (des jeweiligen Werkes). Wenn die Kopierarbeit bei starker Besetzung und größerer Ausdehnung des Werkes viel Arbeit erforderte, wurden zuweilen auch mehrere Hauptschreiber herangezogen. Nun wurden

---

[3] Um eine bessere Übersicht über die Aufführungen unter Bachs Leitung zu erlangen, werden im folgenden auch Werke mitberücksichtigt, die von fremden Komponisten stammen, jedoch unter Bachs Leitung aufgeführt wurden. Obwohl sie keine Originalhandschriften im dargelegten Sinne sind, werden sie im folgenden diesen gleichgestellt.

von denjenigen Stimmen, von denen eine einzige Kopie zur Aufführung nicht ausreichte, Dubletten hergestellt, jedoch nicht nach der Partitur, sondern nach der Vorlage der Erstkopie, und zwar meist nicht vom Hauptschreiber, sondern von einem oder mehreren weiteren Kopisten.

War das Werk, das aufgeführt werden sollte, keine Neukomposition, sondern die Umarbeitung eines älteren Werkes, so konnten zuweilen Teile des früheren Notenmaterials verwendet werden. Dies geschah auf mancherlei Art. So konnten z. B. die Instrumentalstimmen eines ehemaligen weltlichen Werkes für die Aufführung einer Kirchenkantate wiederverwendet werden, während die Singstimmen mit dem geistlichen Parodietext neu geschrieben wurden. Geringfügigere Abweichungen ließen sich durch Tekturen kenntlich machen. Die Partitur konnte oft völlig unverändert bleiben, da Bach als Leiter der Aufführung die von ihm angebrachten Änderungen auch auswendig wußte (bzw. Einzelheiten, etwa der Neutextierung, nicht gegenwärtig zu haben brauchte). War genügend Zeit vorhanden, so schrieb Bach zuweilen selbst eine neue Partitur, drängte die Zeit, so konnte auch ein Kopist mit der neuen Niederschrift der Partitur beauftragt werden; er erhielt dann mehr oder weniger genaue Anweisungen von Bach, wie er vorgehen sollte — und manchmal mißglückte auch etwas dabei! Grundsätzlich kann jedenfalls als Regel gelten, daß auch bei Umarbeitungen (ebenso wie bei Neukompositionen) das vollständige Aufführungsmaterial, bestehend aus Partitur, einfachem Stimmensatz und Dubletten, gebraucht wurde, mit dem einzigen Unterschied, daß auch älteres, bereits vorhandenes Material mitverwendet werden konnte.

Die Zahl der insgesamt angefertigten Originalstimmen richtete sich selbstverständlich nach der jeweiligen Besetzungsstärke; doch lassen sich auch hier gewisse Regelfälle aufstellen. So wurden für die allsonntäglichen Kantatenaufführungen in den Leipziger Hauptkirchen gewöhnlich folgende Stimmen gebraucht (Blech- und Holzbläser sowie Singstimmen natürlich nur in dem Ausmaß, in dem sie für das jeweilige Werk vorgesehen waren):

Blechbläser (Trompeten, Hörner), Pauken .... je 1 Stimme
Holzbläser (Flöten, Oboen, falls obligat: Fagott) ...... je 1 Stimme
Violinen I, II................................. je 2 Stimmen
Viola (I, II) .... (je) 1 Stimme
Sopran, Alt, Tenor, Baß .... je 1 Stimme
Continuo (Violoncello, Violone, Fagott, Orgel) .... insgesamt 3 Stimmen, davon eine transponiert und beziffert.

In Ausnahmefällen, wenn eine größere Besetzung des Singchores möglich war, traten zu den vier Vokalstimmen noch je eine Ripienstimme.

Günstigere Besetzungsverhältnisse ergaben sich bei den Passionsaufführungen und beim Musizieren weltlicher Kantaten; doch wurden diese von Bach in der Regel durch Bereicherung der Instrumentation, zuweilen auch durch vokale Doppelchörigkeit, seltener aber durch stärkere Besetzung der einzelnen Stimmen ausgenutzt, so daß auch in diesen Fällen die oben-

stehende Tabelle, was die Stimmenzahl für die einzelnen Instrumente betrifft, grundsätzlich Gültigkeit behält.
Schon während Bachs Lebenszeit traten die ersten Verluste an Aufführungsmaterial ein. Aus einem Brief Johann Elias Bachs vom 28. 1. 1741 erfahren wir z. B., daß Bach die Stimmen zu einer Baß-Solokantate ausgeliehen und noch nicht zurückerhalten habe; *„die Partitur aber will er nicht aus den Händen geben, weil er auf solche Art schon um viele Sachen gekommen ist"*. Häufig mußte daher in späterer Zeit noch ein zweiter Stimmensatz oder gar eine neue Partitur geschrieben werden, so daß uns eine Reihe von Werken in mehreren Originalhandschriften erhalten ist.

II. Die Überlieferung der Originalhandschriften

Der Nekrolog meldet, daß Bach fünf Jahrgänge von Kirchenstücken, fünf Passionsmusiken und eine größere Anzahl weiterer Vokalwerke hinterlassen habe[4]. Nach dem Zeugnis Forkels[5] wurden die Kantatenjahrgänge *„nach des Verfassers Tode unter die älteren Söhne vertheilt, und zwar so, daß Wilh. Friedemann das meiste davon bekam"*. Friedemann verkaufte jedoch seinen Besitz im Lauf seines weiteren Lebens; und wenn es schon ihm selbst zu Lebzeiten nicht mehr möglich war, den Verbleib seines Erbteils festzustellen[6], so dürfen wir heute erst recht nicht darauf hoffen, jemals einen vollständigen Überblick über seinen einstigen Besitz zu gewinnen. Eine Sonderstudie könnte vielleicht in einzelnen Fällen Klarheit schaffen; doch würde dies hier zu weit führen. Deutlicher überschaubar ist das Erbteil Philipp Emanuels, dessen Nachlaßverzeichnis[7] zu den meisten Sonntagen des Kirchenjahres je zwei Kantaten nennt, dazu zwei Passionen (Matthäus- und Johannes-Passion), so daß man gemeinhin angenommen hat, Friedemann habe drei, Emanuel zwei Jahrgänge geerbt (vgl. BG 12², S. V u. BG 13¹, S. XIII). Doch bedarf diese These einer Korrektur.

Wie oben dargelegt, bestand das vollständige Handschriftenmaterial eines Vokalwerks einesteils aus der Partitur, anderenteils aus den Stimmen. Dadurch war es möglich, das Werk nicht nur an einen, sondern an zwei Erben zu überliefern. Tatsächlich läßt sich auch in den meisten Fällen erkennen, daß irgendwann im Laufe der Zeit eine Teilung stattgefunden hat, wobei nach der einen Seite ein einfacher Stimmensatz, nach der andern die Partitur mit den Stimmendubletten weitergegeben wurden. Dieses eigenartige Verfahren, die Dubletten zur Partitur zu schlagen, erklärt sich daraus, daß der Besitzer der Partitur unter den damaligen Verhältnissen als der Benachteiligte galt. Denn eine Aufführung ohne Partitur war durchaus nichts Ungewöhnliches — der Dirigent leitete die Aufführung dann nach

---

[4] Vgl. den Neudruck, BJ 1920, S. 13 ff.

[5] *Über Johann Sebastian Bachs Leben, Kunst und Kunstwerke*, Leipzig 1802, S. 61. Faksimile-Druck Frankfurt 1950.

[6] Vgl. den bei M. Falck, *Wilhelm Friedemann Bach*, Leipzig 1913 abgedruckten Brief vom 4. 7. 1778 an Eschenburg (Neudruck Lindau 1956, S. 54f.).

[7] Vgl. den Neudruck im BJ, insbesondere BJ 1939, S. 88—93.

einer Continuo-Stimme; der Erbe des einfachen Stimmensatzes brauchte also nur die Dubletten wieder anfertigen zu lassen, um das Werk aufführen zu können. Anders der Erbe der Partitur. Er mußte sich der umständlichen Arbeit des Stimmenschreibens unterziehen und war daher froh, wenn er wenigstens die Duplierstimmen schon besaß.

Durch diese Spaltung des Aufführungsmaterials ließen sich die hinterlassenen fünf Jahrgänge in zehn Erbteile verwandeln, deren jeder noch einen vollständigen Kantatenjahrgang ausmachte.

Betrachtet man unter diesem Gesichtspunkt nochmals Emanuels Erbe, so stellt man fest, daß er (mindestens bei seinem Tode) von den allermeisten Vokalwerken seines Vaters nur entweder Partitur oder Stimmen besessen hat; und selbst diejenigen Fälle, in denen das Nachlaßverzeichnis Partitur und Stimmen nennt, könnten z. T. noch den oben erwähnten Ausnahmefällen zuzurechnen sein, in denen über das Normalmaß hinaus noch weitere Originalhandschriften angefertigt worden waren, so daß also selbst von diesen möglicherweise noch andere Erben etwas erhalten hatten. Daraus ergibt sich die überraschende Feststellung, daß Philipp Emanuels Erbteil mindestens zur Zeit seines Todes keineswegs zwei Fünftel, sondern nicht viel über zwei Zehntel des einstigen Bestandes ausgemacht haben muß.

III. Versuch einer Rekonstruktion der Kantatenjahrgänge

Seit B. F. Richters scharfsinniger Rekonstruktion des Choralkantaten-Jahrgangs und seiner Überlieferung[8] ist, soweit bekannt, noch nicht wieder der Versuch unternommen worden, die Zuordnung weiterer Kantaten zu den vom Nekrolog genannten fünf Jahrgängen von Kirchenstücken klarzulegen, obwohl es doch verlockend wäre, wenigstens die an Philipp Emanuel vererbten und im Nachlaßverzeichnis festgehaltenen Werke nach Jahrgängen voneinander zu trennen. Dies soll nun im folgenden unternommen werden.

Glücklicherweise bietet Emanuels Nachlaßverzeichnis eine nicht geringe Hilfe dazu: Der eine Jahrgang läßt sich nämlich zwanglos zusammensetzen, wenn man ihm alle diejenigen Kantaten zuordnet, von denen Emanuel „Partitur und einige Stimmen" — das sind also Partitur und Dubletten — in Besitz hatte. Wir werden ihn später als Jahrgang III bezeichnen (vgl. die Übersicht auf S. 16 ff.). Aber auch der andere von Emanuel hinterlassene Jahrgang hat eine charakteristische Eigenschaft: Von ihm nennt der Nachlaßkatalog wechselweise „Partitur" und „Stimmen" in der Folge des Kirchenjahres — offenbar hatten die Erben diesmal einen besonders gerechten Weg gewählt, um zwischen dem bevorzugten Besitzer der Stimmen und dem benachteiligten der Partitur einen Ausgleich zu schaffen. Der Jahrgang wird von uns später als Jahrgang I bezeichnet werden (vgl. unten, S. 13 ff.). Auf diese Weise läßt sich die Mehrzahl der von Emanuel hinter-

---

[8] *Über die Schicksale der der Thomasschule zu Leipzig angehörenden Kantaten Joh. Seb. Bachs.* BJ 1906, S. 43 ff.

lassenen Kantaten ohne Schwierigkeit einordnen. Einige verbleiben jedoch, die im Nachlaßverzeichnis mit „Partitur und Stimmen" oder „Partitur und meiste Stimmen" oder ähnlich vermerkt sind.

Unter Einschluß des von Richter (a. a. O.) bereits soweit wie möglich geklärten Choralkantaten-Jahrgangs — wir nennen ihn später Jahrgang II (vgl. unten, S. 15 f.) — lassen sich somit drei Jahrgänge in großen Zügen erkennen. Wollen wir weiter vorankommen, so müssen wir untersuchen, ob die drei Jahrgänge irgendwelche charakteristischen Kennzeichen tragen, durch die sie sich voneinander unterscheiden. Schon Richter bemerkt, daß die Besetzung keinen hinreichenden Anhalt bietet — der Versuch, einen Jahrgang Solokantaten zusammenzustellen, wird als undurchführbar abgelehnt —; und auch hinsichtlich der Textvorlage unterscheidet sich zwar der Jahrgang der Choralkantaten von den übrigen, nicht aber diese untereinander.

Aussichtsreicher scheint demgegenüber eine Ordnung der Jahrgänge nach ihrer Entstehungsfolge. Grundsätzlich bestehen ja zwei Möglichkeiten, nach denen die Jahrgangsordnung von Bach vorgenommen worden sein könnte:

a) Bach komponierte die Kantaten zeitlich unregelmäßig nach Bedarf und ordnete sie erst in späteren Jahren planvoll, vermutlich unter Auffüllung der noch vorhandenen Lücken. Dies ist die in der bisherigen Bachforschung vorherrschende Anschauung.

b) Bach komponierte die Kantaten in regelmäßigen Zeitabständen, bis jeweils — sei es in einem Jahr, sei es in längerer Zeit — ein Jahrgang vollständig geworden war und abgeschlossen werden konnte. Dieses Verfahren ist für Bachs Weimarer Zeit belegt, in der er ab 1714 mit ziemlicher Regelmäßigkeit alle 4 Wochen eine Kantate komponierte, dabei aber von seinem vierwöchigen Turnus überall da abwich, wo es galt, die Komposition mehrerer Kantaten für den gleichen Sonntag zugunsten wechselnder Sonntage zu vermeiden, ganz offensichtlich mit dem Ziel, den einmal begonnenen Jahrgang zu vervollständigen.

Übrigens ist auch von anderen Komponisten der Zeit, etwa Telemann, bekannt, daß sie jahrgangsweise Kantaten produzierten. Diese Anordnung war offenbar eine Forderung, die sich unmittelbar aus der Praxis heraus ergab, und keineswegs nur eine lobenswerte Altersangewohnheit zur Erleichterung der Nachlaßordnung.

Nun läßt die unten mitgeteilte Zusammenstellung[9] tatsächlich erkennen, daß die Jahrgänge in sich hinsichtlich ihrer Entstehungszeit eine einheitliche Größe bilden, und zwar an den in ihren Handschriften auftretenden Wasserzeichen[10]. Unter Außerachtlassung der seltener auftretenden und da-

---

[9] Um einen Doppelabdruck der Jahrgangstabellen zu vermeiden, sind die durch (gleiches) Wasserzeichen ermittelten Kantaten in sie bereits eingearbeitet. Zum Nachweis ihrer Zugehörigkeit sind sie zunächst noch wegzudenken.

[10] Zusammenstellung der wichtigsten Wasserzeichen siehe Anhang A, (S. 121 ff.) auf den hier ein für allemal verwiesen sei.

her minder wichtigen Papiersorten ergibt sich daher die nachstehende Zuordnung der bisher ermittelten Jahrgänge und Wasserzeichen:

Jahrgang I

In Emanuels Nachlaß abwechselnd Partitur und Stimmen enthalten.
Wasserzeichen: IMK, daneben MA kleine Form.

Jahrgang II

Die Stimmen gelangten über Anna Magdalena Bach an die Thomasschule, die Partituren über Friedemann[11] an verschiedene Besitzer.
Wasserzeichen: Halbmond, daneben Adler + H, Schwerter I, RS.

Jahrgang III

In Emanuels Nachlaß „Partitur und einige Stimmen".
Wasserzeichen: Schwerter II, IAI, ICF, daneben RS, Kelch + GAW, GM, Kelch + SW, Posthorn.

Reihenfolge und Numerierung der Jahrgänge werden später näher zu erklären sein.

Wir sind nun in der Lage, einen einigermaßen vollständigen Überblick über diese drei Jahrgänge zu geben, wobei stets vermerkt werden wird, auf Grund welcher Argumente die Einordnung des betreffenden Werkes erfolgte. Außer den Werken, die in Philipp Emanuels Nachlaßverzeichnis (NV) aufgeführt sind und bei denen mitzuteilen sein wird, ob sich Partitur (P) oder Stimmen (Sti) oder beides in seinem Nachlaß befanden, werden wir auch diejenigen berücksichtigen, deren Titelblatt von der Hand Philipp Emanuels geschrieben ist (zur Kennzeichnung dieses Sachverhaltes dient der Vermerk „Titelbl." in der rechten Spalte), so daß die Vermutung naheliegt, daß diese Handschrift in Emanuels Besitz war, aber bereits vor seinem Tode abwanderte und so nicht ins NV gelangte. Wo es zur Unterstützung der Beweisführung notwendig erscheint, wird ferner auf die Gleichheit des Wasserzeichens (WZ) hinzuweisen sein. Beim Jahrgang der Choralkantaten wiederum werden alle diejenigen Werke einzubeziehen sein, deren Stimmen zwar in den Beständen der Thomasschule fehlen, die aber von B. F. Richter im BJ 1906, S. 62 mit gutem Grund für diesen Jahrgang in Anspruch genommen wurden. Daraus ergibt sich die folgende Übersicht:

Jahrgang I

Bestimmung	Kantate	als zugehörig erkannt durch
1. Advent	61 Nun komm, der Heiden Heiland	NV: P
1. Weihn.	63 Christen, ätzet diesen Tag	NV: Sti
2. Weihn.	40 Dazu ist erschienen	NV: P

---

[11] Vgl. den in BG 35, S. XXIX abgedruckten Brief Forkels (wiederabgedruckt im BJ 1906, S. 49, ferner Falck, a. a. O., S. 55 u. öfter).

Bestimmung	Kantate		als zugehörig erkannt durch
3. Weihn.	64	Sehet, welch eine Liebe	NV: Sti
Sonnt. n. Weihn.	152	Tritt auf die Glaubensbahn	NV: P
Neujahr	190	Singet dem Herrn ein neues Lied	NV: Sti
Sonnt. n. Neujahr	153	Schau, lieber Gott	WZ (nur Sti erhalten)
Epiphanias	65	Sie werden aus Saba alle kommen	NV: P
1. p. Ep.	154	Mein liebster Jesus ist verloren	NV: P + Sti[12]
2. p. Ep.	155	Mein Gott, wie lang, ach lange	Titelbl. der P
3. p. Ep.	73	Herr, wie du willst	NV: Sti
4. p. Ep.	81	Jesus schläft, was soll ich hoffen	NV: P
Mariä Reinigung	83	Erfreute Zeit im neuen Bunde	NV: Sti
Septuagesimae	144	Nimm, was dein ist	NV: P
Sexagesimae	181	Leichtgesinnte Flattergeister	NV: Sti
Estomihi	23	Du wahrer Gott und Davidssohn	NV: P
Mariä Verkündig.	182	Himmelskönig, sei willkommen	NV: P + Sti[13]
1. Ostertag	31	Der Himmel lacht	NV: Sti
2. Ostertag	66	Erfreut euch, ihr Herzen	NV: P
3. Ostertag	134	Ein Herz, das seinen Jesum lebend weiß	NV: Sti
Quasimodogeniti	67	Halt im Gedächtnis Jesum Christ	NV: P
Misericordias	104	Du Hirte Israel, höre	NV: Sti
Jubilate	12	Weinen, Klagen	NV: P
Cantate	166	Wo gehest du hin	NV: Sti
Rogate	86	Wahrlich, wahrlich, ich sage euch	NV: P
Himmelfahrt	37	Wer da glaubet	NV: Sti
Exaudi	44	Sie werden euch in den Bann tun	NV: P
1. Pfingsttag	172	Erschallet, ihr Lieder	NV: Sti
2. Pfingsttag	173	Erhöhtes Fleisch und Blut	NV: P
3. Pfingsttag	184	Erwünschtes Freudenlicht	NV: Sti
Trinitatis	194	Höchsterwünschtes Freudenfest	NV: P + meist alle Sti
1. p. Trin.	75	Die Elenden sollen essen	NV: P (sic) [[14]
2. p. Trin.	76	Die Himmel erzählen	NV: P
3. p. Trin.	21	Ich hatte viel Bekümmernis	NV: Sti
4. p. Trin.	185	Barmherziges Herze	NV: P + meist alle Sti[15]
Johannis	167	Ihr Menschen, rühmet Gottes Liebe	WZ (nur Sti erhalten)
5. p. Trin.			
Mariä Heimsuch.	147	Herz und Mund und Tat und Leben	NV: P
6. p. Trin.			
7. p. Trin.	186	Ärgre dich, o Seele, nicht	NV: P
8. p. Trin.	136	Erforsche mich, Gott	WZ (nur Sti + P - Fragment erhalten)
9. p. Trin.	105	Herr, gehe nicht ins Gericht	NV: P + zum 1. Chor Sti[16]
10. p. Trin.	46	Schauet doch und sehet	WZ
11. p. Trin.	179	Siehe zu, daß deine Gottesfurcht	NV: P

[12] Partitur nicht autograph!
[13] Mehrere Stimmensätze erhalten!
[14] Mehrere Stimmensätze erhalten!
[15] Mehrere Stimmensätze erhalten!
[16] Stimmen aus späterer Zeit, keine Originalstimmen!

Bestimmung	Kantate	als zugehörig erkannt durch
12. p. Trin.	69a Lobe den Herrn, meine Seele	WZ (nur Sti erhalten)
13. p. Trin.	77 Du sollst Gott, deinen Herrn, lieben	WZ (nur P erhalten)
14. p. Trin.	25 Es ist nichts Gesundes an meinem Leibe	WZ (nur Sti erhalten)
15. p. Trin.	138 Warum betrübst du dich	NV: P
16. p. Trin.	95 Christus, der ist mein Leben	WZ (nur Sti erhalten)
17. p. Trin.	148 Bringet dem Herrn Ehre	NV: P
18. p. Trin.		
Michaelis		
19. p. Trin.	48 Ich elender Mensch	WZ, Titelbl.
20. p. Trin.	(162 Ach, ich sehe	nur Sti erhalten[17])
21. p. Trin.	109 Ich glaube, lieber Herr	WZ
22. p. Trin.	89 Was soll ich aus dir machen	WZ (nur Sti erhalten)
23. p. Trin.	163 Nur jedem das Seine	Titelbl. (nur P erhalten[18])
24. p. Trin.	60 O Ewigkeit, du Donnerwort	WZ (nur Sti erhalten)
25. p. Trin.	90 Es reifet euch ein schrecklich Ende	WZ, Titelbl. (nur P erhalten)
26. p. Trin.	70 Wachet, betet	WZ (nur Sti erhalten)
Reformationsfest		

Jahrgang II

Bestimmung	Kantate	als zugehörig erkannt durch
1. Advent	62 Nun komm, der Heiden Heiland	Thom
1. Weihn.	91 Gelobet seist du, Jesu Christ	Thom
2. Weihn.	121 Christum wir sollen loben schon	Thom
3. Weihn.	133 Ich freue mich in dir	Thom
Sonnt. n. Weihn.	122 Das neugeborne Kindelein	Thom
Neujahr	41 Jesu, nun sei gepreiset	Thom
Sonnt. n. Neujahr	58 Ach Gott, wie manches Herzeleid	Thom
Epiphanias	123 Liebster Immanuel	Thom
1. p. Ep.	124 Meinen Jesum laß ich nicht	Thom
2. p. Ep.	3 Ach Gott, wie manches Herzeleid	Thom
3. p. Ep.	111 Was mein Gott will	BJ 1906, 62
4. p. Ep.	14 Wär Gott nicht mit uns diese Zeit	Thom
Mariä Reinigung	125 Mit Fried und Freud	Thom
Septuagesimae	92 Ich hab in Gottes Herz und Sinn	Thom
Sexagesimae	126 Erhalt uns, Herr	Thom
Estomihi	127 Herr Jesu Christ, wahr' Mensch und Gott	Thom
Mariä Verkündig.	1 Wie schön leuchtet der Morgenstern	Thom
1. Ostertag	4 Christ lag in Todes Banden	Thom
2. Ostertag		
3. Ostertag		

---

[17] Umarbeitung einer Weimarer Kantate unter Benutzung Weimarer Papiers. WZ daher nicht ausschlaggebend. Der Nachweis der Zugehörigkeit zum Jahrgang wird später anhand des schriftkundlichen Befundes zu erbringen sein.

[18] Weimarer Kantate, WZ daher nicht ausschlaggebend.

Bestimmung	Kantate	als zugehörig erkannt durch
Quasimodogeniti		
Misericordias	112 Der Herr ist mein getreuer Hirt	Thom
Jubilate		
Cantate		
Rogate		
Himmelfahrt	128 Auf Christi Himmelfahrt allein	BJ 1906, 62
Exaudi		
1. Pfingsttag		
2. Pfingsttag	68 Also hat Gott die Welt geliebt	Thom
3. Pfingsttag		
Trinitatis	129 Gelobet sei der Herr	Thom
1. p. Trin.	20 O Ewigkeit, du Donnerwort	Thom
2. p. Trin.	2 Ach Gott, vom Himmel sieh darein	Thom
3. p. Trin.	135 Ach Herr, mich armen Sünder	BJ 1906, 62
4. p. Trin.	177 Ich ruf zu dir, Herr Jesu Christ	Thom
Johannis	7 Christ unser Herr zum Jordan kam	Thom
Mariä Heimsuch.	10 Meine Seel erhebt den Herren	Thom
5. p. Trin.	93 Wer nur den lieben Gott läßt walten	Thom
6. p. Trin.	9 Es ist das Heil uns kommen her	Thom
7. p. Trin.	107 Was willst du dich betrüben	Thom
8. p. Trin.	178 Wo Gott, der Herr, nicht bei uns hält	Thom
9. p. Trin.	94 Was frag ich nach der Welt	Thom
10. p. Trin.	101 Nimm von uns, Herr	Thom
11. p. Trin.	113 Herr Jesu Christ, du höchstes Gut	BJ 1906, 62
12. p. Trin.	137 Lobe den Herren, den mächtigen König der Ehren	Thom
13. p. Trin.	33 Allein zu dir, Herr Jesu Christ	Thom
14. p. Trin.	78 Jesu, der du meine Seele	Thom
15. p. Trin.	99 Was Gott tut, das ist wohlgetan	Thom
16. p. Trin.	8 Liebster Gott, wann werd ich sterben	Thom
Michaelis	130 Herr Gott, dich loben alle wir	BJ 1906, 62
17. p. Trin.	114 Ach, lieben Christen, seid getrost	Thom
18. p. Trin.	96 Herr Christ, der ein'ge Gottessohn	Thom
19. p. Trin.	5 Wo soll ich fliehen hin	Thom
20. p. Trin.	180 Schmücke dich, o liebe Seele	BJ 1906, 62
21. p. Trin.	38 Aus tiefer Not	Thom
22. p. Trin.	115 Mache dich, mein Geist, bereit	BJ 1906, 62
23. p. Trin.	139 Wohl dem, der sich auf seinen Gott	Thom
24. p. Trin.	26 Ach wie flüchtig, ach wie nichtig	Thom
25. p. Trin.	116 Du Friedefürst, Herr Jesu Christ	Thom
26. p. Trin.		
27. p. Trin.	140 Wachet auf, ruft uns die Stimme	Thom
Reformationsfest	80 Ein feste Burg ist unser Gott	BJ 1906, 62

Jahrgang III

Bestimmung	Kantate	als zugehörig erkannt durch
1. Advent	36 Schwingt freudig euch empor	NV: P + einige Sti
1. Weihn.	110 Unser Mund sei voll Lachens	NV: P + einige Sti

Bestimmung	Kantate	als zugehörig erkannt durch
2. Weihn.	57 Selig ist der Mann	NV: P + einige Sti
3. Weihn.	151 Süßer Trost, mein Jesus kömmt	NV: P + einige Sti
Sonnt. n. Weihn.	28 Gottlob, nun geht das Jahr zu Ende	NV: P + einige Sti
Neujahr	16 Herr Gott, dich loben wir	NV: P + einige Sti
Sonnt. n. Neujahr		
Epiphanias		
1. p. Ep.	32 Liebster Jesu, mein Verlangen	NV: P + einige Sti
2. p. Ep.	13 Meine Seufzer, meine Tränen	NV: P + einige Sti
3. p. Ep.	72 Alles nur nach Gottes Willen	NV: P + einige Sti
Mariä Reinigung	82 Ich habe genug	NV: P + meist alle Sti[19]
Septuagesimae	84 Ich bin vergnügt	NV: P + einige Sti
Sexagesimae		
Estomihi	22 Jesus nahm zu sich die Zwölfe	NV: P + meist alle Sti[20]
Mariä Verkündig.		
1. Ostertag		
2. Ostertag	6 Bleib bei uns	NV: P + einige Sti
3. Ostertag		
Quasimodogeniti	42 Am Abend aber desselbigen Sabbaths	NV: P + einige Sti
Misericordias Dom.	85 Ich bin ein guter Hirt	NV: P + einige Sti
Jubilate	103 Ihr werdet weinen und heulen	NV: P + einige Sti
Cantate	108 Es ist euch gut, daß ich hingehe	NV: P + einige Sti
Rogate	87 Bisher habt ihr nichts gebeten	NV: P + einige Sti
Himmelfahrt	43 Gott fähret auf mit Jauchzen	NV: P + einige Sti
Exaudi	183 Sie werden euch in den Bann tun	NV: P + einige Sti
1. Pfingsttag	74 Wer mich liebet	NV: P + meist alle Sti, WZ[21]
2. Pfingsttag		
3. Pfingsttag	175 Er rufet seinen Schafen	NV: P + einige Sti
Trinitatis	176 Es ist ein trotzig und verzagt Ding	NV: P + einige Sti
1. p. Trin.	39 Brich dem Hungrigen dein Brot	NV: P + einige Sti
Johannis	(30 Freue dich, erlöste Schar	NV: P + Sti)[22]
2. p. Trin.		
Mariä Heimsuch.		
3. p. Trin.		
4. p. Trin.		
5. p. Trin.	88 Siehe, ich will viel Fischer aussenden	NV: P + einige Sti
6. p. Trin.	170 Vergnügte Ruh	NV: P(!), WZ
7. p. Trin.	187 Es wartet alles auf dich	NV: P + Sti(!), WZ
8. p. Trin.	45 Es ist dir gesagt, Mensch	NV: P + einige Sti
9. p. Trin.	(168 Tue Rechnung, Donnerwort	NV: P + Sti)[22]
10. p. Trin.	102 Herr, deine Augen	NV: P + Sti(!), WZ

[19] Mehrere Stimmensätze verschiedener Fassungen vorhanden (heute nur z. T.).
[20] Stimmen inzwischen verschollen.
[21] Partitur nicht erhalten, vielleicht im NV Verwechslung mit BWV 59. Daß an dieser Stelle BWV 74 einzuordnen ist, ergibt sich durch Zusammengehörigkeit der Kantate 74 mit den angrenzenden Werken nach WZ und Dichtung.
[22] Zugehörigkeit zum Jahrgang nur vermutet.

Bestimmung	Kantate		als zugehörig erkannt durch
11. p. Trin.	(199	Mein Herze schwimmt im Blut	NV: P + Sti)[23]
12. p. Trin.	35	Geist und Seele wird verwirret	NV: P + Sti(!), WZ
13. p. Trin.	164	Ihr, die ihr euch von Christo nennet	NV: P + einige Sti
14. p. Trin.	17	Wer Dank opfert, der preiset mich	NV: P + einige Sti
Michaelis	19	Es erhub sich ein Streit	NV: P(!), WZ
Siehe unten 15. p. Trin.	(51	Jauchzet Gott in allen Landen	NV: P + Sti)[24]
16. p. Trin.	27	Wer weiß, wie nahe mir mein Ende	NV: P + einige Sti
17. p. Trin.	47	Wer sich selbst erhöhet	WZ, Titelbl.
18. p. Trin.	169	Gott soll allein mein Herze haben	NV: Sti(!), WZ
19. p. Trin.	56	Ich will den Kreuzstab gerne tragen	WZ, Titelbl.
20. p. Trin.	49	Ich geh und suche mit Verlangen	WZ, Titelbl.
21. p. Trin.	98	Was Gott tut, das ist wohlgetan	WZ, Titelbl.
22. p. Trin.	55	Ich armer Mensch, ich Sündenknecht	WZ, Titelbl.
23. p. Trin.	52	Falsche Welt, dir trau ich nicht	WZ, Titelbl.
Reformationsfest	79	Gott der Herr ist Sonn und Schild	NV: P + Sti(!), WZ

Damit sind die Kantaten dreier Jahrgänge einander zugeordnet. Den Grad der Wahrscheinlichkeit, mit dem die Zuweisung jeweils erfolgte, wolle man dabei in jedem Falle den in der rechten Spalte vorgebrachten Argumenten entnehmen. Sehr viel weniger ist uns offenbar von den beiden übrigen Jahrgängen erhalten, ihre Rekonstruktion stößt daher auf erhebliche Schwierigkeiten. Einer von ihnen könnte auf die Texte komponiert sein, die Henrici-Picander im Jahre 1728 unter dem Titel *Cantaten Auf die Sonn- und Fest-Tage durch das gantze Jahr* in Leipzig veröffentlichte[25]. Komponist und Bestimmung dieses Kantatenjahrgangs sind in Picanders vom 24. Juni 1728 datiertem Vorwort ausdrücklich genannt:

> Ich habe solches Vorhaben desto lieber unternommen, weil ich mir schmeicheln darf, daß vielleicht der Mangel der poetischen Anmuth durch die Lieblichkeit des unvergleichlichen Herrn Capell-Meisters, *Bachs*, dürfte ersetzet, und diese Lieder in den Haupt-Kirchen des andächtigen Leipzigs angestimmet werden.

An Vertonungen dieses Jahrgangs durch Bach lassen sich heute nachweisen:

1. Weihnachtstag	197a	Ehre sei Gott in der Höhe (Fragment)
Neujahr	171	Gott, wie dein Name
3. p. Ep.	156	Ich steh mit einem Fuß im Grabe
Septuagesimae	84	Ich bin vergnügt mit meinem Glücke
Estomihi	159	Sehet, wir gehn hinauf gen Jerusalem
2. Ostertag	—	Ich bin ein Pilgrim auf der Welt (Fragment in *P 670*)
3. Ostertag	145	Ich lebe, mein Herze
2. Pfingsttag	174	Ich liebe den Höchsten von ganzem Gemüte
Michaelis	149	Man singet mit Freuden vom Sieg
21. p. Trin.	188	Ich habe meine Zuversicht

[23] Weimarer Kantate von 1714; Papierbefund daher nicht ausschlaggebend. Zuordnung deshalb nur vermutet.

Siehe unten [24] Zugehörigkeit zu diesem Jahrgang nur vermutet.

[25] Titel und Zitat aus dem Vorwort nach Spitta II, 172 u. 174f. Das von Spitta in Dresden nachgewiesene Exemplar des Textdruckes ist Kriegsverlust.

Zu Anm. 24: Im Partiturautograph zu BWV 51 (P 104) jedoch der (möglicherweise auf C. P. E. Bach als Erben deutende) Vermerk „Carl".

Möglicherweise hinzuzurechnen ist die gleichfalls von Picander gedichtete Kantate:

Mariä Reinigung   157   Ich lasse dich nicht, du segnest mich denn.

Von den genannten Kantaten findet sich nur eine einzige, BWV 84, in Emanuels Nachlaßverzeichnis. Sie nimmt auch in anderer Hinsicht eine Sonderstellung ein: Der gedruckte Text Picanders weicht stärker als sonst üblich von dem der Bachschen Komposition ab, und weiter unten wird nachzuweisen sein, daß auch der schriftkundliche Befund eine Entstehung vor 1728, dem Druckjahr der Picander-Texte, wahrscheinlich macht. Wir werden diese Kantate also wohl abweichend von den übrigen dem Jahrgang III (vgl. oben) zuzuweisen haben. Zu den restlichen Kompositionen des Picander-Jahrgangs sind uns Originalhandschriften nur in verschwindend geringem Ausmaß erhalten; meist sind wir auf Abschriften angewiesen. Solange uns aber die geforderte Spezialuntersuchung über die Überlieferung der Bachschen Originalhandschriften noch fehlt, ist daher zu vermuten, daß uns hier ein Verlust von größeren Ausmaßen getroffen hat: Wahrscheinlich ist der Jahrgang tatsächlich von Bach komponiert worden, und seine Originalhandschriften — vielleicht aus Friedemanns Erbteil — sind zum größten Teil verlorengegangen.

Noch unbefriedigender sind die Versuche, den fünften Jahrgang zu rekonstruieren. Nach Abzug der bisher aufgezählten Werke verbleiben als mögliche Hinweise auf die Zusammensetzung des fünften Jahrgangs:

a) die Gruppe der *Oratorien* mit

1. Weihnachtstag	248^{I}	Jauchzet, frohlocket	NV: P + Sti
2. Weihnachtstag	248^{II}	Und es waren Hirten	NV: P + Sti
3. Weihnachtstag	248^{III}	Herrscher des Himmels	NV: P + Sti
Neujahr	248^{IV}	Fallt mit Danken	NV: P +i St
Sonnt. n. Neujahr	248^{V}	Ehre sei dir, Gott, gesungen	NV: P + Sti
Epiphanias	248^{VI}	Herr, wenn die stolzen Feinde schnauben	NV: P + Sti
1. Ostertag	249	Kommt, eilet und laufet	NV: P + meist alle Sti
Himmelfahrt	11	Lobet Gott in seinen Reichen	NV: P + einige Sti

Das Oster-Oratorium ist in Emanuels Nachlaßverzeichnis nicht ausdrücklich als Oratorium bezeichnet und könnte daher auch dem Jahrgang III zugehören. Die übrigen beiden Oratorien sind in keine der beiden Jahrgänge, die Emanuels Erbteil bildeten, einzuordnen; sie sind überzählig. Es ist daher unwahrscheinlich, daß sie überhaupt jemals einem Jahrgang angehört haben; denn das würde bedeuten, daß ein anderer Erbe die „festlosen" Kantaten dieses Jahrgangs geerbt haben müßte, und dieser Gedanke ist doch zu unvorstellbar!

b) Kantaten, die sich mit Gewißheit keinem der vier übrigen Jahrgänge zuordnen lassen:

1. Weihnachtstag	191	Gloria in excelsis Deo	erhalten: P
Neujahr	143	Lobe den Herrn, meine Seele	erhalten: nur Abschriften

Wenn diese Kantaten nicht zum fünften Jahrgang gehört haben, so müßten sie überzählig sein. Es besteht somit eine gewisse Wahrscheinlichkeit, daß wir hier tatsächlich Reste des Jahrgangs V vor uns haben.

c) Kantaten, die sich nicht mit hinreichender Gewißheit einem der vier übrigen Jahrgänge zuordnen lassen:

4. Advent[26]	132 Bereitet die Wege	NV: P + einige Sti
1. Ostertag	15 Denn du wirst meine Seele	erhalten: P + Sti
3. Ostertag	158 Der Friede sei mit dir	erhalten: nur Abschriften
Jubilate	146 Wir müssen durch viel Trübsal	erhalten: nur Abschriften
1. Pfingsttag	59 Wer mich liebet	erhalten: P + Sti
1. Pfingsttag	34 O ewiges Feuer	erhalten: P + Sti
Trinitatis	165 O heilges Geist- und Wasserbad	erhalten: P
4. p. Trin.	24 Ein ungefärbt Gemüte	erhalten: P + Sti
7. p. Trin.[27]	54 Widerstehe doch der Sünde	erhalten: nur Abschriften
16. p. Trin.	161 Komm, du süße Todesstunde	erhalten: nur Abschriften
Mariä Reinigung?	200 Bekennen will ich seinen Namen	erhalten: P (Fragment)
Michaelis?	50 Nun ist das Heil und die Kraft	erhalten: nur Abschriften

Tilge diese Zeile (bei Zeile "1. Ostertag")
Siehe unten (bei Zeile "7. p. Trin.")

Die Zugehörigkeit dieser Kantaten zum Jahrgang V ist zwar möglich, bleibt aber doch unbewiesen.

d) Kantaten ohne erkennbare Bestimmung im Kirchenjahr:

97 In allen meinen Taten	NV: Sti; auch P erhalten
100 Was Gott tut, das ist wohlgetan	erhalten: P + Sti
117 Sei Lob und Ehr	erhalten: P
131 Aus der Tiefe	erhalten: P
150 Nach dir, Herr, verlanget mich	erhalten: nur Abschriften
192 Nun danket alle Gott	erhalten: Sti

Von einem Versuch, Trauungs-, Ratswahl- und ähnliche Kantaten einem bestimmten Jahrgang zuzuweisen, wurde hier grundsätzlich abgesehen. Überblickt man das Ergebnis der Rekonstruktionsversuche, so zeigt sich, daß uns drei annähernd vollständige Jahrgänge erhalten sind. Ein vierter Jahrgang war mit einiger Wahrscheinlichkeit auf Texte Picanders (von 1728) komponiert; er ist bis auf geringfügige Reste und einige erhaltene Abschriften verschollen. Ein fünfter Jahrgang, über den sich nichts Verbindliches aussagen läßt, ist gleichfalls verschollen. Die Oratorien standen dagegen vermutlich außerhalb der Jahrgangseinteilung.

IV. Relative Chronologie der Jahrgänge I bis III und der im gleichen Zeitraum entstandenen übrigen Vokalwerke

Um eine möglichst vollständige Rekonstruktion der einzelnen Jahrgänge zu bieten, hatten wir bereits weiter oben die Betrachtung der in den Kan-

---

[26] Weimarer Kantate, in Leipzig vielleicht zum 1. Advent verwendet.
[27] Die gleichfalls für den 7. p. Trin. bestimmte Kantate BWV Anh. 1 „Gesegnet ist die Zuversicht" wird als vermutlich unecht nicht aufgeführt (vgl. BJ 1951–1952, S. 41 f.).

Siehe unten (bei Anm. 27)

Zu Anm. 27: Bestimmung der Kantate BWV 54 jedoch unsicher (Textdruck: Oculi).

tatenhandschriften erkennbaren Wasserzeichen in unsere Untersuchungen einbezogen. Das war möglich, weil, wie wir feststellen konnten, Entstehungsfolge und Jahrgangseinteilung zueinander in Beziehung stehen: Jeder Jahrgang bildet in seinen Hauptbestandteilen hinsichtlich des Handschriftenbefundes ein geschlossenes Ganzes, ist also in unmittelbarem zeitlichen Nacheinander entstanden und lag vor, ehe ein neuer in Angriff genommen wurde. Freilich wird in einigen Fällen nachzuweisen sein, daß die spätere Anordnung gegenüber der ursprünglichen geändert wurde.
Wir nähern uns dem Problem daher jetzt von einer anderen Seite und betrachten den diplomatischen Befund der einzelnen Jahrgänge genauer, um daraus, wenn möglich, eine Bestätigung und Erweiterung unserer bisherigen Erkenntnisse zu erlangen.

1. Die Hauptkopisten

Wie schon oben dargelegt, wurden für Bachs Aufführungen zu jedem Vokalwerk üblicherweise eine autographe Partitur und Stimmen von Kopistenhand hergestellt. Gelingt es nun, die Schriftzüge desselben Kopisten in den Originalhandschriften mehrmals wiederzufinden, so haben wir einen wertvollen Hinweis auf ihre Entstehungszeit; denn es ist anzunehmen, daß jeder Kopist — vermutlich handelt es sich meist um ältere Thomaner — nur eine Zeitlang bei Bach beschäftigt war. Das Ergebnis der diesbezüglichen Untersuchungen ist nun in Anhang B (s. S. 145ff.) zusammengestellt, auf den hier ein für allemal verwiesen sei.
Die markanteste Schreiberpersönlichkeit unter den Leipziger Helfern Bachs ist ein Kopist, der in der Bach-Literatur schon mehrfach erwähnt[28], in der BB als „Anonymus III", in der Musikbibliothek Peters als „Anna Magdalena Bach" und bei Dadelsen als „Anonymus 3" bezeichnet worden ist. Wir bezeichnen ihn hier als H a u p t k o p i s t e n A. Dieser Schreiber, der innerhalb der Bachschen Originalhandschriften am häufigsten auftritt, läßt in seinen Schriftzügen einige markante Unterschiede erkennen, die eine chronologische Ordnung der von ihm geschriebenen Werke ermöglichen. Besonders augenfällig und leicht unterscheidbar sind die beiden von ihm verwendeten Formen der S e c h z e h n t e l f ä h n c h e n. Die eine Form ist die im 17. Jahrhundert durchweg übliche: Sie wird in einem Zuge geschrieben, eine Einkerbung deutet den Unterschied gegenüber dem Achtelfähnchen an. Die andere Form entspricht unserer heutigen Druckform: Zunächst wird ein Achtelfähnchen niedergeschrieben; ein Querbalken, mit neuem Federstrich gezogen, stellt das zweite Fähnchen dar[29]. Daß die zuerst geschilderte Form auch bei unserem Hauptkopisten A die zeitlich frühere ist, geht daraus hervor, daß sie u. a. in Kantate 76 ausschließlich auftritt, die einen Sonntag nach Bachs Amtsantritt in Leipzig im Jahre 1723 aufgeführt wurde, wie das autographe Datum der Partitur bekundet. Wir finden sie

[28] Vgl. den Krit. Bericht NBA I/1, S. 50f. und besonders Dadelsen I, 26 sowie Dadelsen II.
[29] Siehe dazu die Faksimiletafeln I (frühe Form) und II (späte Form).

TAFEL I: Hauptkopist A, frühe Schriftformen

Oben: Aus der Partiturabschrift der Kantate „Jesus nahm zu sich die Zwölfe", BWV 22 (BB P 46/1, Westdeutsche Bibliothek Marburg). Frühform des g-Schlüssels, des c-Schlüssels und der Sechzehntelfähnchen (1723).

Unten: Aus der Altstimme der Kantate „Die Himmel erzählen die Ehre Gottes", BWV 76 (BB St 13b, Westdeutsche Bibliothek Marburg). Frühform des c-Schlüssels und der Sechzehntelfähnchen (1723).

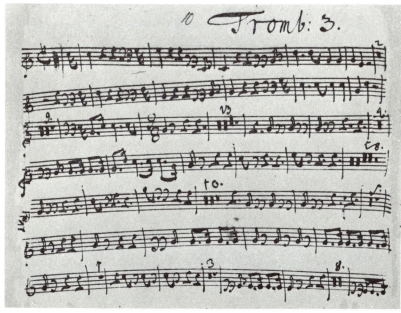

TAFEL II: Hauptkopist A, späte Schriftformen

Oben: Aus der Altstimme der Kantate „Unser Mund sei voll Lachens", BWV 110 (BB *St 92*, Deutsche Staatsbibliothek Berlin). Spätform des c-Schlüssels und der Sechzehntelfähnchen (1725).

Unten: Aus der Tromba-III-Stimme derselben Kantate. Spätform des g-Schlüssels, Spät-, vereinzelt Frühform der Sechzehntelfähnchen (1725).

darüber hinaus in sämtlichen Handschriften des Jahrgangs I, an denen der Hauptkopist A beteiligt ist, desgleichen in einigen von ihm geschriebenen Partien des Jahrgangs II, und zwar in den Kantaten der Zeit zwischen 1. und 25. p. Trin. mit zwei Ausnahmen: Kantate 137 (12. p. Trin.) zeigt das späte Stadium und Kantate 26 (24. p. Trin.) beide Formen unter Bevorzugung der früheren.

In allen übrigen vom Hauptkopisten A geschriebenen Partien finden wir das späte Stadium, d. h. in den restlichen Kantaten des Jahrgangs II vom 1. Advent an (soweit der Hauptkopist A in ihnen auftritt), in den Kantaten 6, 42, 85, 103, 108, 87, 183, 74, 175, 168, 137, 164, 79, 110, 57, 151, 28 des Jahrgangs III sowie in der Motette BWV 225 „Singet dem Herrn ein neues Lied", der Johannes-Passion und im Oster-Oratorium; und nur ganz vereinzelt finden sich unter überwiegend späten Formen einige versprengte frühe (BWV 62, 127, 128, 110, 225), wobei offenbar die seltener auftretenden nach oben gestrichenen Sechzehntel konservativer behandelt werden als die nach unten gestrichenen.

In Kurzform läßt sich also die Sechzehntelschreibweise des Hauptkopisten A wie folgt charakterisieren:

        früh: Jahrgang I
        früh/spät: Jahrgang II
        spät: Jahrgang III.

Damit ist auch die Rechtfertigung unserer schon vorwegnehmend eingeführten Numerierung der Jahrgänge gegeben. In den mutmaßlich oder möglicherweise den Jahrgängen IV und V zugehörenden Kantaten tritt der Hauptkopist A nicht auf (Ausnahme: BWV 24, dessen ursprüngliche Zugehörigkeit zum Jahrgang I unten nachzuweisen sein wird).

Innerhalb der mit frühen Sechzehntel-Schriftformen geschriebenen Handschriften bietet uns der Hauptkopist A jedoch noch weitere Unterscheidungsmerkmale. Zunächst sei der V i o l i n s c h l ü s s e l genannt. In einigen Kantaten des Jahrgangs I findet sich eine Sonderform, die durch das Fehlen der Schleife am oberen Ende und des darauffolgenden Abstrichs gekennzeichnet ist, so daß die Form eines kleinen griechischen Sigma (σ) entsteht. Sie findet sich im Sanctus BWV 237, in den Kantaten 22 (Estomihi), 21 (3. p. Trin.), 24, 185 (beide 4. p. Trin.) und 167 (Johannis) und erweist sich durch ihr völliges Fehlen in den Jahrgängen II und III als Frühform[30]. Alle übrigen Werke zeigen die allgemein übliche Form — soweit in ihnen überhaupt Violinschlüssel von der Hand des Hauptkopisten A vertreten sind (sie fehlen z. B. in Kantate 76, die sonst zweifellos die Frühform aufweisen würde!).

Endlich ist auf die Form des c-Schlüssels hinzuweisen. Auch hier läßt sich ein Früh- und ein Spätstadium unterscheiden, doch gehen diesmal beide Formen allmählich ineinander über, so daß sich der Zeitpunkt des Wechsels nicht genau fixieren läßt. Der c-Schlüssel des Hauptkopisten A hat folgende

---

[30] Siehe die Faksimiletafel I.

Gestalt: Zwei nahe beieinanderliegende, über das Notensystem hinausreichende parallele Senkrechten bilden die linke Begrenzung; von ihnen aus erstrecken sich nach rechts zwei annähernd parallel verlaufende kurze Waagerechten, die die c'-Linie markieren; die rechte Begrenzung bildet eine einzelne Linie, die im Frühstadium annähernd senkrecht, also etwa parallel zu den linken Begrenzungslinien verläuft, unten nach rechts abknickt und in einem kräftigen, zunächst nach rechts, dann nach unten gezogenen Halb- bis Viertelkreis endet; im Spätstadium dagegen läuft dieselbe Linie im spitzen Winkel nach links unten auf die beiden linken Begrenzungslinien zu, der anschließende Halbkreis wird nicht in einem Knick, sondern mit einer Schleife angesetzt. Die Frühform ähnelt daher entfernt einem H, die Spätform einem V[31].

Ausgeprägte Frühformen des c-Schlüssels zeigen die Kantaten des Jahrgangs I vom 2. p. Trin. bis Weihnachten, während die Epiphaniaskantaten desselben Jahrgangs schon deutlich eine Übergangsform erkennen lassen, bei der besonders das untere Ende der rechten Senkrechten merklich auf die linken Senkrechten zuläuft. In der Oster- bis Pfingstzeit des Jahrgangs I schreitet diese Wandlung weiter fort, und mit dem Jahrgang II ist dann endgültig die späte Form erreicht.

Durch die Untersuchung der Schriftformen des Hauptkopisten A haben wir eine Reihe wichtiger Anhaltspunkte gewonnen, die uns die Aufstellung einer „relativen Chronologie" ermöglichen. Diese besagt:

1. Die Jahrgänge I bis III liegen früher als die Jahrgänge IV und V; denn der Hauptkopist A tritt wohl in den Jahrgängen I bis III, und zwar unmittelbar nach Bachs Amtsantritt (BWV 76!), auf, nicht aber in den übrigen Jahrgängen. (Die vor Leipzig komponierten Werke können dabei außer Betracht bleiben, da sie in die Leipziger Jahrgänge eingearbeitet wurden.)
2. Innerhalb der Jahrgänge I bis III ergibt sich die Entstehungsfolge I—II—III durch die Entwicklung der Sechzehntelformen.
3. Innerhalb des Jahrgangs I sind die Kantaten der Trinitatis- und Weihnachtszeit früher komponiert worden als die der Epiphanias- bis Pfingstzeit, wie die Entwicklung der c-Schlüsselformen zeigt. Die frühesten Kantaten des Jahrgangs sind (wenn man von Wiederaufführungen vor 1723 entstandener Werke absieht) BWV 76 (aut. Datum), 21, 24, 185, 167 und 22 (Violinschlüssel-Form), von denen das letzte als vor der Leipziger Amtsübernahme Bachs aufgeführt in der Entstehungsfolge des Jahrgangs eine Sonderstellung einnimmt; auch das undatierbare Sanctus BWV 237 ist dieser Gruppe zuzurechnen.
4. Innerhalb des Jahrgangs II sind die Kantaten der Trinitatiszeit mit Ausnahme von BWV 137 früher entstanden als die der Weihnachts- bis Osterzeit, wie die Entwicklung der Sechzehntelformen zeigt.
5. Innerhalb des Jahrganges III sind die Kantaten der Oster- bis Pfingstzeit (Ausnahme: Himmelfahrt) und die Kantaten der Weihnachtszeit früher

---

[31] Vgl. die Faksimiletafeln I und II.

entstanden als die der Epiphanias-, Passions- und Trinitatiszeit, weil der Hauptkopist A nur in den erstgenannten noch auftritt, während er in den letztgenannten durch einen neuen Hauptkopisten ersetzt worden ist.

Soweit diese Entstehungsfolge aus der Entwicklung der Schriftformen des Hauptkopisten A abgeleitet wurde, erstreckt sie sich natürlich nur auf solche Kantaten des Jahrgangs, in denen dieser Schreiber auch wirklich festgestellt wurde.

Solange unsere Darstellung nicht durch zusätzliche Erkenntnisse gestützt ist, wird man ihr nur den Charakter von Thesen zubilligen können; denn selbstverständlich ist es durchaus denkbar, daß der Hauptkopist A eine Zeitlang aussetzt und später — vielleicht sogar, des Notenschreibens entwöhnt, wieder mit älteren Schriftformen — seine Tätigkeit erneut aufnimmt. Doch ließe sich dieser Einwand immerhin nur auf Grund von exakten Beweisen vorbringen.

N 4 Wir verfolgen daher zunächst die Schriftformen der übrigen Hauptkopisten der Jahrgänge I bis III und wenden uns jetzt dem H a u p t k o p i s t e n B zu. Dieser Schreiber ist wegen der außerordentlichen Ähnlichkeit seiner Schriftzüge mit denen Bachs erst vor wenigen Jahrzehnten erkannt worden: P. Wackernagel bezeichnete ihn in den Katalogen der BB als den „Schreiber des Continuo"[32]. In seiner Funktion unterscheidet er sich insofern von den Hauptkopisten A und C, als er sich zwar in zahlreichen Originalhandschriften nachweisen läßt, aber nur relativ selten als Hauptschreiber. Offenbar handelt es sich um einen vertrauenswürdigen Musiker aus dem engeren Umkreis Bachs, der ihm beim Ausschreiben des Notenmaterials zur Seite gestanden hat, das Amt des Hauptschreibers jedoch nur gelegentlich vertretungsweise versah.

Schon mit den ersten Leipziger Kantaten Bachs tritt Hauptkopist B in Erscheinung. Freilich zeigen seine Schriftzüge zunächst noch keine sonderliche Verwandtschaft mit denen Bachs. Erst im Laufe der Jahre beginnt sich ein Zeichen nach dem andern nach dem Leitbild der Bachschen Handschrift umzuformen; und wir wären schwerlich bereit, in den Ausgangs- und Endformen denselben Schreiber wiederzuerkennen, ließe sich nicht der Übergang der einzelnen Formen laufend belegen. Dabei vollziehen sich die Veränderungen im Gegensatz zu denen in der Schrift des Hauptkopisten A meist kontinuierlich, weniger sprunghaft; doch sind sie so zahlreich, daß sich besonders für die erste Zeit seines Auftretens eine Reihe charakteristischer Entwicklungsstadien aufzeigen läßt.

Kennzeichnend für die früheste Zeit ist ein Violinschlüssel, dessen senkrechter Abstrich bereits etwa um die Mitte des Notensystems mit einem kurzen Haken nach links endet oder nach einer Schleife bis zu den Schlüsselakzidenzien weitergezogen wird (BWV 23, 147). Seit dem 11. p. Trin. des Jahrgangs I wird dieser Abstrich einige Monate lang bis unten durchgezogen; er endet zunächst noch mit einem Haken oder einem Bogen nach

---

[32] Vgl. dazu Dadelsen I, Seiten 11, 14 und 26.

links (BWV 89, 70), dann in einer Schleife (BWV 238, 40, 154); aber schon von den Epiphaniaskantaten an (BWV 154) liegt diese Schleife häufig nicht mehr unter den Notenlinien, sondern wie früher in der Mitte des Notensystems, und in der Kantate zum 3. Ostertag desselben Jahrgangs[33] fällt der senkrechte Abstrich sogar bisweilen ganz weg. Bemerkenswert ist ferner der Baßschlüssel in den frühen Handschriften dieses Kopisten. In der Grundform ähnelt er, wie bei den meisten Kopisten Bachs, einer spiegelverkehrten 9, ist jedoch sehr breit gezogen und beginnt bezeichnenderweise mit einer horizontalen Wellenlinie, manchmal sogar mit einem dachförmigen Haken auf der mittleren Notenlinie. Von den Osterkantaten des Jahrgangs I an wandelt er sich in die von Bach gebrauchte Form, reicht jedoch mit seinem linken Ende meist noch bis etwa an die unterste Notenlinie (in BWV 4 beide Formen vertreten). Der c-Schlüssel zeigt zunächst schlichtere, ab BWV 154 in zunehmendem Maße krause Formen. Die Achtelfähnchen bei nach oben gestrichenen Noten verlaufen parallel zum Notenhals oder bilden mit diesem einen spitzen Winkel. Die Sechzehntelfähnchen zeigen zunächst die ältere, einteilige Form; um die Jahreswende des Jahrgangs I setzt sich dann die neue, zweiteilige Schreibart durch. Die Achtelpausen sind sichelförmig; nur in BWV 23 tritt eine völlig andere Form auf, deren linkes Ende stark nach oben aufgebogen ist, so daß angenommen werden muß, daß die Niederschrift dieser Stimmen schon in den Februar 1723 zu datieren ist. Die Auflösungszeichen gleichen weitgehend der heute üblichen Form, doch ist der rechte Abstrich am unteren Ende im Haken nach rechts oben aufgebogen.

In den Trinitatiskantaten des Jahrgangs II tritt eine neue Form des Violinschlüssels auf: Der senkrechte Abstrich wird nicht mehr nach oben aufgebogen, sondern endet (ähnlich wie beim Violinschlüssel Bachs) meist etwa an der Stelle des Ausgangspunktes auf der g'-Linie. In den Kantaten der ersten Trinitatiszeit ist der Schlüssel oft überdimensional groß, um bis zum ersten Advent allmählich wieder auf die Normalgröße zurückzugehen. Etwa um die Michaeliskantate des Jahrgangs II machen auch die Auflösungszeichen und die Achtelfähnchen nach oben gestielter Noten eine charakteristische Formveränderung durch. Die Auflösungszeichen verlieren dabei ihren Haken rechts unten; das „Quadrat" wird zum Dreieck mit einem spitzen Winkel rechts seitlich, wobei die linke und die untere Begrenzungslinie in einem Zuge mit der rechten abwärts gerichteten Senkrechten gezogen werden, während die obere Begrenzungslinie meist freistehend, ohne Anschluß an die übrige Figur mit einem etwas nach rechts abwärts gerichteten kurzen Strich gezogen wird. Diese Form wird künftig stets beibehalten. Die Achtelfähnchen nach oben halsierter Noten sind vom gleichen Zeitpunkt an meist kürzer und werden in gleichmäßiger Rundung aus dem Notenhals gezogen, während der Schreiber sie bisher neu angesetzt hatte. Eine neuerliche Veränderung erfahren diese Achtelfähnchen von der

---

[33] Vgl. die Faksimilewiedergabe der ersten Seite von P 1138 in NBA I/10.

Kantate zum 1. Advent an: Das Fähnchen wird wieder häufiger nach unten bis in die Höhe des Notenkopfes gezogen, jetzt aber nicht mehr parallel zum Notenhals, sondern unmittelbar auf diesen zu und meist kurz über dem Notenkopf mit ihm zusammentreffend. Übrigens zeigen auch die abwärts gestielten Halben Noten vom Ende der Trinitatiszeit an zum Abschluß der Rundung ihres Notenkopfes rechts oben einen ähnlichen freistehenden kurzen, rechts abwärts gerichteten Strich, wie wir ihn bei den Auflösungszeichen dieser Zeit beobachtet hatten. In den Kantaten der Weihnachtszeit des Jahrgangs II werden schließlich die Violinschlüssel noch gedrungener, die Viertelpausen flacher als bisher.

Im Jahrgang III sind die Veränderungen geringer an Zahl, aber doch deutlich feststellbar. Auch hier finden wir, daß sich die Kantaten, in denen Hauptkopist A auftritt und die wir daher als die frühesten des Jahrgangs ansehen, unmittelbar an den vorhergehenden Jahrgang anschließen. Dies gilt besonders für die Kantaten der Oster- bis Pfingstzeit sowie BWV 168 und 164. Von den Weihnachtskantaten an finden wir dann eine merkliche Veränderung der Achtelpausen, die für die weiteren Kopien dieses Schreibers kennzeichnend bleibt: Diese Pausen werden zuerst wenig, dann immer stärker am unteren Ende in einem Haken nach rechts oben aufgebogen. In den — wir müssen vorerst noch sagen: mutmaßlich — spätesten Kantaten dieses Jahrgangs, denen der Trinitatiszeit, bilden sich die Achtelfähnchen aufwärts gestrichener Noten wieder zu einer neutraleren Form zurück. Der Baßschlüssel wird auffallend klein, er reicht fast nie mehr unter die mittlere Notenlinie herab und wird dadurch dem Bachs zum Verwechseln ähnlich. Der c-Schlüssel, dessen krause Formen sich bereits von den Osterkantaten des zweiten und dritten Jahrgangs an allmählich verändert hatten, sich aber einer exakten Festlegung weitgehend entziehen, tritt in einigen Werken nicht nur in der sonst üblichen Form auf, sondern daneben auch in derjenigen, die Bach von 1724 bis in die 1740er Jahre hinein fast ausschließlich verwendet. In diesen Handschriften und einigen noch später anzusetzenden dürfen wir wohl die spätesten Kopien Bachscher Vokalwerke durch den Hauptkopisten B sehen, die uns erhalten sind; es sind die Werke BWV 225, 232^{III}, 129, 173 (eine nach dem Jahrgang I entstandene Partiturabschrift als Ersatz der bisher zur Aufführung verwendeten Partitur von BWV 173a), 167 (kopiert für spätere Wiederaufführung oder keine Originalhandschrift?), ferner 27 (nachgefertigte Organo-obligato-Stimme), eine Kopie, in der c-Schlüssel nicht auftreten, die aber durch ihr Wasserzeichen in spätere Zeit (1737?) verwiesen wird.

Tilge: (1737?)

Die typischen Kennzeichen dieses Kopisten, das in einem Zuge mit dem Notenkopf geschriebene Kreuz und die aufwärts gestielte Halbe mit dem charakteristisch abgeknickten Hals (vgl. Dadelsen I, 14), finden sich in fast allen Abschriften mit Ausnahme der des ersten Jahrgangs, die (mindestens daneben) auch die sonst üblichen Formen zeigen[34].

---

[34] Vgl. die Faksimiletafeln III und IV.

TAFEL III: Hauptkopist B, frühe Schriftformen

Oben: Aus der Tenorstimme der Kantate „Christ lag in Todes Banden", BWV 4 (Thomasschule Leipzig, z. Z. Bach-Archiv). Frühform der Achtelfähnchen und Viertelpausen, Kreuze noch uncharakteristisch (1724).

Unten: Aus der 1 Jahr später entstandenen Trombona-II-Stimme derselben Kantate. Die charakteristischen Merkmale des Hauptkopisten B - abgeknickte Hälse der nach oben gestrichenen Halben und die in die Noten einmündenden Kreuze - voll ausgeprägt (1725).

TAFEL IV: Hauptkopist B, späte Schriftformen
Aus der Partiturabschrift der Kantate „Erhöhtes Fleisch und Blut", BWV 173 (BB P 74, Westdeutsche Bibliothek Marburg). Spätform der Achtelpausen und des c-Schlüssels (nach 1726).

Nicht ganz so einheitlich ist die Entwicklung in den Schriftformen des Hauptkopisten C. Dieser Schreiber beginnt seine Tätigkeit — nach einer offenbar aushilfsweise geleisteten Arbeit in Kantate 4, die, wie später zu zeigen sein wird, schon in die Zeit des Jahrgangs I fällt — zunächst mit untergeordneten Aufgaben in den Weihnachtskantaten des Jahrgangs II und tritt bis zu den Weihnachtskantaten des darauffolgenden Jahrgangs nicht allzuoft in Erscheinung. Schlagartig mit der Neujahrskantate des Jahrgangs III löst er jedoch den Hauptkopisten A als Hauptschreiber des Jahrgangs ab und ist in dieser Eigenschaft in fast sämtlichen Kantaten dieses Jahrgangs, die nicht vom Hauptkopisten A geschrieben wurden, vertreten. Eine gewisse Schlichtheit der Formen und eine rechtsgeneigte, steile, etwas ungelenke deutsche Buchstabenschrift bleibt für diesen Kopisten durch alle seine Handschriften hindurch kennzeichnend[35]. Der geradlinige Violinschlüssel, in den Weihnachtskantaten des zweiten Jahrgangs mit einem Kreis auf der g'-Linie, später ohne Kreis beginnend, bleibt fast unverändert, desgleichen der Baßschlüssel (in der damals üblichen Normalform), die Achtelfähnchen der nach unten gestielten Noten, die vom Notenhals aus in nur schwacher Krümmung nach rechts und ein wenig aufwärts geführt werden, sowie die meisten übrigen Zeichen. Der c-Schlüssel ist dem des Hauptkopisten A im Typus verwandt (H-Form), läuft jedoch in den früheren Kopien nach rechts unten in einer Zickzack- oder Wellenlinie aus, die von den Weihnachtskantaten des Jahrgangs III an durch eine gleichmäßig gekrümmte, mit starkem Federdruck ausgeführte halbkreisähnliche Linie abgelöst wird. Für eine noch spätere Zeit, beginnend etwa mit den Trinitatiskantaten des Jahrgangs III, ist ein Wechsel in der Schreibung des lateinischen R charakteristisch. War dieser Buchstabe bisher etwa in der Form eines spiegelverkehrten S geschrieben worden, so tritt von nun an die Form unseres gedruckten R an dessen Stelle. Auch die Form der nach unten gestielten Halben Noten macht eine Entwicklung durch, die freilich wegen der Langsamkeit ihres Fortschreitens nur schwer zeitlich faßbar ist. Anfänglich sind diese Noten rechts oben häufig etwas eingedrückt, was sich aus der zweiteiligen Schreibung des Notenkopfes ergibt. Um die Weihnachtszeit des Jahrgangs III rundet sich die Notenkopfform, gelegentlich zeigt ein kleiner Zacken den Beginn des neu angesetzten Strichs an; in der Trinitatiszeit desselben Jahrgangs dagegen ist der linke Teil des Notenkopfes oft nach abwärts geneigt, so daß sich rechts oben eine mehr oder weniger deutlich ausgeprägte Spitze bildet.

Ein ganz uneinheitliches Bild bietet dagegen die Entwicklung in der Halsierung der Viertel- und Achtelnoten nach unten. Zu gewissen Zeiten ist der Hals rechts, zu andern links des Notenkopfes angesetzt, und der Versuch, die Chronologie der von ihm geschriebenen Kantaten so zu ordnen, daß die auf der einen Seite gestrichenen Hälse einer frühen, die auf der andern Seite gestrichenen einer späten Gruppe angehören, erwies sich als

Tilge den Satz in Parenthese (vgl. N 11)

---

[35] Vgl. die Faksimiletafeln V und VI.

TAFEL V: Hauptkopist C, frühe Schriftformen

Oben: Aus der Sopranstimme der Kantate „Christum wir sollen loben schon", BWV 121 (Thomasschule Leipzig, z. Z. Bach-Archiv). Frühform des c-Schlüssels, Halsansatz der nach unten gestrichenen ausgefüllten Noten rechts am Notenkopf (1724).

Unten: Aus der Altstimme der Kantate „Am Abend aber desselbigen Sabbats", BWV 42 (BB St 3, Deutsche Staatsbibliothek Berlin). Frühform des c-Schlüssels und des Buchstaben R, Halsansatz der nach unten gestrichenen ausgefüllten Noten links am Notenkopf (1725).

TAFEL VI: Hauptkopist C, späte Schriftformen

Oben: Aus der Tromba-III-Stimme der Kantate „Vereinigte Zwietracht der wechselnden Saiten", BWV 207 (BB St 93, Westdeutsche Bibliothek Marburg). Übliche Form des g-Schlüssels und des Buchstaben A, Spätform des Buchstaben R (1726).

Unten: Aus der Altstimme derselben Kantate. Mittlere bis späte Form des c-Schlüssels. Hals nach unten vorzugsweise links angesetzt, bisweilen wechselnd (1726).

undurchführbar. Dadurch hätten sich nicht allein Widersprüche zu den in sich logischen Entwicklungsgängen der übrigen Kopisten ergeben; auch die oben dargestellten Veränderungen des Hauptkopisten C selbst wären nicht mehr geradlinig verlaufen, insbesondere hätte dann die Schreibung des R mehrmals wechseln müssen, so daß lediglich eine Unwahrscheinlichkeit durch die andere abgelöst worden wäre. Tatsächlich ergibt sich, daß der Halsansatz der abwärts gestrichenen Viertel und Achtel mehrmals gewechselt hat: In den Weihnachtskantaten des Jahrgangs II liegt er rechts, von Mariä Verkündigung desselben Jahrgangs an (d. h. nach dem tempus clausum der Passionszeit) links. Dabei bleibt es (wobei einige wenige Notenköpfe den Halsansatz auch in der Mitte tragen), bis mit der Kantate zum 1. p. Trin. des Jahrgangs III plötzlich und ohne erkennbaren Übergang der Hals wieder rechts angesetzt wird, aber nur bis zum 12. p. Trin. Danach liegt der Halsansatz neuerdings links und bleibt so bis in die spätesten datierbaren Handschriften, freilich mit einem merklichen Zug zum Halsansatz in der Mitte des Notenkopfes. Alle bisherigen Versuche, diese sprunghafte Veränderung gerade in den Trinitatiskantaten des Jahrgangs III durch eine Umstellung in der Chronologie zu beseitigen, haben zu keinem brauchbaren Ergebnis geführt; sie scheitern vornehmlich an der festen Datierbarkeit der in ihnen auftretenden Wasserzeichen, worüber noch zu sprechen sein wird. Doch wäre es nicht ganz ausgeschlossen, daß hier noch Korrekturen anzubringen sind.

Vergleicht man die Entwicklung in den Schriftformen der Hauptkopisten B und C mit der des Hauptkopisten A, so finden wir eine erfreuliche Übereinstimmung und Bestätigung der oben aufgestellten Sätze zur relativen Chronologie der drei Jahrgänge. Im Hinblick auf die Formen der Achtelpausen des Hauptkopisten B, die in den Weihnachts- und Trinitatiskantaten des Jahrgangs III am unteren Ende aufgebogen sind, läßt sich den aufgestellten Sätzen noch hinzufügen:

6. Innerhalb des Jahrgangs III sind die Kantaten der Oster- bis Pfingstzeit (Ausnahme: Himmelfahrt) früher entstanden als die der Weihnachts- bis Passions- und Trinitatiszeit.

Dadurch ergibt sich für diesen Jahrgang — abgesehen von verschiedenen Ausnahmen — eine Folge: Ostern bis Pfingsten — Weihnachten bis Ostern — Trinitatiszeit, die uns zunächst konstruiert erscheinen muß, für die aber später weitere Belege beizubringen sein werden.

Wir brechen die Untersuchung über die Hauptkopisten hier ab, um sie später für die nach den ersten drei Jahrgängen liegenden Werke wieder aufzunehmen. Auf eine Darstellung der schriftkundlichen Eigenheiten der übrigen an den Jahrgängen I bis III beteiligten Kopisten müssen wir aus Raumgründen verzichten. Der interessierte Forscher möge sie den Zusammenstellungen des Anhangs B entnehmen; vielleicht bietet eine Darstellung im Rahmen der Neuen Bach-Ausgabe künftig einmal Gelegenheit zu detaillierteren Ausführungen. Statt dessen wenden wir uns jetzt den Wasserzeichen zu.

2. Die Wasserzeichen

Wir konnten bereits feststellen (s. oben, S. 13), daß sich die in den Jahrgängen I bis III auftretenden Wasserzeichen mit der Mehrzahl der zugehörigen Handschriften einem bestimmten Jahrgang zuordnen lassen, und hatten die für jeden Jahrgang charakteristischen Zeichen bereits aufgezählt. An dieser Stelle unserer Untersuchungen ist es nun von Interesse zu erfahren, ob sich die eben nach graphologischen Gesichtspunkten entwickelte relative Chronologie auch durch den Wasserzeichenbefund bestätigen läßt. Hierzu betrachten wir in erster Linie die „Nahtstellen", also das Auftreten mehrerer Wasserzeichen innerhalb der Handschriften desselben Werkes, um zu prüfen, ob die daraus resultierende Folge in der Verwendung verschiedener Papiersorten mit der angenommenen Entstehungsfolge der Werke in Einklang zu bringen ist. Ausschließen müssen wir dabei freilich alle diejenigen Fälle, in denen spätere Papiersorten durch nachträgliche Umarbeitungen, durch Verstärkung der Besetzungszahl oder durch Ersatz verlorener Stimmen bei späteren Aufführungen hinzugekommen sind[36]; die Aufeinanderfolge der Zeichen läßt sich nur am Zusammentreffen verschiedener Papiersorten im Material derselben Aufführung erkennen. Hier ergeben sich die folgenden Konstellationen (singuläre Zeichen wurden nicht berücksichtigt — vgl. Anhang A):

IMK mit MA kleine Form (BWV 138), Halbmond (BWV 22, 76, 4, 20, 135, 107, 178), Schönburger Wappen (BWV 107);
MA kleine Form mit IMK (s.o.).

Das vorherrschende Wasserzeichen des Jahrgangs I ist IMK; für die Kantaten der Zeit vom 14. bis 25. p. Trin. wird es unterbrochen vom Zeichen MA kleine Form. Das Auftreten beider Zeichen in BWV 138 deutet (ebenso wie die Entwicklung der Schriftformen des Hauptkopisten A) auf unmittelbare zeitliche Nachbarschaft beider Zeichen.

---

[36] Dadurch fallen die nachstehenden WZ-Verbindungen für die hier angestellte Untersuchung weg (vgl. dazu die am Schluß dieser Studie gegebene Einzeldarstellung zu den genannten Werken):
IMK mit MA mittlere Form (BWV 147, 70, 182, 245, 134, 37, 172, 184, 194), MA große Form (BWV 73), ICF (BWV 83), Schwerter I (BWV 245, 4), Schwerter II (BWV 194), Doppeladler (BWV 37).
MA kleine Form mit Schwerter II und MA mittlere Form (BWV 194).
Halbmond mit MA große Form (BWV 93, 96, 5, 62, 91), ICF (BWV 232[III]).
Adler + H mit MA große Form (BWV 94).
Schwerter I mit Wappen von Zedwitz (BWV 249), Doppeladler (BWV 42).
RS mit MA mittlere Form (BWV 79).
Schwerter II mit MA mittlere Form (BWV 110, 151, 16).
IAI mit MA mittlere Form (BWV 79).
ICF mit Doppeladler (BWV 47), MA große Form (BWV 58, 129, 82), MA mittlere Form und ZVMILIKAV (BWV 82).
Singuläre, undatierbare Zeichen und Zeichen nach 1735 sind nicht berücksichtigt.

Desgleichen deutet das überaus häufige gemeinsame Auftreten der Wasserzeichen IMK und Halbmond auf unmittelbare Nachbarschaft der Jahrgänge I und II, und zwar gerade derjenigen Kantaten des Jahrgangs II, in denen auch die frühen Sechzehntelformen des Hauptkopisten A auftreten. Hierauf ist besonderes Gewicht zu legen, weil ja die Choralkantaten Bachs — um deren Jahrgang handelt es sich hier — von der bisherigen Forschung als besonders späte Werke angesehen worden sind.

Die Handschriften mit WZ Schönburger Wappen ließen bisher noch keine zeitliche Konzentration erkennen (vgl. unten).

Halbmond mit IMK (s. o.), Adler + H (BWV 94), Schwerter I (BWV 6, 85), RS (BWV 108, 87), ICF (BWV 49), Schönburger Wappen (BWV 2, 107, 232^{III});

Adler + H mit Halbmond (s. o.).

Das vorherrschende Wasserzeichen des Jahrgangs II ist der Halbmond; für die Kantaten vom 9. p. Trin. bis 15. p. Trin. wird es unterbrochen vom Zeichen Adler + H. Das Auftreten beider Zeichen in BWV 94 deutet (ebenso wie das gemeinsame Auftreten früher Sechzehntelformen des Hauptkopisten A) auf unmittelbare zeitliche Nachbarschaft beider Zeichen. Wir haben es hier also mit einem bemerkenswerten Analogiefall zum Jahrgang I zu tun.

Die Verbindung mit ICF dürfte auf Zufall beruhen (Einfügen eines älteren Blattes am Schluß von BWV 49).

Die Verbindungen mit Schwerter I und RS stellen den Anschluß an eine Kantatengruppe her, die bei der Erbteilung teilweise dem Jahrgang III zugewiesen wurde. Es wird aber im folgenden nachzuweisen sein, daß sie ursprünglich im Zusammenhang mit Jahrgang II komponiert worden sind. Dazu betrachten wir noch die weiteren Verbindungen dieser Gruppe:

Schwerter I mit Halbmond (s. o.), RS (BWV 103);

RS mit Schwerter I (s. o.), Halbmond (s. o), IAI (BWV 79).

Mit einer einzigen Ausnahme — IAI (BWV 79) — steht diese Gruppe also nur mit Jahrgang II in Verbindung, und zwar schließt sie sich durch das Auftreten des Zeichens Schwerter I in der Choralkantate 1 „Wie schön leuchtet der Morgenstern" unmittelbar an die Choralkantaten an. Die Gruppe selbst besteht aus folgenden Werken: BWV 1, 245, 4 (2. Leipziger Aufführung), 249, 6, 42, 85, 103, 108, 87, 128, 183, 74, 68, 175, 176; ihren Hauptbestandteil bilden also die Kantaten nach Texten der Mariane von Ziegler. Für ihre entstehungsmäßige Zuordnung zum Jahrgang II bieten sich verschiedene gewichtige Argumente an:

1. Wie eben dargelegt, deutet der Wasserzeichen-Befund auf unmittelbare Nachbarschaft zu diesem Jahrgang.
2. Zu demselben Ergebnis führte bereits weiter oben die Feststellung, daß der Hauptkopist A, der nur in einem Teil des dritten Jahrgangs vertreten ist, hier noch als Hauptschreiber fungiert.

3. In seiner jetzigen Gestalt — Stimmen der Thomasschule — weist der Jahrgang II in dieser Zeit des Kirchenjahres beträchtliche Lücken auf. Zwischen Ostern und Pfingsten finden wir in der Thomasschule nur die Stimmen zu zwei Kantaten, BWV 112 und 68, und B. F. Richter weiß nur noch eine dritte hinzuzufügen, BWV 128. Zwei davon (128 und 68) gehören aber unserer Gruppe an und sind auf Texte der Mariane von Ziegler komponiert!

Einige Einwände gegen unsere These lassen sich leicht entkräften: Insbesondere wird man nach dem Grund fragen, der Bach an dieser Stelle zu einer nachträglichen Umstellung veranlaßt hat. Zweifellos war es die Absicht, im Laufe der Zeit einen „reinen" Jahrgang von Choralkantaten zu schaffen. Ansätze dazu sind zu finden. Wir besitzen eine Choralkantate zum Trinitatissonntag, BWV 129, „Gelobet sei der Herr". Schreiber und Wasserzeichen verweisen sie in eine spätere Zeit; sie ist mindestens ein Jahr, vielleicht zwei Jahre nach der hier behandelten Gruppe entstanden. Hier wurde also erstmals eine Choralkantate ersatzweise hinzukomponiert. Umgekehrt verfuhr Bach zu Himmelfahrt. Die Kantate 128 unserer Gruppe ist zwar keine Choralkantate im engeren Sinne; ihr Eingangschor „Auf Christi Himmelfahrt allein" stellte aber doch eine hinreichende Verwandtschaft her: Die Kantate durfte bleiben! Dafür erhielt Jahrgang III im folgenden Jahre eine neue Himmelfahrtskantate: BWV 43, „Gott fähret auf mit Jauchzen". Noch später ist (wie zu zeigen sein wird) Kantate 112 „Der Herr ist mein getreuer Hirt" hinzugekommen und hat Kantate 85 für den Jahrgang III frei gemacht. Endlich durfte Kantate 68, ebenfalls wegen ihres Eingangschorals „Also hat Gott die Welt geliebt", im Jahrgang der Choralkantaten verbleiben; doch ist uns nicht bekannt, welche Kantate an ihrer Stelle für den dritten Jahrgang geschaffen wurde.

Wir werden daher die eben behandelte Kantatengruppe von Ostern bis Trinitatis entstehungsmäßig dem Jahrgang II, überlieferungsmäßig dagegen mit den erwähnten Ausnahmen dem Jahrgang III zuzuordnen haben. Wir werden weiter unten sehen, daß Bach — vielleicht schon in der Absicht, diese Neuordnung durchzuführen — bei der Komposition des Jahrgangs III diese Lücke offenließ, indem er hier vornehmlich Kantaten Johann Ludwig Bachs[37] (aus Meiningen) aufführte. Doch wenden wir uns zunächst wieder der Betrachtung der Wasserzeichen zu.

Die einzige vorausweisende Verbindung unserer Gruppe — RS mit IAI in Kantate 79 — ist schwer deutbar, weil beide Zeichen notwendigerweise in zwei verschiedene Jahre datiert werden müssen, da die zugehörigen Kantaten in dieselbe Kirchenjahreszeit fallen, nämlich die Osterzeit, während Kantate 79 (Reformationsfest) zeitlich entfernt von beiden liegt. Offenbar handelt es sich hier um einen Zufall.

Kelch + GAW mit Schönburger Wappen (BWV 168).

---

[37] Im folgenden zitiert als JLB unter Zusatz der Nummern aus BG 41, S. 275 f.

Nicht beweiskräftig, da das Zeichen Schönburger Wappen zeitlich nicht festzulegen ist.

Schwerter II mit IAI (BWV 43), GM (BWV 39, JLB 17), ICF (39), Schönburger Wappen (BWV 193).

Eine Verbindung des Zeichens Schwerter II zu den bisher behandelten Zeichen besteht nicht. Die Kantaten, in denen dieses Zeichen auftritt, umfassen den Zeitraum von Weihnachten (BWV 110) bis Johannis (JLB 17), nachträglich findet es sich noch einmal in der Ratswahlkantate 193. Unterbrochen wird es für die Zeit von Karfreitag bis Himmelfahrt durch das Zeichen IAI; das gemeinsame Auftreten in der Himmelfahrtskantate 43 bestätigt die zeitliche Nachbarschaft beider Zeichen. Der Anschluß an die Zeichen GM und ICF, die in der nun folgenden Trinitatiszeit auftreten, wird gleichfalls durch Überschneidungen an der „Nahtstelle", 1. p. Trin. und Johannis, bestätigt.

In diese Zeit fällt auch die Aufführung der 17 Kirchenkantaten Johann Ludwig Bachs, die uns in den Stimmen *St 301* bis *317* und zum größten Teil auch in dem Sammelband *P 397* überliefert sind. Die Partiturabschriften stammen von Sebastian Bachs Hand mit Ausnahme der Jubilate-Kantate 8, die von der Hand des Hauptkopisten C geschrieben ist. Die Stimmen weisen die Handschriften der bekannten Kopisten des Jahrgangs III (Hauptschreiber: Hauptkopist C) auf, wiederum mit Ausnahme der Kantate 8, deren Stimmenmaterial sowohl dem Wasserzeichen als auch den Schreibern nach wohl in das letzte Lebensjahrzehnt Bachs gehört. Doch besagt dies vielleicht nur, daß der erste Stimmensatz von JLB 8 verlorengegangen ist und schon zu Bachs Zeiten durch einen neuen ersetzt werden mußte; vielleicht wurde die Kantate auch aus entliehenem Material aufgeführt und erst nachträglich für spätere Zeiten abgeschrieben. Denn die Partitur zeigt zwar das für diese Zeit des Jahrgangs charakteristische Zeichen IAI und ordnet damit unsere Kantate den übrigen zwanglos ein, weist aber dabei die erst für die Trinitatissonntage 1 bis 12 beobachtete Schriftform der rechts angesetzten, abwärts gestrichenen Notenhälse (vgl. oben) des Hauptkopisten C auf, so daß das Aufführungsdatum von JLB 8 nicht als absolut sicher gelten kann.

Ein anderes Wasserzeichen aus späterer Zeit zeigt die Partitur der Kantate JLB 7 zum 6. p. Trin., während die Stimmen mit dem Zeichen ICF ihre Zugehörigkeit zum Jahrgang bestätigen; auch hier ist offenbar erst nachträglich eine Partitur abgeschrieben worden.

I A I mit Schwerter II (s. o.);

G M mit Schwerter II (s. o.); ICF (BWV 39, 19, 27), Posthorn (BWV 17), Schönburger Wappen (BWV 17);

I C F mit Schwerter II (s. o.), GM (s. o.), Posthorn (BWV 35, 82), Kelch+SW (BWV 169), Schönburger Wappen (BWV 56, 49, 232^{III}), Halbmond s. o.);

Schönburger Wappen mit Halbmond (s. o.), IMK (s. o.), ICF (s. o.), Kelch + GAW (s. o.), Schwerter II (s. o.), Posthorn (BWV 17, 84), GM (s. o.);
Kelch + SW mit Posthorn (JLB 15), ICF (s. o.);
Posthorn mit Kelch + SW (s. o.), ICF (s. o.), GM (s. o.), Schönburger Wappen (s. o.), MA mittlere Form (BWV 120a, 201, 174, 112).

Das Hauptwasserzeichen der Trinitatiszeit des Jahrgangs III ist ICF, das sich, wie bereits oben erwähnt, an das Schwerter-II-Zeichen anschließt. Daneben treten, ohne das Zeichen ICF auf längere Zeit zu unterbrechen, die Wasserzeichen GM und Kelch + SW auf, während das Auftreten des Zeichens Schönburger Wappen bisher zeitlich noch nicht eindeutig festzulegen ist. Wenn nicht spätere Untersuchungen noch genauere Unterlagen liefern, so scheint Papier dieses Zeichens von Bach während mehrerer Jahre in geringeren Mengen verwendet worden zu sein; es fällt daher vorerst für unsere Datierungen aus.

Ähnlich verhält es sich mit den Posthorn-Zeichen. Sie treten zu verschiedenen Zeiten in unterschiedlichen Formen auf; doch bilden immerhin einige von ihnen eine zusammengehörige Gruppe, von der sich sagen läßt, daß sie eine Brücke von den letzten Kantaten des Jahrgangs III zum Jahrgang IV bildet. Wären uns von diesem Jahrgang IV mehr Originalhandschriften erhalten, so würden wir wahrscheinlich auch über das Auftreten der Posthorn-Zeichen besser orientiert sein.

MA mittlere Form mit Posthorn (s. o.), MA große Form (173); *Tilge „MA*
MA große Form mit Doppeladler (BWV 215, 100), ZVMILIKAV (BWV *große Form*
97, 248, 82), MA mittlere Form (s. o); *(173)"*
Doppeladler mit MA große Form (s. o.).

Für die nachfolgende Zeit werden wegen zu spärlichen Anfalls datierbarer Zeichen und Schreiber keine Unterlagen mehr gegeben. Für die hier gebotenen Wasserzeichen-Verbindungen liegt bereits ein derart geringes Material vor, daß die darin auftretenden Schreiber zur Bestimmung der Entstehungsfolge nur noch bedingt herangezogen werden können. Andererseits fällt in diesen Zeitraum gerade eine große Zahl quellenmäßig fest datierter Werke, die es uns erlauben, noch einige weitere nach Analogie der Schreiber und Wasserzeichen wenigstens annähernd zu datieren. Durch sie bestätigt sich auch die aus der obenstehenden Übersicht resultierende Wasserzeichenfolge Posthorn — MA mittlere Form — MA große Form — ZVMILIKAV; dabei scheinen sich Posthorn und MA mittlere Form weitgehend zu überschneiden, während der Doppeladler wohl ungefähr gleichzeitig mit MA große Form auftritt.

V. Die Datierung der Jahrgänge I bis III und der im gleichen Zeitraum entstandenen übrigen Vokalwerke

Je zwangloser es jetzt gelingt, die bisher aufgestellte relative Chronologie in feste Daten einzuordnen, desto nachdrücklicher bestätigt sich dadurch die Richtigkeit unserer Untersuchungen und Annahmen. Wir haben gesehen, daß die Schriftformen der Hauptkopisten A und B sich innerhalb der beiden ersten Jahrgänge kontinuierlich entwickelt haben. Das läßt sich schwerlich anders deuten, als daß diese beiden Jahrgänge in sich geschlossen jeweils innerhalb eines Jahres entstanden sind, beide Male beginnend mit den Kantaten der Trinitatiszeit. Dieselbe kontinuierliche Folge haben wir auch in den verwendeten Papiersorten wiederfinden können; und schließlich bestätigt auch ein Blick auf die Nebenkopisten dieser beiden Jahrgänge (s. Anhang B), daß dieselben Schreiber stets in kirchenjahreszeitlich nahe beieinanderliegenden Werken auftreten. Nur der Jahrgang III verteilt sich, wie die Beobachtung von Hauptkopisten und Wasserzeichen ergeben hat, in einzelnen Gruppen über eine etwas längere Zeit.

1. Jahrgang I

Solange wir von Jahrgängen und noch nicht von den einzelnen Kantaten selbst sprechen, müssen wir unterscheiden zwischen dem ursprünglichen Bestand eines Jahrgangs und dem durch Hinzufügen und Umordnen einzelner Werke veränderten Bestand bei der Erbteilung. Hier geht es zunächst um den ursprünglichen Bestand. Wir werden dem Jahrgang daher nur diejenigen Stücke zurechnen, in deren Handschriften zumindest entweder die Kopisten des Jahrgangs oder dessen Wasserzeichen vertreten sind. Andererseits werden wir auch wieder Kantaten, die später anderen Jahrgängen zugeteilt wurden, dann hinzuziehen, wenn sie in den genannten Kriterien mit unserm Jahrgang übereinstimmen, also z. B. BWV 24. Die genaue Zusammensetzung des Jahrgangs ist aus Kap. VII (S. 56 ff.) zu entnehmen.

Die Datierung des ersten Jahrgangs bereitet keine nennenswerten Schwierigkeiten. In seinen Handschriften finden wir verschiedene autographe oder von verläßlicher Kopistenhand stammende Jahreszahlen:

Kantate 76 (2. p. Trin.), *P 67*: 1723 (autograph)
Kantate 186 (7. p. Trin.), *P 53*: 1723
Kantate 119 (Ratswahl), *P 878*: 1723 (autograph)
Kantate 154 (1. p. Ep.); *P 130*: 1724.

Endlich ist auch die Kantate 194 zwar nicht in ihrer kirchenjahreszeitlichen Einordnung zu Trinitatis, wohl aber in ihrer ursprünglichen Bestimmung als Orgelweihkantate datierbar: Sie erklang am 2. 11. 1723 in Störmthal.

Diese Daten sind nun in mannigfacher Hinsicht aufschlußreich. Zunächst lassen sich mit ihrer Hilfe Anfang und Ende des Jahrganges bestimmen. Bach hat — nach Aufführung seines „Probestücks" BWV 22 am 7. 2. 1723 — seine erste Kantate als Thomaskantor nachweislich am 1. p. Trin. 1723 aufgeführt[38], an diesem Tage kann, wie auch die bisherige Forschung schon vermutet hat, nur Kantate 75 erklungen sein. Damit ist aber einerseits der terminus ante quem non gegeben, andererseits beweisen uns die mitgeteilten

---

Statt 49 lies: 479

[38] *Acta Lipsiensium academica* 1723, S. 514 und Sicul, *Annalium Lipsiensium maxime academicorum sectio XX*, Leipzig 1726, S. 49 (vgl. Spitta II, 184).

Daten, insbesondere das der Kantate 76, daß wir hier tatsächlich auch den Beginn dieses Jahrgangs anzusetzen haben. Wie oben dargelegt, zeigen die Schriftformen des Hauptkopisten A in den Kantaten 22, 21, 24, 185 und 167 ein früheres Stadium (Violinschlüssel!) als die darauffolgenden, außerdem wiederum die Formen in den Kantaten der Trinitatiszeit ein früheres als die der Weihnachts- bis Pfingstzeit (c-Schlüssel!), so daß sich ebenso zwangsläufig wie einleuchtend eine Einordnung dieses Jahrgangs in die Zeit zwischen den 1. p. Trin. 1723 und das Trinitatisfest 1724 ergibt. Lediglich für die letzten Kantaten wäre vorläufig noch eine Entstehung in einem späteren Jahr denkbar; wir werden sie daher zunächst mit Vorbehalt einordnen, bis weiter unten auch diese Kantaten mit zwingenden Argumenten dem Jahr 1724 zugewiesen werden können.

Auch für die Datierung der Wasserzeichen gewinnen wir aus den mitgeteilten authentischen Daten wichtigste Hinweise. Drei von ihnen (BWV 76, 186, 154) zeigen das Zeichen IMK in Übereinstimmung mit Spittas Erkenntnis über den Beginn der Verwendung von Papier dieser Sorte im Jahre 1723 (Spitta II, 776 ff.). Die beiden übrigen Kantaten, BWV 119 und 194, zeigen das Zeichen MA kleine Form (194 allerdings in der Partitur nur undeutlich, klar erkennbar aber in den von Hauptkopist A geschriebenen Stimmen aus *St 48*). Da diese Feststellung den Ermittlungen Spittas (II, 796 ff.) über das Auftreten von Papier dieses Zeichens (erst ab 1727) zuwiderläuft, ist hier eine kurze Erklärung notwendig: Das Zeichen MA tritt, wie Anhang A zeigt, in drei verschiedenen Arten auf, die sich hinsichtlich der Buchstabengröße voneinander unterscheiden. Die mittlere Form tritt tatsächlich erst ab 1727 auf, die große noch später, die kleine jedoch wird sowohl durch die authentischen Daten der genannten Kompositionen als auch durch die Schriftformen des Hauptkopisten A in die Zeit zwischen 14. und 25. p. Trin. 1723 verwiesen.

Sind damit die grundsätzlichen Fragen zur Einordnung dieses Jahrgangs geklärt, so mögen hier noch einige Einzelbeobachtungen folgen:

1. Bis auf einige Unklarheiten durchlaufen die Kantaten dieses Jahrgangs das Kirchenjahr lückenlos mit Ausnahme des „tempus clausum" vom 2. bis 4. Advent und von Invocavit bis Palmarum (ohne Mariä Verkündigung). Es fehlen jedoch die Kantaten zum 5. und 6. p. Trin. offenbar deshalb, weil diesen Sonntagen jeweils ein zwischen den Sonntagen liegendes Fest voranging, Johannis und Mariä Heimsuchung. Sei es nun, daß Bach es kurz nach seinem Amtsantritt vermeiden wollte, wöchentlich mehr als eine Kantate zu komponieren, abschreiben zu lassen und einzustudieren, sei es, daß die genannten Feste überhaupt erst am darauffolgenden Sonntag — also eben am 5. bzw. 6. p. Trin. — begangen wurden: In beiden Fällen ist das Fehlen der Kantaten auch ohne die Annahme von Verlusten verständlich.

2. Bach hat eine größere Zahl von Weimarer Kantaten in diesen Jahrgang hineingenommen. Daß läßt erkennen, daß wir nicht etwa mit einem

„Weimarer Jahrgang" unter den fünf hinterlassenen zu rechnen haben[39]. Nach welchem Grundsatz aber die Weimarer Kantaten ausgewählt wurden, ist nicht zu erkennen.

3. Für drei Sonntage, den 4. und 11. p. Trin. sowie Sexagesimae, liegen je zwei Kantaten vor, die aus zwingenden Gründen in dasselbe Jahr zu datieren sind. Tatsächlich scheinen an diesen Tagen jeweils zwei Kantaten aufgeführt worden zu sein, die eine vor, die andere nach der Predigt. Diese Annahme klingt zunächst befremdlich, gewinnt aber an Wahrscheinlichkeit, wenn wir die näheren Umstände betrachten. Zunächst zum 4. p. Trin.! Beide Kantaten, 24 und 185, zeigen die frühen Violinschlüsselformen des Hauptkopisten A und das Wasserzeichen IMK. Offensichtlich wollte Bach die Weimarer Kantate 185 zu diesem Tage nicht ungenutzt lassen, andererseits aber auch auf die große, zweiteilige Form nicht verzichten, die er den Leipzigern in den Kantaten 75, 76 und 21 vorgeführt hatte. Vergleicht man nämlich die Anlage der drei vorhergehenden Kantaten mit den beiden zum 4. p. Trin., so erscheint unsere Theorie durchaus glaubhaft (A = Arie, C = Chor, Cl = Choral, R = Rezitativ, S = Sinfonie):

BWV	Teil I	Teil II	Dauer (Min.)
75:	C–R–A–R–A–R–Cl	S–R–A–R–A–R–Cl	41
76:	C–R–A–R–A–R–Cl	S–R–A–R–A–R–Cl	34
21:	S–C–A–R–A–C	R–A–Cl–A–C	50
24:	A–R–C–R–A–Cl		} 36
185:		A–R–A–R–A–Cl	

Nicht ganz so augenfällig ist die Situation zum 11. p. Trin. und zu Sexagesimae. In beiden Fällen spricht das Auftreten der Schreiber des Jahrgangs in den Stimmen der schon während der Weimarer Zeit entstandenen Kantaten 199 und 18 für eine Wiederaufführung im ersten Leipziger Amtsjahr, in Kantate 18 überdies das Wasserzeichen IMK in den Blockflötenstimmen.

4. Deutlich spiegelt sich Bachs Experimentieren mit der Notierung der Oboe d'amore in den Handschriften der ersten Leipziger Kantaten wider. Deshalb seien nachstehend die Notierungsarten, wie sie sich in Bachs Leipziger Originalhandschriften finden, zusammengestellt. Sieht man von der Klangnotation ab, so findet man folgende Möglichkeiten der Notierung (gesamte Leipziger Zeit):

a) Doppelnotierung Violin-/Sopranschlüssel.

Klingend $c'' =$

Festgestellt 30. 5. bis 20. 6. 1723:
BWV 75, 76, 24 (1. Zeile).

---

[39] Damit ist das in meinen „Studien" (a. a. O.), S. 212 aufgeworfene Problem gelöst.

b) Notierung im Sopranschlüssel (Klangnotation).

Festgestellt 20. 6. 1723:
BWV 24(ab 2. Zeile).

c) Notierung im Violinschlüssel (Griffnotation).

Festgestellt 7. 2. (?) und 2. 7. bis 15. 8. 1723 und später:
BWV 23, 147, 136, 69a, ferner in folgenden nicht fest datierbaren Werken späterer Zeit: BWV 8 (D-Dur), 30, 100, 206.

d) Notierung im Französischen Violinschlüssel (Griffnotation).

Festgestellt 5. 9. bis 7. 11. 1723 und später:
BWV 138, 95, 60, ferner in folgenden nur annähernd datierbaren Werken aus späterer Zeit: BWV 145 (nur Abschrift), 210, 232^I, 243. Ferner findet sich in der Stimme zu Kantate 3 (Violinschlüssel, Klangnotation) in den ersten zwei Zeilen ein zugesetzter Französischer Violinschlüssel, der vielleicht nur vom Spieler als Hinweis zugesetzt wurde. Diese Notierung ist sonst nicht festgestellt worden.

2. Jahrgang II

Die Einordnung des nun folgenden Jahrgangs bedarf sorgfältiger Begründung, nicht nur, weil sie sich durch keine authentischen Daten belegen läßt, sondern auch, weil sie in besonders ausgeprägtem Gegensatz zu der der bisherigen Forschung steht. Sie betrifft den Jahrgang der Choralkantaten, deren überwiegende Mehrzahl Spitta in die Jahre 1735 bis 1744 verlegen zu müssen glaubte; und die folgende Zeit, die das Quellenstudium als durch Spitta und die BG erledigt ansah, hat in der Wendung des „späten" Bach zur Choralkantate eine theologische Willenskundgebung Bachs und eine Kritik an der herrschenden Kantatenform gesehen. Diese Auffassung gilt es nun zu korrigieren.

Die Datierung Spittas basiert vornehmlich auf seiner chronologischen Einordnung des Halbmond-Wasserzeichens (II, 835 ff.). Die untere Grenze wird aus dem Zusammentreffen der Zeichen Halbmond und RS in den Kantaten 87 und 108 gewonnen und auf 1735 festgesetzt. Nun wird aber die Datierung des RS-Zeichens in das Jahr 1735 wiederum mit dem Orgelumbau des Jahres 1730 begründet (II, 831), durch den das Rückpositiv der Thomasorgel selbständig spielbar gemacht worden sei. Nachdem aber B. F. Richter im BJ 1908 diese Legende bereits zerstört hat, ist keine Veranlassung mehr gegeben, an dem Datum 1735 festzuhalten. — Die obere Grenze gewinnt Spitta durch eine Textanalyse der Kantate 116 „Du Friedefürst, Herr Jesu Christ". Hier sei, so meint Spitta, „*ungebräuchlicher Weise ganz freie Dichtung*" zwischen die Umformung der 6. und 7. Strophe eingefügt worden, nämlich das Alt-Rezitativ „Ach, laß uns durch die scharfen Ruten nicht allzu heftig bluten". Spitta glaubt, den Inhalt dieses Rezitativs nur auf eine unmittelbare Kriegsnot beziehen zu können, wie sie im Jahre 1744 durch den zweiten Schlesischen Krieg gegeben war. Diese Möglichkeit, eine Kantate nach politischen Ereignissen zu datieren, hat dann A. Schering derart angeregt, daß er sie ein Jahr später in eine noch kriegerischere Zeit versetzte, ungeachtet der Tatsache, daß der Sonntag ihrer Bestimmung in diesem Jahr überhaupt nicht wiederkehrte (BJ 1933, 30ff.). Diesen beiden Theorien ist jedoch verschiedenes entgegenzuhalten. Zunächst: Wenn auch kein späteres Datum nachweisbar ist, so zwingt uns doch andererseits nichts zu der Annahme, daß ausgerechnet diese Kantate, und sei sie 1745 komponiert, die späteste des Jahrgangs ist. Ferner: Der gesamte Text der Kantate 116 handelt von Krieg und Frieden; der Choral „Du Friedefürst, Herr Jesu Christ" ist darin frei paraphrasiert, und das Rezitativ, das Spitta erwähnt, steht dem ursprünglichen Choraltext keineswegs so fern, wie es die Verfechter der „politischen" Datierung wahrhaben möchten. Zudem: Selbst wenn der Text in Kriegsnöten zur Kantate umgeformt wurde, so ist damit noch kein Beweis gegeben, daß er auch in Kriegsnot komponiert worden sein muß. Es wäre doch zunächst einmal zu beweisen, daß die Texte der Choralkantaten noch nicht fertig vorlagen, sondern kurzfristig neu gedichtet wurden, ehe man mit Schering annehmen kann, daß die Belagerung Leipzigs, die am 21. November begann, schon am selben Tage oder eine Woche später in der Sonntagskantate ihren dichterischen und kompositorischen Niederschlag gefunden habe. Es gibt wohl keine Zeit in der Geschichte, die sich selbst nicht als besonders gefährdet angesehen hätte, und die Darstellung drohender Kriegsnöte wird wohl zu allen Zeiten als besonders gegenwartsnah empfunden werden. Dazu kommt im Barock noch eine Vorliebe für pointierte Formulierungen und zum 25. p. Trin. noch ein Sonntagsevangelium, das vom „Greuel der Verwüstung" erzählt (Matth. 24, 15-28). — Wenn also sachliche Gründe einer Datierung der Kantate 116 in die Zeit 1744/45 widersprechen, sollte das politische Argument nicht den Ausschlag geben.

Einen weiteren Hinweis für die Datierung des Halbmond-Wasserzeichens gewinnt Spitta aus dem gemeinsamen Auftreten mit dem Zeichen MA. Wie aber in der Einzelbetrachtung weiter unten zu zeigen sein wird, handelt es sich bei den Papieren des Zeichens MA in Verbindung mit solchen des Halbmonds stets um nachträglich hinzugefügte, wie ja überhaupt das gemeinsame Auftreten zweier Papiersorten an sich noch nichts über die Priorität des einen und die Posteriorität des andern aussagt; diese können stets nur durch eine Einzelanalyse des jeweiligen Befundes erkannt werden.

Endlich erwähnt Spitta noch das Auftreten des Adler + H-Wasserzeichens innerhalb der Choralkantaten, scheitert aber an seiner Datierung bei dem Versuch, es zu Beginn der Choralkantaten-Reihe zu lokalisieren. Wie wir aber oben gesehen haben, unterbricht es die Halbmond-Reihe vorübergehend.

Leider scheint Spitta dagegen die große Zahl derjenigen Kantaten entgangen zu sein, in denen das IMK-Zeichen mit dem des großen Halb-

mondes gemeinsam auftritt (s. oben), er wäre sonst gewiß auf die rechte Spur gelenkt worden.
Nachdem sich nun die bisherigen Datierungen als keineswegs zwingend erwiesen haben, versuchen wir, aus unserer Methode heraus weitere Anhaltspunkte für die Entstehungszeit des Jahrgangs zu erhalten. Wie beim ersten Jahrgang gilt es zunächst, den ursprünglichen Bestand zu ermitteln. Die Kriterien gewinnen wir wieder aus den festgestellten Schreibern und Wasserzeichen. Damit ergibt sich folgendes Bild (die einzelnen Kantaten sind wieder aus Kap. VII zu ersehen):

Schreiber: Hauptkopist A, bis zum 25. p. Trin. frühe, dann späte Sechzehntelformen; daneben Hauptkopist B und weitere Kopisten (vgl. Anhang B).

Wasserzeichen: Halbmond, Adler + H, Schwerter I, RS.

Folge im Kirchenjahr: 1. bis 25. p. Trin. unter Auslassung der Sonntage 4., 6. und 12. p. Trin.; ferner 1. Advent, 3 Weihnachtsfesttage, Sonntag nach Weihnachten, Neujahr, Epiphanias, 3 Sonntage nach Epiphanias, Septuagesimae bis Trinitatis unter Auslassung der Zeit, die als tempus clausum galt.

Nicht zum ursprünglichen Bestand gehören die Kantaten 137 und 79, da sie zwar das Wasserzeichen RS, aber die späten Formen des Hauptkopisten A aufweisen und somit frühestens im Jahr nach den übrigen Kantaten der Trinitatiszeit entstanden sein können. Kantate 36c gehört mit ihrem Wasserzeichen RS vermutlich in dieselbe Zeit wie die übrigen Kantaten dieses Zeichens, ist aber als weltliche Kantate nicht fest einzuordnen.

Leider fehlen dem so ermittelten einstigen Bestand des Jahrgangs originale Datumsangaben völlig. Wir sind daher gezwungen, andere Hilfsmittel zu finden, wobei uns die festgestellte Folge im Kirchenjahr gute Dienste leisten kann. Denn wenngleich das Ausfallen einiger Kantaten nicht notwendigerweise auf das Fehlen dieser Tage im Kirchenjahr zu deuten braucht, so müssen doch diejenigen vorhanden sein, für die wir Kantaten aus dem ursprünglichen Bestand besitzen, also z. B. ein 25. Sonntag nach Trinitatis und ein Sonntag nach Weihnachten. Ein solches Jahr wäre also zu finden. Den Terminus post quem bildet dazu der Trinitatissonntag 1724. Den Terminus ad quem gewinnen wir aus folgenden Betrachtungen:

1. Für das Jahr 1731 sind uns die Kantaten, die Bach in der Oster- und Pfingstzeit aufgeführt hat, durch Textdrucke bekannt. Es sind:
    1. Ostertag bis Misericordias Domini: BWV 31, 66, 134, 42, 112;
    1. Pfingsttag bis Trinitatis: BWV 172, 173, 184, 194.

Diese Kantaten entstammen überwiegend dem Jahrgang I, Kantate 42 jedoch ursprünglich dem Jahrgang II, während Kantate 112 gleichfalls dem Jahrgang II zugehört, aber nicht seinem ursprünglichen Bestand. Wie wir bereits sahen, ist sie erst in einer Zeit hinzugekommen, in der die Kantatengruppe von Ostern bis Trinitatis, die sich an Jahrgang II anschloß, dem Jahrgang III zugewiesen worden war und Bach daranging, die Lücke in Jahrgang II durch die Komposition „reiner" Choralkantaten (z. B. BWV 129) aufzufüllen. Da nun Kantate 42 nicht im Verein mit denselben Kantaten auftritt, zu denen sie nach Wasserzeichen und Schreibern gehört[40], muß es sich also hier um eine Wiederaufführung handeln. Damit ergibt sich als terminus ad quem für den Jahrgang II das Jahr 1729/30.

2. Auch das Jahr 1729/30 kommt für die Entstehung des Jahrgangs nicht in Frage: Es enthält keine 24. und 25. p. Trin. und keinen Sonntag nach Weihnachten.
3. Das Jahr 1728/29 fällt ebenfalls aus. Ihm fehlt ein Sonntag nach Weihnachten, zudem fiel in diesem Jahre das Reformationsfest auf den 23. p. Trin., für den daher keine eigene Kantate erforderlich war.
4. Im Jahr 1727/28 wurden wegen der Landestrauer (Spitta II, 789) vom 13. p. Trin. bis zum Sonntag nach Neujahr keine Kantaten aufgeführt.
5. Im Jahr 1726/27 gab es keinen 24. und 25. p. Trin.

Damit verbleiben für unsern Jahrgang II noch die beiden Jahre 1724/25 und 1725/26. Um endgültige Klarheit zu gewinnen, werfen wir einen Blick voraus auf den Jahrgang III.
Wir vergleichen folgende beiden Kantatengruppen mit Jahrgang II:
a) Die Kantaten des Jahrgangs III vom 1. Weihnachtstag (BWV 110) bis zum 3. p. Ep. und die anschließenden Kantaten von Johann Ludwig Bach zum 4. und 5. p. Ep. (JLB 1, 2).
Hauptschreiber: Bis Sonntag nach Weihnachten Hauptkopist A, späte Formen, anschließend Hauptkopist C.
Wasserzeichen: Schwerter II.
b) Die Kantaten der Trinitatissonntage des Jahrgangs III (ausgenommen BWV 168, 137, 164, 79).
Hauptschreiber: Hauptkopist C.
Wasserzeichen: ICF, GM.

Daß Gruppe a) früher als b) entstanden ist, war bei Behandlung der relativen Chronologie festgestellt worden. Insbesondere darf als erwiesen gelten, daß Gruppe a) nach Jahrgang II entstanden ist; denn die Weihnachtskantaten des zweiten Jahrgangs schließen sich ohne Wechsel des Wasserzeichens unmittelbar an die Trinitatiskantaten desselben Jahrgangs an, in denen der Hauptkopist A noch mit seinen frühen Sechzehntelformen vertreten ist. Gruppe a) kann daher frühestens in das folgende Jahr fallen.
Nun wurden aber die Zeichen ICF und GM nachweislich von Bach im Herbst 1726 verwendet, wie uns Briefe Bachs und die Kantate 207 (Pro-

---

[40] Die umgekehrte Möglichkeit, daß Kantate 42 ursprünglich im Jahre 1731 komponiert wurde, aber erst später der genannten Kantatengruppe zugeordnet wurde, wird dadurch ausgeschlossen, daß das Partiturautograph (WZ Schwerter I) in den meisten Sätzen den Charakter eines Konzepts und nicht einer Reinschrift hat (vgl. zu diesem Problem auch den Krit. Bericht NBA I/10, S. 44f., dessen Datierung jedoch zu revidieren ist).

fessur Dr. Korttes) bezeugen. Demnach ist also die Gruppe b) in diesen Herbst zu datieren, a) muß daher früher, spätestens um den Jahreswechsel 1725/26 entstanden sein. Daraus ergibt sich für den Jahrgang II eine Entstehungszeit 1724/25.

Um dem Einwand zu entgehen, Gruppe a) könne möglicherweise doch n a c h b) entstanden sein (d. h. Hauptkopist A habe seine Arbeit nur vorübergehend aufgegeben), soll der Beweis noch auf eine andere Art geführt werden. Eine wichtige Datierungshilfe für die Gruppe a) ist darin zu sehen, daß sie notwendigerweise in ein Jahr fallen muß, in dem sowohl ein Sonntag nach Weihnachten als auch fünf Epiphaniassonntage vorhanden waren. Ein solches Jahr ist äußerst selten. In Bachs Leipziger Amtszeit traf es überhaupt nur dreimal ein, nämlich 1725/26, 1736/37 und 1747/48. Von diesen fallen aber die beiden letztgenannten aus verschiedenen Gründen aus. So tritt z. B. in den Kantaten 57, 151, 28, 16, 32, 13, 72, JLB 9 der junge Wilhelm Friedemann Bach als Schreiber auf, der das Elternhaus im August 1733 verließ. In Kantate 16 findet sich eine nachträglich hinzugefügte Violetta-Stimme von der Hand Philipp Emanuel Bachs. Sie trägt das Wasserzeichen MA mittlere Form. Weder dieses Zeichen noch die Handschrift Emanuels lassen eine Datierung n a c h 1733 zu. — Der gewichtigste Grund jedoch ist, daß in der Zeit nach 1728 in den Originalhandschriften der Werke Bachs völlig andere Papiersorten und völlig andere Kopisten — auch Hauptkopisten — auftreten. Es ist daher nicht angängig, die Entstehung der Kantatengruppe a) in ein anderes Jahr als 1725/26 zu verlegen. Damit bleibt aber für den Jahrgang II nur noch das Jahr 1724/25 übrig, und wir haben im folgenden einige Gründe anzuführen, die diese Datierung glaubhaft machen:

1. Schon bei der Festlegung der relativen Chronologie war darauf hingewiesen worden, daß die Wasserzeichen des Jahrgangs I — IMK — und des Jahrgangs II — Halbmond — eine Zeitlang nebeneinander auftreten. Die besonders große Zahl der Kantaten, in denen beide Zeichen zu beobachten sind (vgl. oben, S. 35), macht einen zeitlichen Zwischenraum in der Verwendung beider Papiere unwahrscheinlich. Auch deutet ja schon die Ähnlichkeit beider Zeichen (Halbmond auch im IMK-Papier) auf zeitliche Nähe.

2. Zu den Charakteristika des Jahrgangs II war weiter oben das Fehlen einer Kantate zum 4. p. Trin. gezählt worden. Die Kantate für diesen Sonntag ist aber nicht etwa verschollen; sie wurde 1732 nachkomponiert, wie das autographe Datum der Partitur *P 116* bezeugt. Der Grund dafür ist leicht gefunden: Im Jahre 1724 fiel der 4. p. Trin. mit dem Fest der Heimsuchung Mariä (2. Juli) zusammen; an diesem Sonntag erklang daher Kantate 10.

3. Auch das Fehlen einer Kantate zum 12. p. Trin. — sie wurde gleichfalls nachkomponiert, und zwar schon 1725, wie Wasserzeichen und späte Schriftformen des Hauptkopisten A beweisen — läßt sich erklären. Dieser Sonntag (27. 8.) ging im Jahre 1724 der Feier des Ratswechsels (28. 8.)

unmittelbar voraus, so daß Bach seine und seiner Schüler Kräfte offenbar auf das letztgenannte Ereignis konzentrieren wollte. Leider ist uns jedoch die Ratswechselkantate des Jahres nicht sicher bestimmbar.

4. In der Hornstimme der Thomana zu Kantate 114 findet sich der Anfang der Violine-II-Stimme zu Kantate 130 (vgl. BG 24, XXII). Das setzt voraus, daß die Stimmensätze zu beiden Kantaten gleichzeitig hergestellt (und dabei verwechselt) wurden, daß demnach die Aufführungsdaten beider Werke zeitlich beieinander lagen. Dies traf im Jahre 1724 zu: Kantate 130 erklang zu Michaelis am 29. September, Kantate 114 zum 17. p. Trin. nur 2 Tage darauf, am 1. Oktober!

5. Lediglich das Fehlen einer Kantate zum 6. p. Trin. ist nicht erklärbar. Andererseits ist aber darauf hinzuweisen, daß sich im übrigen eine auffallend lückenlose Folge ergibt. Das Jahr 1724/25 hat weder in der Trinitatis- noch in der Epiphaniaszeit einen Sonntag über die Zahl der vorhandenen Kantaten hinaus[11], und gerade die n a c h t r ä g l i c h e Entstehung von Kantaten wie BWV 140 (27. p. Trin.) und 14 (4. p. Ep.) sprechen für die hier erschlossene Einordnung des Jahrgangs.

6. Schließlich wird die Entstehungsgeschichte der Kantaten nach Texten der Mariane von Ziegler jetzt klarer als bisher. Alle vorgelegten Erklärungsversuche konnten nämlich nicht verständlich machen, warum die Dichterin ausgerechnet einen derart willkürlichen Ausschnitt aus dem Kirchenjahr mit Texten bedacht haben sollte. Tatsächlich hat sie ihn ja in ihrem folgenden Gedichtband vervollständigt[42] – aber warum erschien er 1728 fragmentarisch? Der Grund dafür ist leicht gefunden. Offenbar hatte Bach die Dichterin gebeten, ihm Texte für die noch verbleibenden Sonntage seines zweiten Kantatenjahrgangs zu liefern. Der Dichter der Choralkantaten mochte für diese Zeit ausgefallen sein, oder Bach hatte keinen Gefallen mehr an seinen Dichtungen; denn für die nachgeholten Choralkantaten bevorzugte er den unveränderten Choraltext als Vorlage. Nun übernahm die Dichterin die Aufgabe des Librettisten für den Rest des Jahrgangs bis zum Trinitatisfest. Für den folgenden Jahrgang lagen die Texte vielleicht bereits vor; jedenfalls scheint Bach nicht die Absicht gehabt zu haben, weitere Texte der Mariane von Ziegler zu vertonen. – Spitta, der eine s p ä t e r e Entstehung der Bachschen Kantaten nach Zieglerschen Texten verteidigt, argumentiert freilich nicht ganz unbegründet: Hätte Bach ihre Texte schon vor 1729 vertont, so hätte die Dichterin dies in ihrem zweiten Gedichtband nicht unerwähnt gelassen. Indes kennen wir die näheren Umstände der Zusammenarbeit beider zu wenig, um darüber zu urteilen. Wenn die Dichterin in ihrem zweiten Gedicht-

---

41 Vgl. O. Grotefend, *Taschenbuch der Zeitrechnung*, Hannover 8/1941, S. 27 u. 214 (Anm.). Demnach feierten die Protestanten Ostern im Jahre 1724 nicht am 16., sondern am 9. April.

42 Vgl. Ph. Spitta, *Mariane von Ziegler und Joh. Sebastian Bach*. In: Zur Musik, Berlin 1892. Dort insbesondere S. 113.

band davon spricht, daß von ihren darin veröffentlichten Kantatentexten einer oder der andere einmal komponiert werden könne (vgl. Spitta a. a. O.), so besagt dies doch vorderhand nur, daß Bach als Komponist d i e s e r Texte nicht in Frage zu kommen schien. Und wenn die Dichterin dabei ins Feld geführt hätte, der berühmte Bach habe einmal vor vier Jahren neun Texte aus ihrer Feder vertont (nicht ohne den Wortlaut beträchtlich zu verändern!), so wäre sie damit notwendigerweise mit Picander in Konkurrenz getreten, der sich eben erst hatte rühmen können, daß Bach seinen ganzen Jahrgang vertonen werde! Tatsächlich hatte Bach offenbar gerade beim Erscheinen des zweiten Zieglerschen Gedichtbandes eine größere Zahl von Picander-Texten vertont; und es ist doch sehr zweifelhaft, ob es in der Absicht der Dichterin gelegen haben kann, auf die Bescheidenheit der Rolle, die sie als Librettistin Bachs im Schatten des erfolgreichen Picander spielte, expressis verbis hinzuweisen. — Doch sollen alle diese Argumente nicht mehr besagen als: Wir wissen zu wenig, um aus dem Vorwort der Mariane von Ziegler zwingende Rückschlüsse auf die Entstehungszeit Bachscher Vertonungen ziehen zu können.

3. Jahrgang III

Der dritte Jahrgang bildet keine so einheitliche Größe mehr wie die beiden vorangehenden. Wir vervollständigen ihn zunächst durch die zwischendurch aufgeführten Kantaten von Johann Ludwig Bach, die in seinem ursprünglichen Bestand mehrere Lücken überbrücken, insbesondere die, die später durch Herübernahme der Kantaten auf Zieglertexte aus dem Jahrgang II geschlossen werden sollten. Dadurch erhalten wir eine nur durch geringfügige Lücken unterbrochene Kantatenfolge von Weihnachten bis zum Schluß des Kirchenjahres, die, wie wir bereits bei der Betrachtung des Jahrgangs II sahen, in die Jahre 1725/26 zu datieren ist. Hauptschreiber des Jahrgangs ist Hauptkopist C, nur vereinzelt, besonders in den ersten vier Kantaten, die noch in die Weihnachtszeit 1725 fallen, tritt Hauptkopist A noch als Hauptschreiber auf, so daß wir annehmen müssen, daß er mit dem Jahresende 1725 seine Kopiertätigkeit für Bach einstellte. Freilich begegnen wir ihm später noch gelegentlich, und zwar in der wegen ihrer übrigen Schreiber und wegen des Wasserzeichens ihrer Partitur wohl um Ende 1726 anzusetzenden Motette „Singet dem Herrn ein neues Lied" und auch in der Telemann-Kantate „Meine Seele erhebt den Herrn" BB *Mus. ms. 21745/25*. In dieser letzten haben sich freilich einige Formen soweit gewandelt, daß die Abschrift in späteren Jahren entstanden sein dürfte. Ob der Kopist auch in weiteren nicht von Bach komponierten Werken auftritt, ist noch nicht untersucht worden.

Wenn aber Hauptkopist A mit dem Jahresende 1725 aus dem Kreis der ständigen Kopisten Bachs ausscheidet, so werden wir auch die Kantaten 168, 137, 164 und 79 vor diesem Termin ansetzen, also in das Jahr 1725 (1724 wäre wegen der Sechzehntelformen des Hauptkopisten A unmöglich), obwohl uns die Wasserzeichen dieser Kantaten wenig Hilfe für ihre

Datierung bieten und lediglich eine Entstehung 1726 durch ihre Andersartigkeit ausschließen.

Das Ende des Jahrgangs wird mit den Kantaten 58 und 84 in den Anfang des Jahres 1727 zu verlegen sein. Von diesen wird Kantate 58 nicht nur durch Wasserzeichen und Schreiber in dieses Jahr verwiesen, sondern auch durch die Feststellung, daß ein Sonntag nach Neujahr im vorangegangenen Jahr nicht vorkam, während er im folgenden noch in die Zeit der Landestrauer um die verstorbene Königin Christiane Eberhardine fiel. Für BWV 84 bleibt dagegen auch die Möglichkeit einer Entstehung im folgenden Jahr, 1728, nicht restlos ausgeschlossen.

Für die so gefundene Chronologie des Jahrgangs III nun wieder einige bestätigende Beobachtungen:

1. Im Jahr 1726/27 werden alle diejenigen Sonntage mit Kompositionen ausgespart, die bereits im Vorjahr mit einer Kantate bedacht worden waren, nämlich der 9. und 13. p. Trin. und die Weihnachtsfesttage mit Ausnahme des Sonntags nach Neujahr, der im Januar 1726 ausfiel und daher erst im folgenden Jahr eine Kantate erhielt (BWV 58). Nur der 12. p. Trin. wurde nicht ausgelassen, weil ja die Kantate 137 des Jahres 1725 auf diesen Tag noch für den vergangenen Jahrgang bestimmt war.
2. Im Jahr 1726 fiel der Michaelistag auf den 15. p. Trin. Folgerichtig besitzen wir zum 15. p. Trin. dieses Jahres keine Kantate. Erst später wurde hierfür BWV 51 nachkomponiert.

Jahrgang III ist somit der erste, dessen Komposition sich über eine längere Zeit als ein Jahr erstreckt. Wodurch insbesondere die geringe Kantatenproduktion in der zweiten Hälfte des Jahres 1725 veranlaßt wurde, ist nicht festzustellen. Es läge nahe, an Verluste zu glauben; dann aber wäre unerfindlich, warum die aus diesem Jahre erhaltenen Kantaten mit denen von 1726 zu einem Jahrgang zusammengefaßt wurden. Allenfalls wäre es denkbar, daß dies durch spätere Umordnung, etwa bei der Erbteilung, bewerkstelligt wurde[43]; doch fehlen uns hierfür Beweise. Auch das Fehlen geeigneter Dichtungen könnte eine Rolle gespielt haben; denn von den drei erhaltenen Kantaten auf Trinitatissonntage 1725 sind zwei auf alte Libretti von Salomon Franck komponiert (oder umgearbeitet?) — BWV 168 und

---

[43] Diese Ansicht vertritt – freilich nur als Hypothese – Dadelsen II; demnach hätte C. P. E. Bach vom ursprünglichen Jahrgang III (1725/26) die Kantaten von Advent bis Trinitatis (einschließlich der Kompositionen von Johann Ludwig Bach), vom ursprünglichen Jahrgang IV (1726/27) diejenigen vom 1. p. Trin. bis Schluß des Kirchenjahres geerbt. Die jeweils andere Hälfte, nämlich die Kantaten der Trinitatiszeit 1725 und der ersten Jahreshälfte 1727 wären dann bis auf geringfügige Reste verlorengegangen. Picanders Jahrgang — unser Jahrgang IV — wäre dann als fünfter und letzter anzusehen. — Diese These leuchtet ein, bedarf aber der Bestätigung. Besonders wäre nachzuprüfen, warum dann die wirklich erhaltenen Kantaten der Trinitatiszeit 1725 einen so offensichtlich „versprengten" Eindruck machen, Kantate 137 als Nachtrag zum Jahrgang II, die Kantaten 168 und 164 als — zumindest textliche — Reminiszenzen an die Weimarer Zeit (vgl. allerdings BWV 72!).

164 —, die dritte — BWV 137 — legt der Komposition den unveränderten Strophentext eines Chorals zugrunde. Schließlich könnte man an Bachs Absicht glauben, seine Jahrgangskompositionen durch vorläufige Auslassung der Trinitatiszeit dem wirklichen Kirchenjahr anzugleichen. Der Jahrgang III würde dann „eigentlich" mit dem 1. Advent 1725 beginnen. Aber auch diesen Plan hat Bach jedenfalls nicht folgerichtig weitergeführt, da er den Jahrgang IV, wenn wir Picanders Druckanordnung glauben dürfen, wiederum mit dem Johannisfest, also ungefähr mit den Trinitatissonntagen begonnen hat.

Nachdem sich nun für die zeitliche Dehnung dieses Jahrgangs kein absolut überzeugender Grund anführen läßt, müssen wir vielleicht mit einer beginnenden Gleichgültigkeit Bachs rechnen, sei es, daß sich diese aus beginnenden Zwistigkeiten mit dem Rate ergeben hat, sei es, daß sie einfach durch die Tatsache bedingt war, daß Bach sich nunmehr einen ersten Bestand an eigenen Stücken geschaffen hatte, auf den er zurückgreifen konnte, wenn er nicht die Absicht hatte, den bevorstehenden Gottesdienst mit einer neugeschaffenen Komposition auszuzeichnen.

VI. Spätere Vokalkompositionen

Was uns an Vokalkompositionen Bachs nach 1726 erhalten ist, liegt zeitlich zu zerstreut, um die bisherige Methode mit Erfolg fortsetzen zu können. Kopisten und ihre Schriftformen sind seltener belegt, lassen sich zeitlich daher weniger genau eingrenzen. Dasselbe gilt für Wasserzeichen. Zwar treten noch immer einige Zeichen mit beachtlicher Häufigkeit auf (z. B. MA mittlere und große Form); aber dann erstreckt sich ihre Verwendung über eine längere Zeit und läßt damit wiederum keine sicheren Datierungen zu. Bis zum Anfang des Jahres 1735 können wir diesen Mangel dadurch ausgleichen, daß wir eine größere Zahl fest datierbarer Werke besitzen, denen wir einige weitere nach Analogie der Schreiber und Wasserzeichen zuordnen können. Nach 1735 sind uns jedoch nur noch wenige Zufallserfolge beschieden; wir werden diese Zeit daher nicht in extenso behandeln.

1. Jahrgang IV

Vom ursprünglichen Aussehen dieses Jahrgangs haben wir kaum eine Vorstellung. Von den zehn Kantaten, die Bach nachweislich aus dem Picander-Jahrgang von 1728 vertont hat, sind uns für vier keinerlei Originalquellen überliefert (BWV 156[44], 159, 145 und 149), von vier weiteren fehlen uns die Originalstimmen, die uns über die Kopisten des Jahrgangs Aufschluß geben könnten; ihre Partituren sind meist fragmentarisch (BWV 197a, 188, Ich bin ein Pilgrim) und nur in einem Falle vollständig erhalten (BWV 171);

---

[44] Das im Besitz der Thomasschule in Leipzig (jetzt Bach-Archiv) befindliche Stimmenmaterial zu dieser Kantate scheint der Zeit nach 1750 zu entstammen, da es keine Spuren Bachscher Revision zeigt und weder Schreiber noch Wasserzeichen in Bachs Originalhandschriften wiederkehren.

nur zu zwei Kantaten besitzen wir zur Originalpartitur auch das Stimmenmaterial, und zwar zu BWV 174 (die meisten Stimmen z. Z. nicht zugänglich in Privatbesitz!) und zu BWV 84, also derjenigen Kantate, die wir offenbar abweichend von den übrigen in Jahrgang III einordnen müssen; denn sie findet sich in Philipp Emanuel Bachs Nachlaßverzeichnis (s. oben, S. 17), der komponierte Text weicht von der Druckfassung z. T. ab, und in ihrem Stimmenmaterial treten die aus Jahrgang III bekannten Kopisten auf.

Bietet schon dieser Quellenbefund kaum eine methodische Handhabe für unsere Untersuchungen, so sind wir erst recht nicht über die Verluste unterrichtet, die offenbar gerade für diesen Jahrgang außerordentlich sind. Was sich trotzdem für Jahrgang IV aus den in Anhang A und B zusammengestellten Erkenntnissen ermitteln läßt, kann in kurzen Worten zusammengefaßt werden:

Die Datierung der Kantate 174 in das Jahr 1729 ist durch authentisches Datum im Stimmenmaterial (z. Z. nicht zugänglich, vgl. aber BG 41, XLII) gesichert. Annähernd in dieselbe Zeit dürften daher alle diejenigen Kantaten fallen, die demselben Picander-Jahrgang angehören und deren Handschriften gleichfalls Posthorn-Wasserzeichen tragen, also BWV 188, 197a, 171. Mit dieser Gruppe durch gleichen Hauptkopisten und gleiches Wasserzeichen verbunden ist Kantate 120a, und über diese wieder die Picander-Kantate „Ich bin ein Pilgrim" (Fragment, vielleicht von Kopisten des Jahrgangs geschrieben, in der Partitur zu BWV 120a enthalten); beide dürften also in den gleichen Zeitraum fallen. Auch die weltliche Kantate 201 wird durch ihr Wasserzeichen in dieselbe Zeit verwiesen, desgleichen die drei Choräle zu Trauungen BWV 250 bis 252 sowie die Kantate 112, von der nicht zu entscheiden ist, ob sie schon einmal um 1728/29 aufgeführt wurde, oder ob die durch Textdruck für das Jahr 1731 belegte Aufführung zugleich auch ihre erste war; — in diesem Falle würde sie wohl den Schluß der „Posthorn"-Wasserzeichen-Gruppe bilden, doch bliebe dann unerfindlich, warum Johann Ludwig Krebs, der Hauptschreiber der Kantaten von 1731, in ihrem Stimmenmaterial überhaupt nicht auftritt. Endlich scheint auch die Aufführung der (unechten) Lukas-Passion BWV 246 in diese Zeit zu fallen (Posthorn-Zeichen in Teilen der Partitur), vielleicht in das Jahr 1730, da 1729 schon durch die Aufführung der Matthäus- und 1731 durch die der Markus-Passion belegt sind. Doch bleiben alle diese Datierungen recht zweifelhaft, wenngleich es naheliegt, wenigstens die Entstehung der Kantaten des Picander-Jahrgangs dem Textdruck entsprechend in die Zeit von Sommer 1728 bis 1729 zu datieren.

Siehe unten

Siehe unten

2. Werke nach 1729

Im Jahre 1729 übernahm Bach die Leitung des von Telemann gegründeten Collegium musicum. Damit scheint sich sein Interesse wieder mehr als bisher der Komposition von Instrumentalmusik und weltlichen Kantaten zugewandt zu haben. Wenn wir auch mit dem möglichen Verlust eines Kan-

Zu BWV 112: Siehe S. 102 und N 25.
Zur Datierung des Picander-Jahrgangs: Klaus Häfner, Der Picander-Jahrgang, in: BJ 1975, S. 70—113 bringt gewichtige Argumente für die Annahme einer lückenlosen Komposition der im Textheft (Kriegsverlust Dresden) enthaltenen Kantaten durch Bach Sommer 1728 bis 1729 — Argumente, die freilich keine Gewißheit garantieren.

tatenjahrgangs und mindestens einer Passion aus der Zeit nach 1729 rechnen können, wenn auch die Komposition des Weihnachtsoratoriums, der *h*-Moll-Messe, des Himmelfahrtsoratoriums und mehrerer großartiger Kantaten noch vor ihm lagen: Eine derart auf die Komposition von Kirchenmusik ausgerichtete Schaffensperiode wie die von 1723 bis 1729 kehrt in Bachs Leben nicht wieder. Bezeichnend ist ferner der hohe Anteil an Umarbeitungen, zumal Parodien weltlicher Werke an den Kirchenkompositionen dieser Jahre, so daß oftmals der Eindruck entsteht, ein Kirchenwerk verdanke seine Entstehung nicht nur dem gottesdienstlichen Bedarf, sondern daneben auch dem Wunsch, die für Gelegenheitswerke komponierte Musik der weiteren Aufführungspraxis zu erhalten (vgl. z. B. Weihnachtsoratorium, Markus-Passion u. a.).

Eine Ordnung der nun entstehenden Kantaten in einen neuen Jahrgang — den fünften — ist nicht erkennbar; vielmehr handelt es sich bei den meisten Neukompositionen um Auffüllung bestehender Jahrgänge, daneben werden Umarbeitungen älterer Kompositionen vorgenommen. Wohl in Verbindung mit dem Nachlassen der Kantatenproduktion steht die bereits früher erwähnte Beobachtung, daß Papier gleicher Sorte über eine längere Zeitspanne verwendet wird und somit keinen hinreichenden Anhalt zu sicherer Datierung bietet. Dem gleichfalls schon beobachteten Rückgang der erfaßten Kopisten steht andererseits ein Anwachsen des autographen Anteils im Stimmenmaterial gegenüber (z. B. in BWV 232, 177, 14, 36b, 30, 8 in *D*-Dur, 207a, 210a), was an die Möglichkeit denken läßt, Bach habe zu Zeiten überhaupt keine regelmäßig arbeitenden Kopisten mehr beschäftigt, sondern die geringfügigen anfallenden Arbeiten überwiegend selbst erledigt. Diejenigen Kopisten, die erfaßt werden, sind völlig andere als in den voraufgehenden Jahren (die Mitglieder der Bachschen Familie ausgenommen); insbesondere tritt keiner der bisher beobachteten Hauptkopisten wieder auf. — Bemerkenswert ist ferner die Entstehung verschiedener Choralkantaten ohne Bestimmung im Kirchenjahr. Eine Erklärung für diese Erscheinung liegt noch nicht vor.

Lies: 232^I

Eine erste Gruppe von Vokalwerken gewinnen wir durch die Beobachtung des neuen Hauptkopisten der Zeit um 1730, Johann Ludwig Krebs. Er löst offenbar den Hauptkopisten D (von dem wir freilich nicht sagen können, ob er überhaupt längere Zeit tätig war) ab. Die Entwicklung seiner Schriftformen läßt sich an einigen datierbaren Werken gut verfolgen:

In seinen ersten Kopien schreibt Krebs den Baßschlüssel meist nach oben über das Notensystem hinausragend. Dadurch sind folgende Werke gekennzeichnet:

BWV 226 (24. 10. 1729), 120a, 201.

Lies:
(20. 10. 1729)

Ein Übergangsstadium, in dem das eben geschilderte Merkmal nicht mehr und das folgende noch nicht ausgeprägt sind (Baßschlüssel nur noch selten über oberste Notenlinie ragend, Achtelpause am unteren Ende nur schwach oder gar nicht aufgebogen), findet sich in den Kantaten:

BWV 192, 51, 82.

Von diesen ist BWV 51 für den 15. p. Trin. bestimmt. Der einzige Sonntag dieser Art, der zwischen dem 24. 10. 1729 und dem 27. 8. 1731 (s. unten) liegt, ist der 17. 9. 1730. Demnach ist Kantate 51 mit größter Wahrscheinlichkeit in das Jahr 1730 zu datieren, desgleichen wohl auch Kantate 192, in der fast durchweg dieselben Schreiber auftreten. Kantate 82, in der die gleich zu beschreibende Entwicklung der Achtelpausen schon am weitesten vorangeschritten ist, würde dann zum 2. 2. 1731 den Abschluß dieser Gruppe bilden.

In der nun folgenden Gruppe ist die Achtelpause, die in den ersten Werken mit einem gerade auslaufenden Strich oder einem kurz nach rechts oben abgeknickten Haken endete, am unteren Ende merklich nach rechts seitwärts oder oben abgebogen. Da für einen Teil dieser Werke das Jahr 1731 als Aufführungsdatum quellenmäßig bezeugt ist, dürften auch die nicht datierten unter ihnen in dasselbe Jahr fallen:

BWV 103, 37, 172 (lt. Textdruck: 1731), 29 (lt. Leipziger Ratsakten: 27. 8. 1731).

Bei den ersten drei der genannten Kantaten handelt es sich um Wiederaufführungen älterer Werke.

In den verbleibenden drei Kantaten ist die Viertelpause, die bisher eine starke Betonung der Senkrechten zeigte, wesentlich flacher geworden; außerdem erhält die nach unten gestrichene Halbe Note den Hals nicht mehr wie bisher rechts, sondern in der Mitte des Notenkopfes angesetzt:

BWV 70, 140, 36.

Der 27. p. Trin., für den die Kantate 140 bestimmt ist, tritt während der gesamten Leipziger Amtszeit Bachs nur in den Jahren 1731 und 1742 auf. 1742 ist jedoch Krebs nicht mehr in Leipzig. Da nun auch ein 26. p. Trin. in den angrenzenden Jahren um 1731 (zwischen 1729 und 1735) nicht auftritt, werden die beiden ersten Kantaten mit absoluter Sicherheit, die dritte mit einer an Sicherheit grenzenden Wahrscheinlichkeit (Auftreten anderer Schreiber und Wasserzeichen ab 1732) in das Jahr 1731 verwiesen.

Das Hauptwasserzeichen der eben geschilderten Zeit ist MA mittlere Form. Wir finden es außer in den eben aufgezählten noch in folgenden Werken:

BWV 198 (authentisches Aufführungsdatum: 17. 10. 1727), 174 (1729 — vgl. oben), 112 (vgl. oben), 110, 16, 23, 182, 134, 173, 194, 147, 195, 243, 245.

Von diesen Kompositionen wurden BWV 198, 174, 112 und 195, soweit wir erkennen können, in dem Zeitraum, den das genannte Wasserzeichen umfaßt, erstmals aufgeführt (die Erstfassung von BWV 195 ist verschollen, erhalten ist nur der Umschlag); bei allen übrigen Werken handelt es sich um Wiederaufführungen, wobei das Papier des Zeichens MA entweder zur Niederschrift einer Umarbeitung oder aber lediglich zur Ergänzung des Aufführungsmaterials verwendet wurde. Die Aufführungen dieser Werke fallen in einen Zeitraum von Ende 1727 bis — wie sofort darzulegen sein wird — spätestens Mitte 1732, ohne daß eine genaue Datierung in jedem Falle möglich wäre.

Siehe unten

Wasserzeichen MA mittlere Form belegt nur bis Dezember 1731 (siehe S. 140 f.). Für 1732 keine gesicherten Belege.

Spätestens Mitte 1732 tritt als neuer wichtiger Schreiber der H a u p t k o p i s t E in unser Blickfeld. Mit frühen Formen ist er erstmals in den Kantaten 29 und 140 von 1731 feststellbar, von 1732 an löst er dann Johann Ludwig Krebs in der Rolle des Hauptschreibers ab. Auch er tritt mit deutlich unterscheidbaren Schriftformen auf, die in gewissem Maße die Einordnung der nicht datierten Werke zulassen.
Violinschlüssel, in denen der Endstrich nicht wie üblich senkrecht nach unten, sondern statt dessen mit einem Schwung rechts aufwärts gebogen wird, finden sich in:
BWV 29 und 140 (beide 1731).
In allen folgenden Werken finden wir den Violinschlüssel mit senkrecht abwärts geführtem, geradem Endstrich, und zwar zunächst in einer auffallend breiten Schlüsselform, vertreten in:
BWV 177 (autographes Datum: 4. p. Trin. 1732), 213 (5. 9. 1733), 214 (8. 12. 1733), ferner in Kantate 93, die demnach gleichfalls 1732 oder 1733 wieder aufgeführt worden sein muß.
Bereits von Kantate 213 an macht die Achtelpause dieselbe Entwicklung durch wie in der Handschrift von J. L. Krebs: Der bisher gerade nach unten geführte Abstrich wird immer häufiger nach rechts oben aufgebogen (BWV 93 daher v o r 213!). Desgleichen erfährt die nach unten gestrichene Halbe Note spätestens ab BWV 93 (in 177 kein Beispiel) eine Veränderung: Der bisher rechts des Notenkopfes angesetzte Hals wird nunmehr links angesetzt.
Im Weihnachtsoratorium (1734/35) endlich, dem letzten Werk, in dem Hauptkopist E nachweisbar ist, sowie in einer Violino-piccolo-Stimme zu Kantate 96 (Wiederaufführung daher zum 18. p. Trin. 1734, evtl. später) haben die Violinschlüssel eine erheblich schmalere Gestalt als bisher (in BWV 215 fehlen Beispiele für Halbe Noten wie für Violinschlüssel).
Das Wasserzeichen der Periode von 1732 bis Anfang 1735 ist MA große Form. Wir finden es außer in denjenigen Kantaten, in denen Hauptkopist E als Hauptschreiber auftritt, noch wieder in der „Missa" BWV 232 (1733) *Lies: 232¹* und in einigen Kantaten, die sich nur annähernd in den genannten Zeitraum datieren lassen:
BWV 9, 100 und 211,
ferner in Einzelstimmen, die auf Wiederaufführungen deuten:
BWV 62, 91, 41, 58, 73, 82, 173, 129, 94, 5.
Gegen Ende 1734 und Anfang 1735 sind wir noch einmal in der Lage, eine Anzahl von Werken datieren zu können durch das zeitlich verhältnismäßig eng begrenzte Auftreten des Wasserzeichens „ZVMILIKAV" der Papiermühle Miltigau, das zunächst eine Zeitlang neben dem Zeichen MA große Form auftritt und es endlich ablöst. Wir finden es in den Werken:
BWV 97 (autographes Datum: 1734), 207a (3. 8. 1734), Telemann, Kantate „Machet die Tore weit" (1. Advent), Weihnachtsoratorium BWV 248 (autographes Datum: 1734), BWV 14 (autographes Datum: 1735), 82 (Wiederaufführung), 66 (Wiederaufführung), Himmelfahrtsoratorium BWV 11.

Alle Aufführungen sind daher in einen Zeitraum von spätestens August 1734 (BWV 97 ist ohne Bestimmung im Kirchenjahr!) bis Himmelfahrt 1735 zu datieren.

Nach der Mitte des Jahres 1735 ändert sich das Bild:

1. Zwar ist noch eine geringe Zahl Bachscher Kantaten nach 1735 anzusetzen — BWV 30a, 30, Anh. 13, 212, 197, 191, 34, 210a, 210, 195 (spätere Fassungen), und vielleicht noch weitere —, ihre Zahl ist jedoch zu gering, als daß sich allein durch papier- und schriftkundliche Untersuchungen dieser Werke verbindliche Erkenntnisse gewinnen ließen.
2. Ein Teil der früher komponierten Kantaten gibt durch beiliegende Stimmen mit späteren Wasserzeichen zu erkennen, daß noch nach 1735 Wiederaufführungen stattgefunden haben (was ohnehin anzunehmen ist). Eine sichere Datierung ist jedoch frühestens dann möglich, wenn die in Bachs später Zeit auftretenden Schreiber deutlich von den nach seinem Tode beschäftigten getrennt sind. Die Ausdehnung der schriftkundlichen Untersuchungen auf die Zeit nach 1750 gehört jedoch nicht zu den Zielen dieser Studie.
3. Durch verschiedene Dokumente wird bezeugt, daß sich Bach in seiner letzten Lebenszeit in erhöhtem Maße der Komposition und Überarbeitung von Instrumentalwerken widmete; — erinnert sei an die Teile III und IV der Klavierübung, das Kanonwerk über „Vom Himmel hoch", den Teil II des Wohltemperierten Klaviers, die Orgelchoräle der Leipziger Originalhandschrift, das Musikalische Opfer, die Kunst der Fuge. Es liegt daher nahe, auch die Vokalwerke der Spätzeit durch eine Analyse der Bachschen Eigenschrift sowie der Schriftformen der Kopisten von Instrumentalwerken zeitlich soweit wie möglich näher zu bestimmen. Beides würde gleichfalls die dieser Studie gezogenen Grenzen überschreiten und muß Aufgabe anderweitiger Untersuchungen[45] bleiben.

Wir brechen daher unsere Untersuchungen an dieser Stelle ab und lassen eine kalendermäßige Zusammenstellung der gewonnenen Erkenntnisse unter genauerer Darlegung der jedes einzelne Werk betreffenden Verhältnisse folgen. Hier sollen dann auch die spärlichen Erkenntnisse für die Zeit nach 1735 eingearbeitet werden.

VII. Kalender der sicheren und mutmaßlichen Aufführungen von Vokalwerken unter Johann Sebastian Bach in Leipzig

Im folgenden wird eine Einzeldarstellung der bisher ermittelten Aufführungen gegeben. Hierzu ist zu bemerken:

1. An Handschriften sind ausschließlich Originalhandschriften genannt. Auch wenn diese mit späteren Handschriften unter einer Signatur vereinigt sind, werden nur die Originale berücksichtigt.
2. Als Bestätigung wird lediglich das Auftreten solcher Wasserzeichen und Formen angesehen, die für die betreffende Zeit mehrfach belegt sind.

---

[45] Eine ausführliche Analyse der Eigenschrift Bachs findet sich bei Dadelsen II.

Dementsprechend sind singulär auftretende Wasserzeichen und Kopisten nicht aufgezählt.
3. Auf spätere oder frühere Aufführungen desselben Werkes wird normalerweise im Zusammenhang mit der gerade behandelten Aufführung hingewiesen. Eine vollständige Aufzählung der zu späteren oder früheren Aufführungen gehörigen Handschriften (oder auch solcher, die nicht sicher datierbar sind) erfolgt dabei jedoch nicht.
4. Die Bezeichnung desjenigen Kopisten, der jeweils als Hauptschreiber des betreffenden Stimmensatzes in Erscheinung tritt, ist durch Fettdruck hervorgehoben.
5. Als selbstverständlich wird angenommen, daß in denjenigen Zeiten, die als tempus clausum galten, keine Kantatenaufführungen stattfanden. Dies gilt alljährlich für die Sonntage vom 2.—4. Advent und von Invocavit bis Palmarum. Eine Ausnahme bildet lediglich das Fest Mariä Verkündigung, zu dem auch dann eine Kantate aufgeführt wurde, wenn es, wie üblich, in die Passionszeit fiel.

1723

Nicht datierbar, vor 2. 7.:
    BWV 237, belegt durch
    Partitur *P 13/4*: WZ = IMK
    Stimmen *St 114*: WZ = IMK
      Kopist = Hauptkopist **A**.
    Durch frühe Violinschlüsselform des Hauptkopisten A ist die Aufführung auf vor 2. 7. (BWV 147) festgelegt.

7. 2. Estomihi:
    Aufführung des „Probestücks" BWV 22, belegt durch
    Partitur *P 46/1*: WZ = IMK (z. T. auch Halbmond)
      Einziger Schreiber: Hauptkopist **A** (frühe Schriftformen)
    Stimmen nicht erhalten.
    Zu einer eventuellen Aufführung von BWV 23 siehe unten, 20. 2. 1724.   **N 5**

26. 3. Karfreitag:
    Aufführung einer Passion in der Thomaskirche (BJ 1911, S. 50ff.):   *Siehe unten*
    Nicht nachweisbar (vgl. auch 7. 4. 1724).

16. 5. 1. Pfingsttag:
    Aufführung einer Kantate in der Universitätskirche (Spitta II, 37):
    Vielleicht BWV 59, belegt durch
    Partitur *P 161*: Eigenschrift Bachs v o r 1724 (nach Dadelsen II)

30. 5. 1. p. Trin.:
    BWV 75, belegt durch
    Partitur *P 66*: Notierungsweise a der Oboe d'amore (vgl. oben S. 42). Obwohl das WZ der Partitur singulär auftritt und die Stimmen nicht erhalten sind, ist an der Datierung dieses Schwesterwerkes der Kantate 76 nicht zu zweifeln (vgl. Spitta II, 184 und 778, Anm. 10).

Zu 26. 3. (Passionsaufführung): Für die von der älteren Forschung angenommene Beteiligung Bachs an der Aufführung einer Passion liegen nicht die geringsten Anzeichen vor.

6. 6.   2. p. Trin.:
    BWV 76, belegt durch
    Partitur *P 67*: WZ = IMK
        Autographes Datum: *anno 1723*
    Stimmen *St 13b*: WZ = IMK
        Kopisten = Hauptkopisten **A**, B, Anon. Ia, Ib
        Notierungsweise a der Oboe d'amore.
    Spätere Wiederaufführung des zweiten Teils, vielleicht zum Reformationsfest am 31. 10. 1724 (s. dort) durch autographe Viola-da-gamba-Stimme mit WZ Halbmond belegt.
    Spätere Wiederaufführung des ersten Teils (undatierbar) zum Reformationsfest belegt durch die Nennung dieser Bestimmung in Breitkopfs *Verzeichniß Musicalischer Werke* Leipzig 1761, S. 20.

13. 6. 3. p. Trin.:
    BWV 21, belegt durch
    Stimmen *St 354*: WZ = IMK
        Kopisten = Hauptkopisten A, B, Anon. Ic.
    Wiederaufführung dieser aus früher Zeit stammenden Kantate unter Verwendung älteren Stimmenmaterials, erstmals mit Posaunen (Satz 9); Partitur nicht erhalten.

20. 6. 4. p. Trin.:
    BWV 24, belegt durch
    Partitur *P 44/4*: WZ = IMK
    Stimmen *St 19*: WZ = IMK
        Kopisten = Hauptkopisten **A**, B, Anon. Id, Ic, Ie.
    Spätere Wiederaufführung (nicht datierbar) belegt durch Ergänzungen im Bc von unbekannter Hand.
    BWV 185, belegt durch
    Stimmen *St 4*: WZ = IMK
        Kopisten = Hauptkopist **A**, Anon. Ib.
    Aufführung in *g*-Moll unter Verwendung von Partitur und einem Teil der Stimmen aus der Weimarer Zeit (ursprüngliche Tonart = Chorton: *fis*-Moll).[46]
    Die Aufführung zweier Kantaten an diesem Tage ergibt sich aus dem Auftreten früher g-Schlüssel-Formen in der Schrift des Hauptkopisten A im Stimmenmaterial beider Werke. Vermutlich erklang eine der Kantaten vor, die andere nach der Predigt (vgl. oben, S. 42).

24. 6. Johannistag:
    BWV 167, belegt durch
    Stimmen *St 61*: WZ = IMK
        Kopisten = Hauptkopist **A**, Anon. Id, If
    Partitur nicht erhalten.

---

[46] Vgl. A. Dürr, a. a. O., S. 24f. und 63.

[1723]   Zur Chronologie der Leipziger Vokalwerke J. S. Bachs

Eine Partiturabschrift des Hauptkopisten **B** (*P 46/2*, WZ undeutlich) weist durch ihre Schriftformen auf eine spätere Wiederaufführung, oder sie wurde für den eigenen Gebrauch ihres Schreibers hergestellt.

27. 6. 5. p. Trin.:
Keine Aufführung nachweisbar, vermutlich mit Rücksicht auf den Johannistag.

2. 7. Mariae Heimsuchung:
BWV 147, belegt durch
Stimmen *St 46*: WZ = IMK
    Kopisten = Hauptkopisten **A**, **B**, Anon. Ig, Ie, In (?)
    Notierungsweise b der Oboe d'amore (vgl. oben, S. 43).   *Lies c statt b*
Das WZ der Partitur stammt z. T. aus Weimarer Zeit (Bl. 1—8), der Rest (Bl. 9—12) trägt das WZ MA mittlere Form[47].
Die Kantate stellt die erweiterte Umarbeitung eines in Weimar begonnenen Werkes von 1716 dar[47]. Die Umarbeitung scheint in der Partitur 1723 nur provisorisch, in späterer Zeit ausführlich eingetragen worden zu sein (vgl. unten, um 1728/1731).

4. 7. 6. p. Trin.:
Keine Aufführung nachweisbar, vermutlich mit Rücksicht auf Mariae Heimsuchung.

11. 7. 7. p. Trin.:
BWV 186, belegt durch
Partitur *P 53*: WZ = IMK
    Kopist = Anon. Ih
    Originales Datum: 1723
Stimmen nicht erhalten.
Die Kantate stellt die erweiterte Umarbeitung eines Weimarer Werkes von 1716 dar[48]. Die Umarbeitung wurde offenbar von Bach in der alten Partitur provisorisch vermerkt; darauf ließ Bach die Partitur neu kopieren (= *P 53*).

18. 7. 8. p. Trin.:
BWV 136, belegt durch
Stimmen (+ Partiturfragment) *St 20*: WZ = IMK
    Kopisten = Hauptkopisten **A**, **B**, Anon. Ig, Ib, In (?)
    Notierungsweise b der Oboe d'amore (vgl. oben S. 43).   *Lies c statt b*

25. 7. 9. p. Trin.:
BWV 105, belegt durch
Partitur *P 99*: WZ = IMK
Stimmen nicht erhalten.

1. 8. 10. p. Trin.:
BWV 46, belegt durch

---
[47] Vgl. A. Dürr, a. a. O., S. 41 f., dabei scheinen die Schriftformen J. S. Bachs, die in der Partitur auftreten, darauf hinzudeuten, daß uns der Eingangschor in seiner Weimarer Niederschrift erhalten ist.
[48] Vgl. A. Dürr, a. a. O., S. 26 ff.

Stimmen *St 78*: WZ = IMK
   Kopisten = Hauptkopist **A**, Anon. I c
Partitur nicht erhalten.

8. 8.   11. p. Trin.:
BWV 179, belegt durch
Partitur *P 146*: WZ = IMK
Stimmen *St 348*: WZ = IMK
   Kopist = Hauptkopist **A**
Nur 2 Stimmen erhalten.
Vermutlich auch BWV 199, belegt durch

Ergänze: Ik   Stimmen *St 459*: Kopisten = Hauptkopist **B**, Anon. Ig.
Wiederaufführung dieser ursprünglich in Weimar 1714 komponierten Kantate in *d*-Moll unter Verwendung der Weimarer Partitur und der Weimarer Oboenstimme.
Die Aufführung von z w e i Kantaten wird durch das Auftreten der für diese Zeit in Frage kommenden Kopisten (Kantate 199), die Schriftformen des Hauptkopisten A sowie das Wasserzeichen der Kantate 179 wahrscheinlich gemacht. Vermutlich erklang die eine der Kantaten vor, die andere nach der Predigt.

9. 8.   Universitäts-Festakt (Geburtstag des Herzogs Friedrich II. von Sachsen-Gotha):
BWV Anh. 20, belegt durch
Vogel, *Continuation Derer Leipzigischen Jahrbücher* 1714—1728 und *Acta Lipsiensium academica*, Leipzig 1723, S. 231 f.
Aufführungsmaterial nicht erhalten.

15. 8.   12. p. Trin.:
BWV 69a, belegt durch
Stimmen *St 68*: WZ = IMK
   Kopisten = Hauptkopisten **A**, B, Anon. Ib, Ii

Lies c statt b   Notierungsweise b der Oboe d'amore
Partitur nicht erhalten.
Die vorläufige Untersuchung dieser Kantate läßt es möglich erscheinen, daß von dieser Kantate drei Fassungen zu unterscheiden sind, deren erste, übereinstimmend mit BG 16, S. 373 ff., bei der hier behandelten Aufführung verwendet wurde.
Weitere Aufführungen lassen sich wie folgt vermuten:
Zweite Fassung: Wie erste Fassung, jedoch Arie Nr. 3 („Meine Seele, auf, erzähle") in der späteren (*G*-Dur-)Fassung, belegt durch
   WZ = MA mittlere Form
   Kopisten = Hauptkopist C, Anon. IIIb
für die Zeit um 1727, vielleicht zum 12. p. Trin. 1727.
Dritte Fassung: Wie BG 16, S. 281 ff., belegt durch
   Singuläres WZ (Einhorn) in Violine II, Viola
   Späte Schriftformen J. S. Bachs (später als BWV 212!)
für die Zeit zwischen 1743 und 1750.

22. 8.   13. p. Trin.:
BWV 77, belegt durch
Partitur *P 68*: WZ = IMK
Stimmen nicht erhalten.

29. 8.   14. p. Trin.:
BWV 25, belegt durch
Stimmen *St 376*: WZ = MA kleine Form
    Kopisten = Hauptkopisten **A**, B, Anon. Ii, Id, Ie, Ic
Partitur nicht erhalten.

30. 8.   Ratswechsel:
BWV 119, belegt durch
Partitur *P 878*: WZ = MA kleine Form
    Autographes Datum: 1723
Stimmen nicht erhalten.

5. 9.   15. p. Trin.:
BWV 138, belegt durch
Partitur *P 158*: WZ = IMK (1 Bl.), das übrige undeutlich, wohl MA kleine Form
Notierungsweise c der Oboe d'amore (vgl. oben, S. 43)   *Lies d statt c*
Stimmen nicht erhalten.

12. 9.   16. p. Trin.:
BWV 95, belegt durch
Stimmen *St 10*: WZ = MA kleine Form
    Kopisten = Hauptkopisten **A**, B, Anon. Ik (?)   *Tilge: (?)*
    Notierungsweise c der Oboe d'amore   *Lies d statt c*
Partitur nicht erhalten.

19. 9.   17. p. Trin.:
Vielleicht Aufführung BWV 148, belegt durch Zugehörigkeit zum Jahrgang (vgl. oben, S. 15). Da jedoch die Dichtung Zusammenhänge mit Picanders „Sammlung erbaulicher Gedancken" von 1725 aufweist (vgl. Spitta II, 992f.), muß auch eine spätere Entstehung in Betracht gezogen werden.
Originalhandschriften nicht erhalten.

26. 9.   18. p. Trin.: ⎫
29. 9.   Michaelis: ⎬ Keine Aufführung nachweisbar.

3. 10.   19. p. Trin.:
BWV 48, belegt durch
Partitur *P 109*: WZ = MA kleine Form
Stimmen *St 53*: WZ = MA kleine Form
    Kopisten = Hauptkopisten **A**, B, Anon. Ia, Ii, Im (?), Ic.
Von den Stimmen weist die Dublette der Viol. II Weimarer Wasserzeichen auf; weitere Anzeichen für eine Weimarer Entstehung dieser Kantate fehlen bisher. Gegen eine frühere Entstehung des Werks spricht das Auftreten des Leipziger Kopisten Anon. Ii als Schreiber auf dem Papier Weimarer Ursprungs.

10. 10. 20. p. Trin.:
: BWV 162, belegt durch
: Stimmen *St 1*: Kopisten = Hauptkopisten **A**, B, Anon. I a
: Partitur nicht erhalten.
: Wiederaufführung in *h*-Moll mit Zugtrompete unter Verwendung eines Teiles des Weimarer Stimmenmaterials; die neu geschriebenen Stimmen auf den Rückseiten der unbrauchbaren Weimarer Stimmen[49].

17. 10. 21. p. Trin.:
: BWV 109, belegt durch
: Partitur *P 112*: WZ = MA kleine Form
: Stimmen *St 56*: WZ = MA kleine Form
:   Kopisten = Hauptkopisten **A**, B, Anon. I j, I k.

24. 10. 22. p. Trin.:
: BWV 89, belegt durch
: Stimmen *St 99*: WZ = MA kleine Form
:   Kopisten = Hauptkopisten **A**, **B**, Anon. I j, I a, I l, I m, I c
: Partitur nicht erhalten.

N 6 31. 10. 23. p. Trin., Reformationsfest:
: Keine Aufführung nachweisbar (oder BWV 163? — Weimarer Kantate zum 23. p. Trin.).
: Aufführung einer Kantate in der Universitätskirche:
: Nicht nachweisbar.

2. 11. Orgelweihe in Störmthal:
: BWV 194, belegt durch
: Partitur *P 43/3*: Autographe Aufschrift: „*Bey Einweihung der Orgel in Störmthal*"
: Stimmen *St 48*: WZ = MA kleine Form
:   Kopist = Hauptkopist **A**.
: Partitur und Teil der Stimmen undeutliche WZ.
: Höchstwahrscheinlich Umarbeitung einer weltlichen Kantate aus der Köthener Zeit, deren Stimmen uns unter der Signatur *St 346* (zugehörig: Oboen I—III, Violinen I, II, Viola) z. T. erhalten sind. Kennzeichnend für diese weltliche Vorform ist:
: Einteiligkeit unter Wegfall der Choralsätze (Sätze 6 und 12 der Kirchenkantate).
: Schlußsatz: *Aria* im $^3/_8$-Takt mit *Trio*, von dem nur die drei instrumentalen Oberstimmen erhalten sind (vgl. oben), der bisher noch nirgends abgedruckt ist und offenbar in keinem erhaltenen Werk Bachs wiederkehrt.
: Instrumentation des 3. Satzes unter Verwendung von Flöten, wie aus Vermerken in den Violinstimmen hervorgeht.
: Spätere Wiederaufführungen belegt

---

[49] Vgl. A. Dürr, a. a. O., S. 37 und 63.

        a) für 4. 6. 1724 durch Dubletten, Einlegestimme (Baß) und Umschlag (autographer Titel: „*Festo S. S. Trinitatis*") mit WZ IMK. Aufführung im tiefen Kammerton mit z. T. veränderten Baßrezitativen.
        b) für den 16. 6. 1726 durch transponierte Bc-Stimme (in *As*-Dur) und Einlegestimmen aus *St 346* mit WZ Schwerter II. Verkürzte Fassung mit obligater Orgel (vgl. weiter unten),
        c) für den 20. 5. 1731 durch Textdruck und WZ MA mittlere Form in Bc-Stimme.

7. 11. 24. p. Trin.:
BWV 60, belegt durch
  Stimmen *St 74*: WZ = MA kleine Form
    Kopisten = Hauptkopist **A**, Anon. Ig, Ia, Ic
    Notierungsweise c der Oboe d'amore   *Lies d statt c*
Partitur nicht erhalten.
Wiederaufführung, belegt durch spätere (Bc-)Stimme, vorläufig nicht datierbar (nach 1750?).

14. 11. 25. p. Trin.:
BWV 90, belegt durch
Partitur *P 83*: WZ = MA kleine Form
Stimmen nicht erhalten.

21. 11. 26. p. Trin.:
BWV 70, belegt durch
  Stimmen *St 95*: WZ = IMK
    Kopisten = Hauptkopisten **A**, **B**, Anon. Ik, Im, Ic
Partitur nicht erhalten.
Die Kantate stellt die erweiterte Umarbeitung eines Weimarer Werkes von 1716 dar. Aufführung unter Verwendung eines Teils der Weimarer Stimmen[50].
Erneute Wiederaufführung 1731, belegt durch zwei Stimmen mit WZ MA mittlere Form (s. unten).

28. 11. 1. Advent:
BWV 61, belegt durch
Zugehörigkeit zum Jahrgang (s. oben, S. 13)
Eintragung der Gottesdienstordnung in Partitur P 45/6
Stimmen nicht erhalten.
Wiederaufführung dieser 1714 in Weimar komponierten Kantate unter Verwendung der Weimarer Partitur. Obwohl sich die Aufführung weder durch WZ noch durch Kopisten belegen läßt, dürfte an ihr nicht zu zweifeln sein, zumal da Werner Neumann im Krit. Bericht I/1 der NBA mit Recht auf die Unwahrscheinlichkeit einer Aufführung 1722 hinweist.

25. 12. 1. Weihnachtstag:

---
[50] Vgl. A. Dürr, a. a. O., S. 40f. und 63ff.

BWV 63, belegt durch
Stimmen *St 9*: WZ = IMK
  Kopisten = Anon. Ia, Il
Partitur nicht erhalten.
Wiederaufführung dieser aus der Weimarer Zeit stammenden Kantate unter Verwendung von meist früherem Stimmenmaterial[51].
Spätere Wiederaufführungen belegt
a) um 1729 (?) durch Bc- und Bctr-Stimmen mit WZ CS
b) nach Aufführung a) (kaum identisch mit a) durch Nachtrag der obligaten Orgelstimme zu Satz 3 in Bctr mit WZ CS
Ferner:
BWV 243a, belegt durch
Partitur *P 38*: WZ = IMK
Stimmen nicht erhalten.
Spätere Umarbeitung (BWV 243) durch Partitur *P 39* mit WZ MA mittlere Form für die Zeit um 1728/31 belegt.
Vermutlich auch Aufführung des Sanctus BWV 238, belegt durch
Partitur *P 13/5*: WZ = IMK
Stimmen *St 116*: Kopisten = Hauptkopisten **A**, B.
WZ der Stimmen undeutlich. Die Datierung ergibt sich aus den Schriftformen des Hauptkopisten A:
Späte Violinschlüsselform (nach 24. 6. 1723),
frühe c-Schlüsselform (mutmaßlich bis 9. 1. 1724, kaum später),
frühe Form der Sechzehntelfähnchen (vor 3. 12. 1724).
Dadurch ist zwar keine absolut sichere, aber doch eine hinreichend wahrscheinliche Datierung gegeben. Eventuell käme auch statt dessen eine Aufführung zu Ostern 1724 in Frage.

Weitere Wiederaufführung (?) siehe N 29

Spätere Wiederaufführung belegt durch autographe Organo-Stimme mit WZ „Gekröntes Wappen mit 3 Schwänen" (s. Anhang A, undatierbare Zeichen) für Bachs spätere Lebenszeit (dasselbe WZ in der Reinschriftpartitur *P 25* der Matthäus-Passion).
Aufführung einer Kantate in der Universitätskirche:
Nicht nachweisbar.

26. 12. 2. Weihnachtstag:
BWV 40, belegt durch
Partitur *P 63*: WZ = IMK
Stimmen *St 11*: WZ = IMK
  Kopisten = Hauptkopisten **A**, B, Anon. Il, Io, Ic, In.

27. 12. 3. Weihnachtstag:
BWV 64, belegt durch
Stimmen *St 84*: WZ = IMK
  Kopisten = Hauptkopisten **A**, B, Anon. Ip, Ia
Partitur nicht erhalten.

---

[51] Vgl. A. Dürr, a. a. O., S. 42ff.

Spätere Wiederaufführung belegt durch Organo-Stimme aus späterer Zeit (undeutliches WZ), nicht datierbar.

1724

1. 1. Neujahr:
BWV 190, belegt durch
Partitur *P 127*: WZ = IMK
Stimmen *St 88*: WZ = IMK
    Kopisten = Hauptkopist **A**, Anon. Ia, Ip.
Partitur und Stimmen nur fragmentarisch erhalten.
Für eine Köthener Aufführung vor 1724, wie sie Friedrich Smend[52] annimmt, ergeben sich aus dem überlieferten Material keinerlei Anhaltspunkte.
Spätere Wiederaufführung durch Eintragung des Satzes 6 in der Violino-I-Stimme in J. S. Bachs Spätschrift (?) für die Zeit nach 1735 belegt (vgl. Dadelsen II).

2. 1. Sonntag nach Neujahr:
BWV 153, belegt durch
Stimmen *St 79*: WZ = IMK
    Kopisten = Hauptkopisten **A**, **B**, Anon. Ia, If (?).
Partitur nicht erhalten.

6. 1. Epiphanias:
BWV 65, belegt durch
Partitur *P 147*: WZ = IMK
Stimmen nicht erhalten.

9. 1. 1. p. Ep.:
BWV 154, belegt durch
Partitur *P 130*: WZ = IMK
    Kopist = Anon. Ih
    Originales Datum: 1724
Stimmen *St 70*: WZ = IMK
    Kopisten = Hauptkopisten **A**, **B**, Anon. Ia, Ij, Ic.
Die Tatsache, daß die Cembalostimme zu Satz 4 (autograph) auf Weimarer Papier geschrieben ist, daß ferner die Partitur von Kopistenhand stammt, läßt erkennen, daß wir es hier mit der Umarbeitung einer früheren Kantate, vermutlich aus der Weimarer Zeit Bachs, zu tun haben. Einzelfeststellungen über das Aussehen dieser frühen Kantate liegen noch nicht vor.   **N 7**

16. 1. 2. p. Ep.:   **N 8**
Vermutlich Wiederaufführung der Weimarer Kantate BWV 155,   *Gesichert:*
belegt durch   *TdrLn*
Zugehörigkeit zum Jahrgang (vgl. oben, S. 14).
Die Partitur *P 129* stammt aus der Weimarer Zeit (1716), Stimmen

---

[52] *Bach in Köthen*, Berlin (1951), S. 48ff.

		sind nicht erhalten. Die Datierung läßt sich daher nur vermuten; doch spricht nichts gegen sie.
	23. 1.	3. p. Ep.:
TdrLn		BWV 73, belegt durch
		Stimmen *St 45*: WZ = IMK
		Kopisten = Hauptkopist **A**, Anon. Ia, Il, Ik, Ic.
		Partitur nicht erhalten.
		Wiederaufführung vermutlich zwischen 1732 und 1735 belegt durch Organo-Stimme mit WZ MA große Form.
	30. 1.	4. p. Ep.:
TdrLn		BWV 81, belegt durch
		Partitur *P 120*: WZ = IMK
		Stimmen *St 59*: WZ = IMK
		Kopisten = Hauptkopisten **A**, **B**, Anon. Id, Ic.
	2. 2.	Mariä Reinigung:
TdrLn		BWV 83, belegt durch
		Stimmen *St 21*: WZ = IMK
		Kopisten = Hauptkopisten **A**, **B**, Anon. Il, Ip, In.
		Partitur nicht erhalten.
		Wiederaufführung, wohl 1727, belegt durch Bc-Stimme mit mutmaßlichem WZ ICF und Kopist Anon. IIf.
	6. 2.	Septuagesimae:
TdrLn		BWV 144, belegt durch
		Partitur *P 134*: WZ = IMK
		Stimmen nicht erhalten.
	13. 2.	Sexagesimae:
TdrLn		BWV 181, belegt durch
		Stimmen *St 66*: WZ = IMK
		Kopisten = Hauptkopisten **A**, **B**.
		Partitur nicht erhalten.
		Wiederaufführung in späterer Zeit (nicht datierbar), belegt durch 2 Stimmen (Traversa, Hautbois) mit WZ: Gekrönter Doppeladler A+HR.
		Vgl. auch Krit. Bericht NBA I/7, S. 126f. Demnach handelt es sich mindestens z. T. um die Umarbeitung von Sätzen älterer Komposition.
N 9		Anscheinend auch Aufführung von BWV 18, belegt durch Stimmen *St 34*: WZ = IMK (3 Stimmen)
		Kopist = Hauptkopist B.
		Partitur nicht erhalten.
		Wiederaufführung in *a*-Moll unter Verwendung des Stimmenmaterials der Weimarer Zeit. Vgl. auch Krit. Bericht NBA I/7, S. 108ff.
		Vermutlich Aufführung von zwei Kantaten (vor und nach der Predigt oder von zwei verschiedenen Kantoreien).

20. 2. Estomihi: N 10
Vielleicht Aufführung von BWV 23, belegt durch
Stimmen *St 16*: WZ = IMK (Oboe d'amore in *d*-Moll, Dubletten
VI I, II, beide Vc-Stimmen)
 Kopisten = Hauptkopisten A, B.
Partitur und übrige Stimmen (Oboe in *c*-Moll, Singstimmen, Streicher) bis auf Einlagen zum Schlußchoral in den Singstimmen auf Köthener Papier. Der laut BG 5 vorhandene Bc in *a*-Moll ist verschollen.
Mutmaßliche Erstaufführung dieser wohl zunächst für 1723 in *c*-Moll vorbereiteten Kantate, jetzt in *h*-Moll und mit Schlußchoral (verstärkt durch Posaunen). Dieser Choral wurde in den (für 1723 vorbereiteten?) Köthener Stimmen nachgetragen.

Die Feststellung, daß Hauptkopist B mit einer innerhalb seiner *Siehe N 4, N 5*
Kopien nur hier beobachteten Achtelpausenform vertreten ist,
führt freilich zu der Frage, ob nicht auch das Leipziger Stimmenmaterial (z. T.?) schon 1723 hergestellt wurde, ja, ob vielleicht 1723 zwei Kantaten — 23 und 22 vor und nach der Predigt — aufgeführt wurden.
Spätere Wiederaufführung um 1728/31 durch Einlegestimmen (Schlußchoral) zu den Singstimmen mit WZ MA mittlere Form bezeugt (offenbar waren die ersten Einlegestimmen verlorengegangen oder anderweitig verwendet worden).

25. 3. Mariä Verkündigung: N 11
BWV 182, belegt durch
Stimmen *St 47, 47a*: WZ = IMK (10 Stimmen)
 Kopisten = Hauptkopist A, Anon. Ip.
Wiederaufführung dieser aus der Weimarer Zeit (1714) stammenden Kantate[53] unter Verwendung der Weimarer Partitur, jedoch mit neu erstelltem Stimmenmaterial.
Spätere Wiederaufführung belegt durch WZ MA mittlere Form und
Kopist Anon. IIIb für die Zeit um 1728 (s. unten). *Lies: (s. unten,*
S. 105).
7. 4. Karfreitag:
BWV 245, erste Fassung, belegt durch
Stimmen *St 111*: WZ = IMK (älteste Stimmen)
 Kopisten = Hauptkopist B, Anon. Ia, Io, Ic, Il, Id.
Partitur dieser Aufführung nicht erhalten.
Entgegen der bisherigen Auffassung haben wir in diesem, bisher als „mittlere Stimmen" bezeichneten Material die älteste Stimmengruppe zu sehen, während die Gruppe des bisher als „älteste Stimmen" bezeichneten Materials bereits die späten Schriftformen des Hauptkopisten A aufweist (s. unten, 30. 3. 1725).
Eine Aufführung der Passion im Jahre 1723 ist zwar denkbar, aus

---

[53] Vgl. A. Dürr, a. a. O., S. 53f.

	9. 4.	1. Ostertag:

dem uns erhaltenen Handschriftenmaterial jedoch nicht nachweisbar. Einzelausführungen hierzu werden im Krit. Bericht NBA II/4 zu geben sein.

9. 4.   1. Ostertag:

N 12

BWV 4, belegt durch
Stimmen Thom: WZ = IMK (9 Stimmen), Halbmond (Bctr)
 Kopisten = Hauptkopisten **B, C**, Anon. II e (?).

Streiche:
C, II e (?)

Partitur nicht erhalten.
Wiederaufführung dieser aus der Zeit um 1708[54] stammenden Kantate mit neu erstelltem Stimmenmaterial (ohne Bläserverstärkung), möglicherweise unter teilweiser Umarbeitung.
Spätere Wiederaufführung belegt für 1. 4. 1725 (s. dort) durch WZ Schwerter I und Kopisten.

Gesichert:
TdrLn

Möglicherweise wurde auch Kantate 31, komponiert in Weimar 1715, an diesem Tage wiederaufgeführt (bestätigt durch Zugehörigkeit zum Jahrgang – vgl. oben, S. 14), jedoch ist eine Nachprüfung unmöglich, da die Originalstimmen *St 14* seit 1945 nicht mehr erreichbar sind und die Partitur nicht erhalten ist.

Streiche: oder ...
gelangte)

Aufführung einer Kantate in der Universitätskirche: Möglicherweise BWV 4 oder 31 (d. h. diejenige von beiden, die n i c h t in den Stadtkirchen zur Aufführung gelangte).

Gesichert:
TdrLn

10. 4.   2. Ostertag:
Vielleicht Aufführung von BWV 66, belegt durch
Zugehörigkeit zum Jahrgang (vgl. oben, S. 14).
Stimmen nicht erhalten. Die erhaltene Partitur stammt aus späteren Jahren, doch ist mit Wahrscheinlichkeit eine frühere Fassung der Kantate anzunehmen (vgl. Krit. Bericht NBA I/10, S. 21), die dann dem hier vorgeschlagenen Datum zuzuweisen wäre.
Spätere Wiederaufführungen:
 a) 1731, belegt durch Textdruck Leipzig
 b) vielleicht 1735, belegt durch WZ ZVMILIKAV der Partitur (oder identisch mit Aufführung 1731?).

TdrLn

11. 4.   3. Ostertag:
BWV 134, belegt durch
Partiturfragment *P 1138*: WZ = IMK
 Kopist = Hauptkopist **B**
Stimmen *St 18*: WZ = IMK (7 Stimmen)
 Kopisten = Hauptkopisten A (nur Text), B, Anon. I p, I k, I o.
Aufführung unter Verwendung von Partitur und Instrumentalstimmen der Kantate 134a aus der Köthener Zeit (1. 1. 1719).
Spätere Wiederaufführungen:
 a) 1731, belegt durch Textdruck und Ergänzungen mit WZ MA mittlere Form in *St 18* (oder diese Aufführung v o r 1731?)

---

[54] Vgl. A. Dürr, a. a. O., S. 169–172.

b) vielleicht nach 1731, belegt durch Partitur P *44/3* mit undatierbarem WZ = IPD + Doppeladler (oder identisch mit Aufführung 1731?).

16. 4. Quasimodogeniti: *TdrLn*
BWV 67, belegt durch
Partitur P *95*: WZ = IMK
Stimmen St *40*: WZ = IMK
Kopisten = Hauptkopisten **A**, B, Anon. Iq, Ik, Io.

23. 4. Misericordias Domini: *TdrLn*
BWV 104, belegt durch
Stimmen St *17*: WZ = IMK
Kopisten = Hauptkopisten **A**, B, Anon. Ip, Il, Io.
Partitur nicht erhalten.

30. 4. Jubilate:
BWV 12, belegt durch
Stimmen St *109*: WZ = IMK (2 Stimmen)
Kopisten = Hauptkopist B, Anon. Ik.
Wiederaufführung dieser aus der Weimarer Zeit (1714) stammenden   Siehe unten
Kantate unter Verwendung der Weimarer Partitur und Weimarer
Stimmenmaterials (nur 3 Stimmen erhalten)[55].   *Lies: 5 Stimmen*

7. 5. Cantate:
BWV 166, belegt durch
Stimmen St *108*: WZ = IMK
Kopisten = Hauptkopisten **A**, B, Anon. Iq.
Partitur nicht erhalten.

14. 5. Rogate:
BWV 86, belegt durch
Partitur P *157*: WZ = IMK.
Stimmen nicht erhalten.

18. 5. Himmelfahrt:
BWV 37, belegt durch
Stimmen St *100*: WZ = IMK (3 Stimmen)
Kopisten = Hauptkopisten A (Titelblatt), B, Anon. Il, Io, Ip.
Partitur nicht erhalten.
Von der hier genannten Aufführung sind nur noch die beiden Violindubletten und der transponierte Continuo erhalten; das übrige Stimmenmaterial stammt von 1731, belegt durch WZ und Kopisten (s. unten zum 3. 5. 1731).

21. 5. Exaudi:
BWV 44, belegt durch
Partitur P *148*: WZ = IMK
Stimmen St *86*: WZ = IMK
Kopisten = Hauptkopisten **A**, B, Anon. Iq, Il, Io.

---

[55] Vgl. A. Dürr, a. a. O., S. 30f. und 62.

Zu 30. 4. (BWV 12): Tonart der Aufführung 1724 nach Bc-Stimme (Anon. Ik, WZ = IMK): g-Moll / C-Dur.

28. 5. 1. Pfingsttag:
BWV 172, belegt durch
Stimmen, Slg. Rudorff (Bach-Archiv Leipzig): WZ=IMK (3 Stimmen)
    Kopisten = Hauptkopist A, Anon. Ik, Iq.
Partitur nicht erhalten.
Wiederaufführung dieser aus der Weimarer Zeit (1714) stammenden Kantate[56] in *D*-Dur (Weimarer Aufführung in *C*-Dur, Chorton/ *D*-Dur, Kammerton) unter Verwendung der Oboenstimme (?) und möglicherweise weiteren Materials aus der Weimarer Zeit.
Spätere Wiederaufführungen in *C*-Dur im Jahre 1731 und später, belegt durch Textdruck, WZ und Kopisten der Stimmen *St 23* (s. unten).
Aufführung einer Kantate in der Universitätskirche:
BWV 59, belegt durch
Stimmen *St 102*: WZ = IMK
    Kopisten = Hauptkopist **B**, Anon. Io.
Partitur mit singulärem WZ (Allianzwappen), vermutlich vor 1724 entstanden (vgl. zum 16. 5. 1723).
Daß die Aufführung dieser Kantate in der Universitätskirche stattfand, läßt sich zwar nicht belegen, ist aber nach den dargelegten Umständen und unter Berücksichtigung der Ausführungen Arnold Scherings (BJ 1938, S. 75 f.) mit großer Wahrscheinlichkeit anzunehmen.

29. 5. 2. Pfingsttag:
Vermutlich Aufführung von BWV 173, belegt durch
Zugehörigkeit zum Jahrgang.
Doppeltextierung der aus Köthener Zeit stammenden Partitur *P 42/2* der Kantate 173 a.
Stimmen nicht erhalten.
Datierung nicht absolut sicher zu belegen; doch läßt die Einfachheit des Parodieverfahrens, das nach Smend (Kirchenkantaten V, Berlin 1949, S. 23 ff.) in dieser Weise nur bis 1726 geübt wurde, eine Aufführung unter Mitverwendung von Köthener Aufführungsmaterial in diesem Jahre vermuten.
Spätere Wiederaufführungen belegt
a) durch die Neufassung in Partitur *P 74* vermutlich um 1728 (s. unten, S. 96 f.)
b) durch Textdruck für 14. 5. 1731

Streiche Absatz c)
c) durch WZ des Umschlags von *P 74* (MA große Form) vermutlich um 1732/35.

30. 5. 3. Pfingsttag:
BWV 184, belegt durch
Stimmen *St 24*: WZ = IMK (5 Stimmen)

---

[56] Vgl. A. Dürr, a. a. O., S. 31 ff. und 53 f.

[1724]

Kopisten = Hauptkopisten **A**, B.
Partitur mit singulärem WZ (Einhorn und Buchstaben) von zwei *Siehe unten*
unbekannten Kopisten geschrieben, vermutlich späteren Datums.
Aufführung dieser durch Parodierung eines heute verschollenen
Köthener Werks (BWV 184a) entstandenen Kantate unter teilweiser Verwendung von Stimmenmaterial des Köthener Ur-
bildes. Spätere Wiederaufführung durch Textdruck für 15. 5. 1731
belegt.

4. 6. Trinitatis:
BWV 194, belegt durch
Stimmen *St 48*: WZ = IMK (Umschlag, Dubletten, Einlage)
Stimmen *St 346*: WZ = IMK (nur Bc in *G*-Dur)
  Kopist = Hauptkopist B, Anon. Io, Ik, If (?).
Wiederaufführung dieses als Kirchenkantate erstmals am 2. 11. 1723
(s. dort) aufgeführten Werkes unter Mitverwendung des alten Auf-
führungsmaterials im tiefen Kammerton (= Chorton: *G*-Dur) mit
z. T. umkomponierten (tiefergelegten) Baßrezitativen. Der auto-
graphe Umschlagtitel nennt ausdrücklich Trinitatis als Bestimmung
der Kantate, die Schriftformen des Hauptkopisten B lassen sich
— zu Trinitatis — nur in das Jahr 1724 einordnen.
Spätere Wiederaufführungen siehe zum 16. 6. 1726 und 20. 5. 1731.
Vielleicht auch:
BWV 165, belegt durch
Partitur Am. B. *105*: WZ = IMK
  Kopist = Anon. Id.
Wiederaufführung dieser aus der Weimarer Zeit (1715) stammenden
Kantate, vielleicht unter Mitverwendung Weimarer Materials, ver-
mutlich nach leichter Umarbeitung. Da wahrscheinlich nur eines
der beiden genannten Werke an diesem Tage aufgeführt worden
ist, bedarf der Sachverhalt noch der Klärung (erklang vielleicht
Kantate 165, deren Bestimmung zu Trinitatis nur dem Textdruck
S. Francks zu entnehmen ist, diesmal zu Pfingsten? Etwa in der
Universitätskirche?).

Nicht datierbar, um Pfingsten 1724:
  Messe BWV Anh. 24, belegt durch   *Ergänze:*
  Partitur P *13/6*: WZ = IMK (1 Blatt)   *von J. C. Pez*
  Stimmen *St 327*: WZ = IMK (nur Vl I, II, Bctr)
  Kopisten = Hauptkopist **B**, Anon. Ia.
Datierung in das zweite Vierteljahr 1724 auf Grund der Schrift-
formen des Hauptkopisten B. Der erste Bogen der Partitur und
ein Stimmensatz (S, A, T, B, Vl I, II, Va) sind auf Papier mit
WZ der Papiermühle Oberweimar geschrieben, enthielten jedoch   *Lies: Papier-*
ursprünglich nur das Kyrie in J. S. Bachs Schrift um 1715/17.   *mühlen Blan-*
Nachtrag der übrigen Sätze im Weimarer Stimmensatz und Her-   *kenburg und*
                                                                 Oberweimar

Zu 30. 5. (BWV 184): Partitur P 77 größtenteils von Christoph Nichelmann
geschrieben und daher, falls Originalpartitur, wohl zur Wiederaufführung
1731 gehörig. Siehe H.-J. Schulze in: BJ 1972, S. 105, 114 u. ö.

stellung der obengenannten (Duplier-)Stimmen durch Leipziger Kopisten.

11. 6.   1. p. Trin.:
BWV 20, belegt durch
Stimmen Thom: WZ = IMK (2 Stimmen), Halbmond
    Kopisten = Hauptkopist **A**, Anon. Ij, Io.
Partitur in Privatbesitz (nicht zugänglich).

18. 6.   2. p. Trin.:
BWV 2, belegt durch
Stimmen Thom: WZ = Halbmond, Schönburger Wappen (1 ×)
    Kopisten = Hauptkopisten **A, B**, Anon. Io.
Partitur in Privatbesitz (nicht zugänglich).
Vgl. auch zum 31. 10.

Ergänze:
Priv. Bes. (Bctr)
Hauptkopist B

24. 6.   Johannis:
BWV 7, belegt durch
Stimmen Thom: WZ = Halbmond
    Kopisten = Hauptkopist **A**, Anon. Ip.
Partitur nicht erhalten.

25. 6.   3. p. Trin.:
BWV 135, belegt durch
Partitur Bach-Archiv Leipzig: WZ = IMK, Halbmond
    Schreiber des Titels = Hauptkopist A.
Stimmen nicht erhalten.

2. 7.   4. p. Trin./Mariä Heimsuchung:
BWV 10, belegt durch
Partitur Library of Congress, Washington: WZ = Halbmond
    Schreiber des Titels = Hauptkopist A
Stimmen Thom: WZ = Halbmond
    Kopisten = Hauptkopisten **A, B**.
Spätere Wiederaufführung durch autographen Nachtrag des 5. Satzes in den beiden Oboenstimmen in J. S. Bachs Altersschrift für die Zeit um 1744/46—1750 belegt (nach Dadelsen II).

9. 7.   5. p. Trin.:
BWV 93, belegt durch
Stimmen Thom: WZ = Halbmond (nur Bctr, 1 Bogen)
    Kopist = Anon. IIa.
Partitur nicht erhalten.
Von dieser Aufführung ist nur ein Bogen der transponierten Continuostimme erhalten. Er umfaßt die Sätze 1—4 und beweist durch WZ und Schreiber, daß die Kantate tatsächlich zu dem hier genannten Datum entstanden ist. Das die Sätze 5—7 enthaltende Blatt wird durch WZ und Schreiber (Hauptkopist E) in die Zeit um 1732/33 verwiesen. Die Stimme ist also in den 1730er Jahren umgearbeitet oder (wegen Verlustes?) ergänzt worden.
Spätere Wiederaufführung um 1732/33 (s. dort), belegt durch die

übrigen erhaltenen Stimmen mit WZ MA große Form und Schriftformen des Hauptkopisten E.

16. 7. 6. p. Trin.:
Aufführung nicht nachweisbar.

23. 7. 7. p. Trin.:
BWV 107, belegt durch
Stimmen Thom: WZ = IMK (Bctr z. T.), Halbmond (7 ×, Bc und Bctr z. T.), Schönburger Wappen (4 ×, Bc z. T.)
   Kopisten = Hauptkopisten **A**, **B**.
Partitur nicht erhalten.

30. 7. 8. p. Trin.:
BWV 178, belegt durch
Stimmen Thom u. Slg. Rudorff: WZ = IMK (1 ×), Halbmond
   Kopisten = Hauptkopist **A**, Anon. IIb, IIc, Iq, IIa.
Partitur nicht erhalten.
Spätere Wiederaufführung (nicht datierbar) durch Bc-Stimme mit WZ Wappen von Zedwitz (s. Anh. A, undatierbare Zeichen) und Kopist Anon. V o belegt.   } *Tilge diese 3 Zeilen (siehe S. 155)*

6. 8. 9. p. Trin.:
BWV 94, belegt durch
Partitur P 47/2: WZ = Halbmond
Stimmen Thom: WZ = Adler + H (10 Stimmen)
   Kopisten = Hauptkopist **A**, Anon. I a.
Mehrere Wiederaufführungen in späterer Zeit durch 5 Stimmen belegt, davon nachweisbar:

   a) Um 1732/35, belegt durch Organo-Stimme mit WZ MA große Form.
   b) Nicht datierbar, belegt durch Flauto-traverso-Stimme mit WZ Baum mit Eicheln (s. Anh. A, undatierbare Zeichen) und Kopisten Anon. V n, V o.

13. 8. 10. p. Trin.:
BWV 101, belegt durch
Stimmen Thom: WZ = Adler + H (außer 1 ×)
   Kopisten = Hauptkopist **A**, Anon. II d.
Partitur nicht erhalten.
Spätere Wiederaufführung (nicht datierbar) belegt durch Violino-Solo-Stimme mit WZ Baum mit Eicheln (s. Anh. A, undatierbare Zeichen) und Kopist Anon. V n.

20. 8. 11. p. Trin.:
BWV 113, belegt durch
Partitur in Privatbesitz (unzugänglich): WZ = Adler+H (lt. BG 24)
Stimmen nicht erhalten.

27. 8. 12. p. Trin.:
Aufführung nicht nachweisbar.

28. 8. Ratswechsel:
Aufführung nicht nachweisbar.
3. 9. 13. p. Trin.:
BWV 33, belegt durch
Partitur in Privatbesitz: WZ = Adler + H
Stimmen Thom: WZ = Adler + H
Kopisten = Hauptkopisten A, B, Anon. Ia.
10. 9. 14. p. Trin.:
BWV 78, belegt durch
Stimmen Thom: WZ = Adler + H
Kopisten = Hauptkopisten A, B, Anon. IId, IIc.
Partitur nicht erhalten.
17. 9. 15. p. Trin.:
BWV 99, belegt durch
Partitur *P 647* (nicht zugänglich): WZ = Adler + H (lt. BG 22)
Stimmen Thom: WZ = Adler + H
Kopisten = Hauptkopisten A, B, Anon. IId.
24. 9. 16. p. Trin.:
BWV 8, Fassung in *E*-Dur, belegt durch
Stimmen Brüssel: WZ = Halbmond (lt. Auskunft)
Kopisten = Hauptkopist B, Anon. IId, IIb, IIe.
Partitur nicht erhalten. Das Brüsseler Stimmenkonvolut enthält

Siehe unten offenbar auch Stimmen späterer Aufführungen (Anon. Vn).
Spätere Wiederaufführung in *D*-Dur belegt durch Stimmen
Thom für Bachs späte Leipziger Zeit; WZ = G + Doppeladler,
Kleines herald. Wappen von Schönburg (s. Anh. A, undatierbare
Zeichen) und singuläres WZ; Kopisten = Hauptkopist H (?), Altnikol.
29. 9. Michaelis:
BWV 130, belegt durch
Partitur in Privatbesitz: WZ = Halbmond
Stimmen in verschiedenem Besitz: WZ = Halbmond

Ergänze: IIb(?) Kopisten = Hauptkopist B, W. F. Bach (?), Anon. IIg (?).
Da die Mehrzahl der Stimmen verschollen ist, erfährt unsere Datierung eine wertvolle Bestätigung durch die Feststellung, daß die
Corno-Stimme (Thom) aus BWV 114 eine angefangene Violino-II-Stimme zu BWV 130, vermutlich von der Hand W. F. Bachs enthält. Die Stimmensätze beider Kantaten wurden offensichtlich zu
gleicher Zeit ausgeschrieben.
1. 10. 17. p. Trin.:
BWV 114, belegt durch
Partitur in Privatbesitz (nicht zugänglich): WZ = Halbmond (lt.
BG 24)
Stimmen Thom: WZ = Halbmond
Kopisten = Hauptkopist A, Anon. IIc.

*Zu 24. 9. (BWV 8): Die Annahme, die Brüsseler Stimmen stammten z. T. aus
späterer Zeit, nach Quellenbefund nicht haltbar. Zu Anon. Vn siehe N 55.*

8. 10. 18. p. Trin.:
BWV 96, belegt durch
Partitur *P 179*: WZ = Halbmond
Stimmen Thom: WZ = Halbmond
  Kopisten = Hauptkopisten **A**, **B**, Anon. Iq.
Spätere Wiederaufführung mit Violino piccolo durch WZ und Kopisten für vermutlich 24. 10. 1734 (s. dort), eine weitere durch Auftreten Altnikols als Schreiber eines Bctr-Fragments (in *P 179*) und des späten Bach (Trombona-Stimme, Thom) für die Zeit um 1744/48 belegt.

15. 10. 19. p. Trin.:
BWV 5, belegt durch
Partitur in Privatbesitz: WZ = Halbmond
  Schreiber des Titels = Hauptkopist A
Stimmen Thom: WZ = Halbmond
  Kopisten = Hauptkopisten **A**, **B**.
Spätere Wiederaufführung belegt durch Organo-Stimme mit WZ MA große Form für die Zeit um 1732/35.

22. 10. 20. p. Trin.:
BWV 180, belegt durch
Partitur in Privatbesitz: WZ = Halbmond.
Stimmen nicht erhalten.

29. 10. 21. p. Trin.:
BWV 38, belegt durch
Stimmen Thom: WZ = Halbmond
  Kopisten = Hauptkopisten **A**, B, Anon. Ip.
Partitur nicht erhalten.

31. 10. Reformationsfest:
Aufführung nicht nachweisbar, doch liegt es nahe, innerhalb des Choralkantaten-Jahrgangs an eine Aufführung der Kantate 80 zu denken. *Vgl. N 6*
Aufführung einer Kantate in der Universitätskirche:
Nicht nachweisbar, vielleicht
BWV 76, Teil II, belegt durch
Stimmen *St 13 b*: WZ = Halbmond (nur autographe Gamben-Stimme). Der Stimmensatz enthält zwei Stimmen für Viola da gamba, deren eine vom Hauptkopisten A in Verbindung mit der ersten Aufführung (s. oben zum 6. 6. 1723) angefertigt wurde (WZ = IMK). Die andere, von Bach selbst geschrieben (WZ = Halbmond), enthält nur den zweiten Teil. Sie unterscheidet sich von der ersten dadurch, daß sie für die Sätze 9 bis 11 und 13, in denen die Gambe keine eigene Stimme hat, den Bc verstärkt, was auf einfachere Verhältnisse bei der Aufführung deutet; für Satz 12 wird auf die ältere Stimme verwiesen; über die Sätze 13 und 14 erfährt man nichts

(schloß die Kantate vielleicht mit Satz 12 und verzichtete auf Chormitwirkung?). Nun wurde der erste Teil der Kantate auch zum Reformationsfest gebraucht (s. oben). Da aber eine Aufführung des zweiten Teils innerhalb der Zeit der Verwendung von Halbmond-Papier zum 2. p. Trin. (etwa 18. 6. nach der Predigt?) weniger wahrscheinlich ist, sei die Vermutung ausgesprochen, daß seine Wiederaufführung zu dem hier vorgeschlagenen Termin erfolgte.

5. 11. 22. p. Trin.:
   BWV 115, belegt durch
   Partitur Cambridge: WZ = Halbmond
     Schreiber des Titels = Hauptkopist A.
   Stimmen nicht erhalten.

12. 11. 23. p. Trin.:
   BWV 139, belegt durch
   Stimmen Thom: WZ = Halbmond (9 ×)
     Kopisten = Hauptkopisten **A**, **B**.
   Partitur nicht erhalten.
   Spätere Wiederaufführung durch Violinstimme mit abweichendem WZ (Wilder Mann) von der Hand Altnikols für Bachs letzte Lebenszeit belegt.

19. 11. 24. p. Trin.:
   BWV 26, belegt durch
   Partitur *P 472*: WZ = Halbmond   *Lies: P 47/2*
   Stimmen Thom: WZ = Halbmond
     Kopisten = Hauptkopist **A**, A. M. Bach, Anon. II f, II d.

26. 11. 25. p. Trin.:
   BWV 116, belegt durch
   Partitur Paris: WZ = Halbmond
     Schreiber des Titels = Hauptkopist A
   Stimmen Thom: WZ = Halbmond
     Kopist = Hauptkopist **A**
   Stimme Mariemont: Kopisten = Hauptkopisten A, B.

3. 12. 1. Advent:
   BWV 62, belegt durch
   Partitur *P 877*: WZ = Halbmond
     Schreiber des Titels = Hauptkopist A
   Stimmen Thom: WZ = Halbmond
     Kopisten = Hauptkopisten **A**, **B**, Anon. II e, II d, II c.
   Spätere Wiederaufführung durch Violone-Stimme mit WZ MA große Form für die Zeit um 1732/35 belegt.

25. 12. 1. Weihnachtstag:
   BWV 91, 1. Fassung, belegt durch
   Partitur *P 869*: WZ = Halbmond (außer späterer Umarbeitung)
   Stimmen Thom, *St 392*: WZ = Halbmond
     Kopisten = Hauptkopist **A**, W. F. Bach, Anon. II c, II e.

Spätere Wiederaufführungen nachweisbar
a) um 1732/35, belegt durch Bc-Stimme mit WZ MA große Form,
b) nach Aufführung a) unter Umarbeitung der Sätze 5 und 6, belegt durch abweichendes WZ (Doppeladler + HR) in den Bll. 7 bis 8 der Partitur und durch autographe Änderungen in den Stimmen.
Ferner:
Sanctus BWV 232^{III}, belegt durch
Partitur *P 13/1*: WZ = Halbmond
   Notiz des Liedes „Ich freue mich in dir" (vgl. Spitta II, 829) in Verbindung mit BWV 133 (s. zum 27. 12.)
Stimmen *St 117*: WZ = Halbmond (Vl I, II, Bc)
   Kopisten = Anon. II f, II g.
Die Tatsache, daß die überwiegende Zahl der Stimmen ein späteres (bzw. kein) WZ und spätere Schreiber aufweist, läßt vermuten, daß die autographe Eintragung auf P 13/1: „*NB. Die Parteyen sind in Böhmen bey Graff Sporck*" entgegen F. Smend, Krit. Bericht NBA II/1, S. 166 ff. doch im Sinne eines Verlustes des ursprünglichen Stimmenmaterials (ausgenommen die Dubletten) gedeutet werden muß. Von den jetzt vorhandenen Stimmen stammen nur die Dubletten aus dem Jahre 1724, während die übrigen einige Jahre später anstelle der weggeschickten angefertigt worden sind. Dadurch ergibt sich eine mutmaßliche Wiederaufführung 1726 oder 1727 (s. dort).
Aufführung einer Kantate in der Universitätskirche:
Nicht nachweisbar.

26. 12. 2. Weihnachtstag:
BWV 121, belegt durch
Partitur *P 867* (nicht zugänglich): WZ = Halbmond (lt. BG 24)
Stimmen Thom, *St 390*: WZ = Halbmond
   Kopisten = Hauptkopisten **A**, B, C, Anon. II h.

27. 12. 3. Weihnachtstag:
BWV 133, belegt durch
Partitur *P 1215*: WZ = Halbmond
Stimmen Thom, *St 387*: WZ = Halbmond (meiste Stimmen)
   Kopisten = Hauptkopisten **A**, B, W. F. Bach, Anon. II h, II f, II d.
Spätere Wiederaufführung (nicht datierbar) durch Dubletten mit singulärem WZ und Kopist = Anon. V o belegt. *{Tilge 2 Zeilen (siehe S. 155)*

31. 12. Sonntag nach Weihnachten:
BWV 122, belegt durch
Partitur *P 868*: WZ = Halbmond
Stimmen Thom, *St 391*: WZ = Halbmond
   Kopisten = Hauptkopisten **A**, C, Anon. II e, I p.

1725

1. 1. Neujahr:
BWV 41, belegt durch

Ergänze:
und St 394
Anon. IIf, IId,
IIg.

Partitur *P 874*: WZ = Halbmond
Stimmen Thom: WZ = Halbmond (13 Stimmen)
   Kopisten = Hauptkopisten **A**, **B**.
Spätere Wiederaufführung um 1732/35 durch Violino-I-Stimme
mit WZ MA große Form belegt. Bei den Stimmen Thom 4 Stimmen
aus der Zeit nach Bach (Hs. Penzel und Harrer).

6. 1. Epiphanias:
BWV 123, belegt durch
Partitur *P 875* (nicht erreichbar): WZ = Halbmond (lt. BG 26)
Stimmen Thom, *St 395*: WZ = Halbmond
   Kopisten = Hauptkopisten **A**, **B**, C, W. F. Bach, Anon. IIf, IIg.

7. 1. 1. p. Ep.:
BWV 124, belegt durch
Partitur *P 876*: WZ = Halbmond
Stimmen Thom, *St 396*: WZ = Halbmond
   Kopisten = Hauptkopisten **A**, B, A. M. Bach, W. F. Bach,
   Anon. IIe.

14. 1. 2. p. Ep.:
BWV 3, belegt durch
Stimmen Thom, *St 157*: WZ = Halbmond
   Kopisten = Hauptkopisten **A**, C, W. F. Bach, Anon. IIf, IIe.

WZ = Halb-
mond (S. 119)

Partitur (in Privatbesitz) nicht eingesehen.

21. 1. 3. p. Ep.:
BWV 111, belegt durch
Partitur *P 880* (nicht zugänglich): WZ = Halbmond (lt. BG 24)
Stimmen *St 399*: WZ = Halbmond (je 3 Stimmen)
   Kopisten = Hauptkopist A (nur Titelblatt), A. M. Bach, W. F. Bach,
   Anon. IIe, IId, IIh, IIg.
Nur Stimmendubletten erhalten.

28. 1. Septuagesimae:
BWV 92, belegt durch
Partitur *P 873*: WZ = Halbmond
Stimmen Thom: WZ = Halbmond
   Kopisten = Hauptkopisten **A**, C, W. F. Bach, Anon. IId, IIg.

2. 2. Mariä Reinigung:
BWV 125, belegt durch
Stimmen Thom, *St 384*: WZ = Halbmond
   Kopisten = Hauptkopisten **A**, **B**, W. F. Bach, Anon. IId, IIg,
   IIe.
Partitur nicht erhalten.

4. 2. Sexagesimae:
BWV 126, belegt durch
Stimmen Thom: WZ = Halbmond
   Kopisten = Hauptkopisten **A**, B, C, W. F. Bach.
Partitur nicht erhalten.

[1725]

Spätere Wiederaufführung (nicht datierbar) belegt durch Bc- ⎤ *Tilge 2 Zeilen*
Stimme mit singulärem WZ (Lilienschild) und Kopisten Anon. V o. ⎦ *(siehe S. 155)*

11. 2. Estomihi:
BWV 127, belegt durch
Partitur *P 872*: WZ = Halbmond
Stimmen Thom, *St 393*: WZ = Halbmond
   Kopisten = Hauptkopist **A**, W. F. Bach, Anon. I p, II d, II e, II f, II g.

12. 2. Trauung:
BWV Anh. 14, belegt durch
Textdruck (Bachhaus Eisenach)
Aufführungsmaterial nicht erhalten.

23. 2. Geburtstag Herzog Christians zu Sachsen-Weißenfels:
BWV 249a, belegt durch
Textdruck H I, S. 4ff.[57]
Aufführungsmaterial nicht erhalten.

25. 3. Palmarum/Mariä Verkündigung:
BWV 1, belegt durch
Stimmen Thom: WZ = Schwerter I
   Kopisten = Hauptkopisten **A**, B, C, W. F. Bach.
Partitur nicht erhalten.

30. 3. Karfreitag:
BWV 245, zweite Fassung, belegt durch
Stimmen *St 111*: WZ = Schwerter I (mittlere Stimmen)
   Kopisten = Hauptkopisten **A, B**, C, Anon. I p, II e.   *Siehe unten*
Partitur dieser Aufführung nicht erhalten.
Wiederaufführung der im Vorjahre aufgeführten Johannes-Passion in veränderter Fassung mit dem bisher als „älteste Stimmengruppe" bezeichneten Aufführungsmaterial.

1. 4. 1. Ostertag:
BWV 249, 1. Fassung, belegt durch
Stimmen *St 355*: WZ = Schwerter I (1. Stimmengruppe)
   Kopisten = Hauptkopisten **A**, B.
Partitur dieser Fassung nicht erhalten. Mutmaßlich Aufführung unter Verwendung der Partitur zu BWV 249a (vgl. oben zum 23. 2.)
Spätere Wiederaufführungen belegt
  a) durch Partitur *P 34* und 2. Stimmengruppe mit WZ Wappen von Zedwitz (s. Anh. A, undatierbare Zeichen) und Anon. V j für die Zeit um 1732/35 (s. dort) oder nach 1735,
  b) durch 3. Stimmengruppe (autograph) mit WZ Doppeladler/HR (s. Anh. A, undatierbare Zeichen) für Bachs letztes Lebensjahrzehnt (Spätschrift)
Aufführung einer Kantate in der Universitätskirche:

---

[57] Vgl. F. Smend, *Neue Bachfunde*. In: AfMf VII (1942), S. 3ff.

Zu 30. 3. (BWV 245): Lies B in Normaldruck, C in Fettdruck.

Vielleicht BWV 4, belegt durch
Stimmen Thom: WZ = Schwerter I (4 Stimmen)
   Kopisten = Hauptkopisten B, C, Anon. II d, I j (?).
Partitur nicht erhalten.
Die Schriftzüge der Hauptkopisten B und C in den neu gefertigten Stimmen sind deutlich unterscheidbar von denen des Vorjahres (s. oben zum 9. 4. 1724).
Wiederaufführung dieser um 1708 komponierten und bereits am 9. 4. 1724 aufgeführten Kantate, diesmal unter Verstärkung der Singstimmen durch Zink und 3 Posaunen in den Sätzen 2, 3 und 8. — Aufführung vielleicht auch am 3. 4. in den Stadtkirchen, sicher jedoch an einem der beiden Tage (s. zum 3. 4.).

2. 4.   2. Ostertag:
BWV 6, belegt durch
Partitur *P 44/2*: WZ = Halbmond
Stimmen *St 7*: WZ = Schwerter I
   Kopisten = Hauptkopisten **A**, B, C, Anon. II h, II d.

Siehe unten

3. 4.   3. Ostertag:
Aufführung nicht nachweisbar. Vielleicht jedoch Aufführung der Kantate 4 (vgl. oben zum 1. 4.).

8. 4.   Quasimodogeniti:
BWV 42, belegt durch
Partitur *P 55*: WZ = Schwerter I
Stimmen *St 3*: WZ = Schwerter I (außer Violone)
   Kopisten = Hauptkopisten **A**, C, W. F. Bach, Anon. II d, II f.
Spätere Wiederaufführungen:
a) am 1. 4. 1731, belegt durch Textdruck,
b) nicht datierbar, belegt durch autographe Violone-Stimme mit WZ Doppeladler.

15. 4.   Misericordias Domini:
BWV 85, belegt durch
Partitur *P 106*: WZ = Schwerter I
Stimmen *St 51*: WZ = Halbmond (2 ×), die übrigen Stimmen ähnlich Schwerter I
   Kopisten = Hauptkopisten **A**, B, C, W. F. Bach, Anon. II (?), II f.

22. 4.   Jubilate:
BWV 103, belegt durch
Partitur *P 122*: WZ = Schwerter I
Stimmen *St 63*: WZ = RS (außer 1 ×)
   Kopisten = Hauptkopist **A**, W. F. Bach, Anon. II f, II e.
Spätere Wiederaufführung durch die als Ersatz für *Flauto piccolo* nachträglich ausgeschriebene Stimme *Violino Conc: ou Trav* (WZ singulär) von der Hand J. L. Krebs' für 1731 belegt (s. dort).

29. 4.   Kantate:
BWV 108, belegt durch

Zu 2. 4. (BWV 6): Zwei Wiederaufführungen (nicht datierbar) belegt durch autographen Nachtrag des Obligatparts zu Satz 2 in den Stimmen Viola und Oboe da caccia.

[1725] Zur Chronologie der Leipziger Vokalwerke J. S. Bachs 81

         Partitur *P 82*: WZ = Halbmond, RS (Umschlag)
         Stimmen *St 28*: WZ = RS (1 × undeutlich)
            Kopisten = Hauptkopisten **A**, **B**, W. F. Bach, Anon. II d, II e, II f.
6. 5. Rogate:
         BWV 87, belegt durch
         Partitur *P 61*: WZ = Halbmond (2 Bogen), RS (1 Bogen)
         Stimmen *St 6*: WZ = RS
            Kopisten = Hauptkopisten **A**, **B**, W. F. Bach, Anon. II f, II e.
10. 5. Himmelfahrt:
         BWV 128, belegt durch
         Stimmen *St 158*, *P 892*: WZ = RS
            Kopisten = Hauptkopisten **A**, **B**, W. F. Bach, Anon. II e, II f I p.
         Partitur in Privatbesitz; lt. Auskunft WZ nicht erkennbar.   *WZ = RS*
13. 5. Exaudi: *(S. 119)*
         BWV 183, belegt durch
         Partitur *P 149*: WZ = RS
         Stimmen *St 87*: WZ = RS
            Kopisten = Hauptkopist **A**, Anon. II e, II f, II d.
20. 5. 1. Pfingsttag:
         BWV 74, belegt durch
         Stimmen *St 103*: WZ = RS
            Kopisten = Hauptkopisten **A**, **B**, **C**, W. F. Bach, Anon. II e, II f.
         Partitur nicht erhalten.
         Aufführung einer Kantate in der Universitätskirche:
         Nicht nachweisbar.
21. 5. 2. Pfingsttag:
         BWV 68, belegt durch
         Stimmen Thom: WZ = RS
            Kopisten = Hauptkopisten **A**, **B**.
         Partitur nicht erhalten.
22. 5. 3. Pfingsttag:
         BWV 175, belegt durch
         Partitur *P 75*: WZ = RS
         Stimmen *St 22*: WZ = RS
            Kopisten = Hauptkopisten **A**, **C**, W. F. Bach, Anon. II e.
         Spätere Wiederaufführung (nicht datierbar) belegt durch Violon-
         cello-piccolo-Stimme mit WZ Wappen von Zedwitz (s. Anh. A,
         undatierbare Zeichen), vielleicht von der Hand des Anon. II h.
27. 5. Trinitatis:
         BWV 176, belegt durch
         Partitur *P 81*: WZ = RS
         Stimmen in Privatbesitz nicht zugänglich.   *Siehe unten*

Um April/Mai: Geburtstag eines Lehrers:

         Vermutlich Aufführung BWV 36 c, belegt durch

Zu 27. 5. (BWV 176): Stimmen: WZ = RS. Kopisten = Hauptkopisten **A**,
B, Anon. II f, II g.

		Partitur *P 43/2*: WZ = RS.
		Stimmen nicht erhalten.
	3. 6.	1. p. Trin.:
		Keine Aufführung nachweisbar.
	10. 6.	2. p. Trin.:
		Möglicherweise Wiederaufführung BWV 76, Teil II, belegt durch Viola-da-gamba-Stimme mit WZ Halbmond — vgl. jedoch oben zum 31. 10. 1724 (der 10. 6. 1725 für WZ Halbmond eigentlich zu spät!).
N 13	17. 6. bis 22. 7.	3. p. Trin.: bis 8. p. Trin.: ⎫⎬⎭ Keine Aufführung nachweisbar.
	29. 7.	9. p. Trin.:
		BWV 168, belegt durch
		Partitur *P 152*: WZ = Schönburger Wappen
		Altstimme Cambridge: WZ = Kelch + GAW
		Stimmen *St 457*, Cambridge: Kopisten = Hauptkopisten **A**, **B**.
N 14		Nur 2 Stimmen (davon *St 457* ohne WZ) erreichbar, die übrigen in Privatbesitz unzugänglich.
		Die Datierung dieser und der folgenden beiden Kantaten BWV 137, 164 ist nicht so vollständig gesichert wie die der übrigen (vgl. oben, S. 49ff.).
	3. 8.	Universitäts-Festakt:
		BWV 205, belegt durch
		Partitur *P 173*: WZ = Schönburger Wappen
		Textdruck H I, S. 146ff.
		Stimmen nicht erhalten.
		Spätere Parodierung belegt für 17. 1. 1734 durch Textdruck und Eintragung des Anfangs des Parodietextes in *P 173*.
	5. 8. 12. 8.	10. p. Trin.: 11. p. Trin.: ⎫⎬⎭ Keine Aufführungen nachweisbar.
	19. 8.	12. p. Trin.:
		BWV 137, belegt durch
		Stimmen Thom: WZ = RS
		Kopisten = Hauptkopist **A**, Anon. II e (Schriftformen vor 1726), II d.
		Partitur nicht erhalten.
		Das Wiederauftreten dieses zwischen 22. 4. und 27. 5. vorzugsweise gebrauchten Papiers mit WZ RS läßt auch an eine um etliche Monate frühere Entstehung dieser inhaltlich nur wenig liturgisch gebundenen Kantate denken. Doch besteht keine Notwendigkeit zu dieser Annahme, da dasselbe WZ auch vereinzelt noch am 31. 10. auftritt (vgl. unten). Die Annahme einer späteren Entstehung wird dagegen durch die Schriftformen des Anon. II e ausgeschlossen.

Spätere Wiederaufführung durch autographen Nachtrag des 4. Satzes in der Oboe-I-Stimme in Bachs Spätschrift für die Zeit zwischen 1744/46 und 1750 (nach Dadelsen II) belegt.

26. 8. 13. p. Trin.:
BWV 164, belegt durch
Partitur *P 121*: WZ = Kelch + GAW
Stimmen *St 60*: WZ = Kelch + GAW
    Kopisten = Hauptkopisten **A**, B, W. F. Bach, Anon. IIf, IIIa, IId.
Die Oboe-II-Stimme dieser Kantate enthält das bei Spitta II, 779 mitgeteilte Schreibersignum *WFB*, wohl zu deuten als Wilhelm Friedemann Bach. Doch scheint außerdem nur noch das voraufgehende *Il Fine* von der Hand Friedemanns zu stammen, da die übrige Handschrift dieser und zweier weiterer Stimmen der Kantate (Vl I, Bc) mit der durch spätere Zeugnisse eindeutig belegten und seit 25. 12. 1724 laufend zu verfolgenden Handschrift Friedemanns nicht übereinstimmt.

27. 8. Ratswechsel:
bis bis   } Keine Aufführung nachweisbar.
28. 10. 22. p. Trin.:

31. 10. Reformationsfest:
BWV 79, belegt durch
Partitur *P 89*: WZ = RS (4.–5. Bogen), IAI (1.–3. u. 6. Bogen)   *Siehe unten*
Stimmen *St 35*: Kopisten = Hauptkopisten **A**, C, W. F. Bach, Anon. IIf, IIIa, IIh.
WZ der Stimmen (bis auf 2 spätere) singulär.
Bei der Aufführung noch keine Querflöten; Satz 2 mit obligater Oboe I.
Spätere Wiederaufführung durch 2 Stimmen mit WZ MA mittlere Form von der Hand C. P. E. Bachs für die Zeit zwischen 1728 und 1731 belegt.
Aufführung einer Kantate in der Universitätskirche:
Nicht nachweisbar.

4. 11. 23. p. Trin.:
bis bis   } Keine Aufführungen nachweisbar.
25. 11. 26. p. Trin.:

27. 11. Hochzeit von Hohenthal: **N 15, N 16**
BWV —, „Auf, süß entzückende Gewalt", belegt durch
Textdruck in Gottsched, Gedichte, Teil II, Leipzig 1751 (vgl. dazu   *Textdruck 1730*
F. Smend, Bach-Gedenkschrift, Zürich 1950, S. 42ff.).   *s. BT, S. 368 ff.*
Aufführungsmaterial nicht erhalten. Datierung lt. Nicolai-Traubuch (nach Mitteilung des Bach-Archivs Leipzig)

2. 12. 1. Advent: **N 17**
Keine Aufführung nachweisbar.

25. 12. 1. Weihnachtstag:
BWV 110, belegt durch

Zu 31. 10. (BWV 79): WZ des 4. Partiturbogens undeutlich; RS nur im 5. Bogen.

Partitur *P 153*: WZ = Schwerter II
Stimmen *St 92*: WZ = Schwerter II (außer 3 ×)
   Kopisten = Hauptkopisten **A**, B, Anon. IIf, IIIb, IId.
Spätere Wiederaufführung durch drei autographe Ripienstimmen mit WZ MA mittlere Form für die Zeit zwischen 1728 und 1731 belegt.
Aufführung einer Kantate in der Universitätskirche: Nicht nachweisbar.

26. 12. 2. Weihnachtstag:
BWV 57, belegt durch
Partitur *P 144*: WZ = Schwerter II
Stimmen *St 83*: WZ = Schwerter II
   Kopisten = Hauptkopisten **A**, B, W. F. Bach, Anon. IIId, IIIc, IIIa, IIe.

27. 12. 3. Weihnachtstag:
BWV 151, belegt durch
Partitur Coburg: WZ = Schwerter II
Stimmen *St 89*, Coburg: WZ = Schwerter II (außer 2 ×)
   Kopisten = Hauptkopisten **A**, C, W. F. Bach, A. M. Bach.
Spätere Wiederaufführung durch autographe Flöten(?)-Stimme mit WZ MA mittlere Form für die Zeit um 1728/31 belegt.

30. 12. Sonntag nach Weihnachten:
BWV 28, belegt durch
Partitur *P 92*: WZ = Schwerter II
Stimmen *St 37*: WZ = Schwerter II
   Kopisten = Hauptkopisten **A**, B, C, W. F. Bach, Anon. IIIa, IIIb, IIf, IIe.

1726

1. 1. Neujahr:
BWV 16, belegt durch
Partitur *P 45/7*: WZ = Schwerter II
Stimmen *St 44*: WZ = Schwerter II (außer 2 ×)
   Kopisten = Hauptkopisten **B, C**, W. F. Bach, Anon. IIIb, IIf, IIe.
Spätere Wiederaufführungen belegt
a) zwischen 1728 und 1731 durch Violetta-Stimme mit WZ MA mittlere Form von der Hand C. P. E. Bachs,
b) in der letzten Lebenszeit Bachs durch Viola-Stimme (WZ singulär) von der Hand des Hauptkopisten H.

6. 1. Epiphanias:
Keine Aufführung nachweisbar.

13. 1. 1. p. Ep.:
BWV 32, belegt durch
Partitur *P 126*: WZ = Schwerter II
Lies: St 67 Stimmen *St 61*: WZ = Schwerter II

	Kopisten = Hauptkopist **C**, A. M. Bach, W. F. Bach, Anon. IIe, IIIc, IIf.	

20. 1.	2. p. Ep.:
	BWV 13, belegt durch
	   Partitur *P 45/4*: WZ = Schwerter II
	   Stimmen *St 69*: WZ = Schwerter II
	      Kopisten = Hauptkopist **C**, A. M. Bach, W. F. Bach.	

27. 1.	3. p. Ep.:
	BWV 72, belegt durch
	   Partitur *P 54*: WZ = Schwerter II
	   Stimmen *St 2*, Hochschule f. Mus., Berlin: WZ = Schwerter II
	      Kopisten = Hauptkopist **C**, W. F. Bach, Anon. IIf.
		Ergänze:
		Eisenach
		Anon. IIIb, A.
		M. Bach

2. 2.	Mariä Reinigung:
	JLB 9, belegt durch
	   Partitur *P 397*: WZ = Schwerter II
	   Stimmen *St 314*: WZ = Schwerter II
	      Kopisten = Hauptkopist **C**, W. F. Bach, A. M. Bach, Anon. IIe, IIIb, IId.	

3. 2.	4. p. Ep.:
	JLB 1, belegt durch
	   Partitur *P 397*: WZ = Schwerter II
	   Stimmen *St 310*: WZ = Schwerter II
	      Kopisten = Hauptkopist **C**, Anon. IIIa, IIf.	

10. 3.	5. p. Ep.:
	JLB 2, belegt durch
	   Partitur *P 397*: WZ = Schwerter II
	   Stimmen *St 303*: WZ = Schwerter II
	      Kopisten = Hauptkopist **C**, Anon. IIIa, IIf, IIIb, IIe, IId.
		Lies: 10. 2.

17. 2.	Septuagesimae:
	JLB 3, belegt durch
	   Partitur *P 397*: WZ = Schwerter II
	   Stimmen *St 302*: WZ = Schwerter II
	      Kopisten = Hauptkopist **C**, W. F. Bach, Anon. IIe, IIIb, IId, IIIa.	

24. 2.	Sexagesimae:
	JLB 4, belegt durch
	   Partitur *P 397*: WZ = Schwerter II
	   Stimmen *St 301*: WZ = Schwerter II
	      Kopisten = Hauptkopist **C**, Anon. IIIa, IIIb, IIId, IId.	

3. 3.	Estomihi:
	JLB 5, belegt durch
	   Partitur *P 397*: WZ = Schwerter II
	   Stimmen *St 311*: WZ = Schwerter II
	      Kopisten = Hauptkopisten B, **C**, W. F. Bach, Anon. IIIa, IIIb, IIf.	

N 16   6. 3.   Brautmesse in St. Nikolai (lt. *Annales Lipsienses* 1726, Leipzig 1727, S. 157[58]):
Vielleicht Aufführung BWV 34a, belegt für 1726, 1. Halbjahr durch Stimmen *St 73*: WZ = Schwerter II
     Kopisten = Hauptkopisten B, **C**, W. F. Bach, Anon. II d.
Partitur nicht erhalten.
Die Datierung wird lediglich auf Grund der Identität von WZ und Kopisten mit denen der zeitlich naheliegenden Kantaten vermutet. Die zeitlich nächstliegenden „ganzen Brautmessen" in der T h o m a s - kirche vom 4. 12. 1725 sowie 29. 4. und 7. 5. 1726 (vgl. Krit. Bericht NBA I/33, S. 13) kommen für die Aufführung dieser Kantate nicht in Frage, da zum ersten Termin noch der Hauptkopist A hätte vertreten sein müssen, während zu den beiden übrigen als WZ nicht Schwerter II, sondern IAI zu erwarten wäre. Doch sei darauf hingewiesen, daß die „ganzen Brautmessen" der N i k o l a i kirche nicht vollständig nachweisbar sind (NBA I/33, a.a.O.).

19. 4.   Karfreitag:
R. Keiser, Markus-Passion, belegt durch
Stimmen BB *Mus.ms. 11471/1*: WZ = IAI (Leipziger Stimmen)
     Kopisten = Hauptkopisten B, **C**.
Partitur dieser Fassung nicht erhalten.
Wiederaufführung dieser bereits in der Weimarer Zeit aufgeführten Passion unter Mitverwendung des Weimarer Stimmenmaterials und mit geringen Änderungen (Erweiterung zur Zweiteiligkeit)[59]

21. 4.   1. Ostertag:
BWV 15, belegt durch
Partitur *P 476*: WZ = IAI
Stimmen *St 13a*: WZ = IAI
     Kopisten = Hauptkopisten B, **C**, W. F. Bach, Anon. III b.

Siehe unten

Die Frage nach der Echtheit dieser Kantate, erstmals von A. Mendel (Musical Quarterly XLI, 1955, S. 341 f.) gestellt, wird angesichts der Umgebung der übrigen Werke, innerhalb deren die Kantate aufgeführt wurde, neuerlich aufgegriffen werden müssen.

---

[58] Im Zusammenhang mit einem Feuer in der Nikolaikirche berichten die Annales Lipsienses: „Denn als des Morgens (am 6. 3. 1726) *bei einer Braut-Messe vor die, so Instrumenta zu spielen haben, ein Kohl-Feuer gebrauchet...*" Es handelt sich hier lt. Traubuch um die Trauung des Juris Practicus Gottfried August Mehlich mit Rahel Sophia Pultz (frdl. Mitteilung des Bach-Archivs, Leipzig). Eine gewisse Bestätigung unserer These ließe sich in der Anspielung des Kantatentextes auf den Namen Rahel sehen: „Sein Lohn wird dort am größten werden, den ihm der Herr bereits auf Erden durch seiner Rahel Anmut gibt" (Satz 5); dem steht jedoch entgegen, daß der übrige Text der Kantate deutlich auf einen Theologen als Bräutigam anzuspielen scheint.

Streiche:
Es handelt sich ...
bis Schluß der
Fußnote (Bach-
Interpretationen,
Göttingen 1969,
S. 25 f.)

[59] Vgl. auch BJ 1949–1950, S. 82 ff.

Zu BWV 15: Autorschaft Johann Ludwig Bachs inzwischen nachgewiesen durch W. H. Scheide, Johann Sebastian Bachs Sammlung von Kantaten seines Vetters Johann Ludwig Bach, in: BJ 1959, S. 52—94.

22. 4.	2. Ostertag: JLB 10, belegt durch Partitur P *397*: WZ = IAI Stimmen St *308* nicht zugänglich.	
23. 4.	3. Ostertag: JLB 11, belegt durch Partitur P *397*: WZ = IAI Stimmen St *309*: WZ = IAI Kopisten = Hauptkopisten B, **C**, Anon. IIf.	
28. 4.	Quasimodogeniti: JLB 6, belegt durch Partitur P *397*: WZ = IAI *Stimmen St 317*: WZ = IAI Kopisten = Hauptkopisten B, **C**, Anon. IIIa, IIf, IIIb.	
5. 5.	Misericordias Domini: JLB 12, belegt durch Partitur P *397*: WZ = IAI Stimmen St *316*: WZ = IAI Kopisten = Hauptkopisten B, **C**, W. F. Bach, Anon. IId, IIe. Papier der Vl-II-Dublette abweichend (ohne WZ), aber durch Schreiber Hauptkopist C als zugehörig erwiesen.	Ergänze: Anon. III*b* (?).
12. 5.	Jubilate: Vermutlich Aufführung JLB 8, belegt durch Partitur P *397*: WZ = IAI Kopist = Hauptkopist **C**. Die erhaltenen Stimmen sind jedoch in späterer Zeit entstanden (WZ = EGER, vgl. Anhang A, undatierbare Zeichen).	**N 18**
19. 5.	Kantate: JLB 14 belegt durch Stimmen St *306*: WZ = IAI Kopisten=Hauptkopisten B, **C**, W. F. Bach, Anon. IIIb, IIIa, IIf. Partitur nicht erhalten.	
26. 5.	Rogate: Keine Aufführung nachweisbar.	
30. 5.	Himmelfahrt: BWV 43, belegt durch Partitur P *44/6*: WZ = IAI (Bogen 1), Schwerter II (Bogen 2—5) Stimmen St *36*: WZ = IAI Kopisten = Hauptkopisten **B**, **C**, Anon. IId, IIe, IIIb, IIf.	
2. 6. bis 11. 6.	Exaudi bis 3. Pfingsttag Keine Aufführungen nachweisbar.	
16. 6.	Trinitatis: Vermutlich BWV 194, belegt durch	

Lies:
Kopist = Anon.
Id.

Stimmen *St 346*: WZ = Schwerter II (nur Bc in *As*-Dur)
   Kopist unbekannt.
Wiederaufführung dieser in geistlicher Fassung erstmals am 2. 11. 1723 (s. dort) aufgeführten Kantate mit obligater Orgel unter Verwendung der früheren Partitur. Verkürzte Fassung in nachstehender Satzfolge (mitgeteilt nach der Bc-Stimme in *As*): 12—2—3—4—5—7— 10 (also ohne den Eingangschor und die Sätze 6, 8, 9, 11).
Spätere Wiederaufführung siehe zum 20. 5. 1731.
Möglicherweise auch Aufführung von BWV 129 zu diesem Tage (vgl. unten „1726 oder 1727"). Dann wäre BWV 194 vielleicht zu einem andern Tag in zeitlicher Nähe einzusetzen.

23. 6. 1. p. Trin.:
BWV 39, belegt durch
Partitur *P 62*: WZ = ICF (Bogen 1—4), Schwerter II (Bogen 5—6)
Stimmen *St 8*: WZ = Schwerter II, GM (4 ×)
   Kopisten = Hauptkopisten **B**, **C**, Anon. IIIb, IIe.

24. 6. Johannis:
JLB 17, belegt durch
Stimmen *St 315*: WZ = Schwerter II, GM (1 ×)
   Kopisten = Hauptkopisten B, **C**, Anon. IId, IIIf, IIIe, IIf.
Partitur nicht erhalten.

30. 6. 2. p. Trin.:
Keine Aufführung nachweisbar.

2. 7. Mariä Heimsuchung:
JLB 13, belegt durch
Stimmen *St 304*: WZ = ICF
   Kopisten = Hauptkopist **C**, Anon. IId, IIIb, IIe, IIIf.
Partitur nicht erhalten.
In der Tenorstimme Fragment von der Hand eines auch in BWV 35 festgestellten Schreibers (W. F. Bach?).

7. 7. 3. p. Trin.
bis bis   } Keine Aufführungen nachweisbar.
14. 7. 4. p. Trin.:

21. 7. 5. p. Trin.:
BWV 88, belegt durch
Partitur *P 145*: WZ = ICF
Stimmen *St 85*: WZ = ICF
   Kopisten = Hauptkopisten **B**, **C**, Anon. IIIg, IIIa, IIIf, IIe, IIIb, IIf.

28. 7. 6. p. Trin.:
BWV 170, belegt durch
Partitur *P 154*: WZ = ICF
Stimmen *St 94*: WZ = ICF
   Kopisten = Hauptkopist **B**, Anon. IIf.
Spätere Wiederaufführung durch autographe Traversa-Stimme in

mutmaßlicher Spätschrift für die Zeit nach 1735, vermutlich 1744/
46—1750 (lt. Dadelsen II) belegt.
JLB 7, belegt durch
Stimmen *St 313*: WZ = ICF
    Kopisten = Hauptkopisten **B**, **C**, Anon. III a, II e, III b.
Partitur lt. WZ aus späterer Zeit (vgl. Anhang A, undatierbare
Zeichen). Die Tatsache, daß die in zeitlicher Nähe liegenden Kantaten 39, 88, 187, 45, 102 und 35 zweiteilig sind, läßt vermuten, daß
von den beiden Kantaten BWV 170 und JLB 7 die eine vor, die
andere nach der Predigt aufgeführt worden ist.

4. 8.   7. p. Trin.:
BWV 187, belegt durch
Partitur *P 84*: WZ = ICF
Stimmen *St 29*: WZ = ICF
    Kopisten = Hauptkopisten **B**, **C**

11. 8.   8. p. Trin.:
BWV 45, belegt durch
Partitur *P 80*: WZ = ICF
Stimmen *St 26*: WZ = ICF
    Kopisten = Hauptkopisten **B**, **C**, Anon. III b, III f.

18. 8.   9. p. Trin.:
Keine Aufführung nachweisbar.

25. 8.   10. p. Trin.:
BWV 102, belegt durch
Stimmen *St 41* (nur Sopran), *P 97* (Org, der Partitur beigebunden):
    Kopisten = Hauptkopisten **B**, **C**, Anon. III f.
Partitur *P 97* und Stimmen mit unleserlichem, wohl singulärem WZ,
Stimmenumschlag späteres WZ (heraldische Lilie — um 1737?).
Obwohl die Datierung nicht sehr sicher ist (WZ), bestehen doch
andererseits gegen sie keine wesentlichen Bedenken (Zugehörigkeit
zum Jahrgang, Zweiteiligkeit, Schreiber).
Vermutlich Wiederaufführung in späterer Zeit (um 1737?) belegt
durch WZ des Umschlags (s. oben).
Geburtstag des Grafen Flemming:
BWV 249 b, belegt durch
Textdruck H I, S. 42 ff.
Aufführungsmaterial verschollen.

26. 8.   Ratswechsel:
BWV 193, belegt durch   N 19
Stimmen *St 62* (unvollständig): WZ = Schwerter II, Schönburger
Wappen (5 ×)
    Kopisten = Hauptkopist **C**, W. F. Bach, Anon. II f, III h, III a.
Partitur nicht erhalten.

1. 9.   11. p. Trin.:
JLB 15, belegt durch

Stimmen *St 307*: WZ = Posthorn, Kelch+SW (4×)
    Kopisten = Hauptkopisten **B**, **C**, Anon. IIIi, IIIj, IIIg, IIIh, IIf, IIIb.
Partitur nicht erhalten.

8. 9. 12. p. Trin.:
BWV 35, belegt durch
Partitur *P 86*: WZ = Posthorn
Stimmen *St 32*: WZ = ICF
    Kopisten = Hauptkopisten B, **C**, W. F. Bach (?), Anon. **IIIf**, IIIb, IIIh.

15. 9. 13. p. Trin.:
JLB 16, belegt durch
Stimmen *St 312*: WZ = ICF
    Kopisten = Hauptkopisten B, **C**, Anon. IIf, IIIb, IIIf, IIIa.
Partitur nicht erhalten.

22. 9. 14. p. Trin.:
BWV 17, belegt durch
Partitur *P 45/5*: WZ = Posthorn (Bogen 1), GM (Bogen 2–5)
Stimmen *St 101*: WZ = Schönburger Wappen, GM (Umschlag)
    Kopisten = Hauptkopisten **B**, **C**, Anon. IIf, IIIg, IIIb, IIIi.

29. 9. 15. p. Trin./Michaelis:
BWV 19, belegt durch
Partitur *P 45/8*: WZ = GM, ICF (Titelbl.)
Stimmen *St 25a*: WZ = ICF
    Kopisten = Hauptkopisten B, **C**, Anon. IIf, IIIf, IIe, IIIh, IIIa.

6. 10. 16. p. Trin.:
BWV 27, belegt durch
Partitur *P 164*: WZ = GM
Stimmen *St 105*: WZ = ICF (außer Organo obligato)
    Kopisten = Hauptkopist **C**, Anon. IIIj, IIIb, IIe, IIf, IIIh, IIIe.
Aufführung in der ursprünglichen Fassung mit Cembalo obligato in Satz 3 (vgl. *P 164*).

N 20 Spätere Wiederaufführung (um 1737?) mit Organo obligato in Satz 3 durch nachträglich angefertigte Stimme von der Hand des Hauptkopisten B mit WZ Heraldische Lilie/Monogramm (s. Anhang A, S. 143) belegt, ferner durch die Feststellung, daß die Bezeichnung „Organo obligato" in den Titeln zu Partitur und Stimmen nachgetragen worden ist.

13. 10. 17. p. Trin.:
BWV 47, belegt durch
Partitur *P 163*: WZ = ICF (nur Umschlag)
Stimmen *St 104*: WZ = ICF
    Kopisten = Hauptkopisten B, **C**, Anon. IIIg, IIf, IIIi, IIIh, IIe, IIIb.
WZ der Partitur (außer Umschlag) nur singuläre Zeichen.

20. 10. 18. p. Trin.:
BWV 169, belegt durch
Partitur *P 93*: WZ = Kelch + SW
Stimmen *St 38*: WZ = ICF
   Kopisten = Hauptkopist **C**, Anon. IIIj, IIIg, IIIh, IIe, IIIb.

Spätere Wiederaufführung durch Organo-Stimme mit WZ Doppel-   *Lies: obligate*
adler für 1734 oder später belegt.   *Vl(?)-Stimme*

27. 10. 19. p. Trin.:
BWV 56, belegt durch
Partitur *P 118*: WZ = Schönburger Wappen, ICF (Umschlag)
Stimmen *St 58*: WZ = ICF
   Kopisten = Hauptkopisten **B**, **C**, Anon. IIIj, IIIf, IIIh, IIe, IIIb, IIf.

31. 10. Reformationsfest:
Keine Aufführung nachweisbar.

3. 11. 20. p. Trin.:
BWV 49, belegt durch
Partitur *P 111*: WZ = ICF, Halbmond (letzter Bogen)
Stimmen *St 55*: WZ = ICF, Schönburger Wappen (2 ×)
   Kopisten = Hauptkopisten B, **C**, Anon. IIe, IIIh, IIIa, IIIf.
In *P 111* ferner ein unbekanntes Fragment „*Violoncello obligata*" von der Hand A. M. Bachs (vgl. Dadelsen I, S. 34), vermutlich aus früherer Zeit stammend (WZ Halbmond — der Bogen wohl zufällig angefügt), etwa zu einer Reformationsfest-Kantate gehörig (vgl. zum 31. 10.) ?

10. 11. 21. p. Trin.:
BWV 98, belegt durch
Partitur *P 160*: WZ = ICF
Stimmen *St 98*: WZ = ICF
   Kopisten = Hauptkopisten B, **C**, Anon. IIIj, IIIh, IIf, IIIa, IIe.

17. 11. 22. p. Trin.:
BWV 55, belegt durch
Partitur *P 105*: WZ = ICF (nur Umschlag)
Stimmen *St 50*: WZ = ICF
   Kopisten = Hauptkopisten **B**, **C**, Anon. IIIb, IIe, IIf, IIIk.
Partitur (außer Umschlag) ohne WZ.

24. 11. 23. p. Trin.:
BWV 52, belegt durch
Partitur *P 85*: WZ = ICF
Stimmen *St 30*: WZ = ICF
   Kopisten = Hauptkopisten **B**, **C**, Anon. IIIb, IIIh, IIe, IIIe.

30. 11. Geburtstag der Fürstin zu Anhalt-Köthen:
BWV 36a, belegt durch   **N 17**
Textdruck H I, S. 14 ff.
Aufführungsmaterial nicht erhalten.

Da die Kantate 36c ihres WZ wegen mit Wahrscheinlichkeit in die Zeit um April bis Mai 1725 datiert werden mußte, scheint die Parodierichtung zwischen beiden Werken umgekehrt zu sein als bisher angenommen wurde.
Vielleicht auch Motette BWV 225 — vgl. unten „1726 oder 1727".

1. 12. 1. Advent:
Keine Aufführung nachweisbar (Bach vermutlich noch in Köthen).

11. 12. Universitäts-Festakt:
BWV 207, belegt durch
Partitur *P 174*: WZ = ICF
    Aufschrift: „*Bey des Herrn D. Korttens erhaltener Profession...*"
Stimmen *St 93*: WZ = ICF
    Kopisten = Hauptkopisten **B, C**, Anon. II e, II f, III b, III a, III h, III k, III j.

25. 12. 1. Weihnachtstag:
Keine Kantatenaufführung nachweisbar.
Vielleicht Aufführung des Sanctus BWV 232^{III} — vgl. unten „1726 oder 1727".

26. 12. 2. Weihnachtstag: ⎫
bis   bis   ⎬ Keine Aufführung nachweisbar.
29. 12. Sonntag nach Weihnachten: ⎭

1726 oder 1727

Trinitatis (?):
BWV 129, belegt durch

Ergänze: Stimmen Thom: WZ = ICF
IIIb(?).   Kopisten = Hauptkopisten **B, C**, Anon. III a, II f.
Partitur nicht erhalten.
Da Schreiber und Papiersorten der Trinitatiszeit 1727 nicht hinreichend bekannt sind, bleibt es unsicher, ob die Kantate zum 8. 6. 1727 entstanden ist (dafür würden besonders die teilweise späten Schlüsselformen des Hauptkopisten B sprechen) oder vielleicht doch zum 16. 6. 1726 (dann bliebe die Einordnung der Kantate 194 unklar — vgl. oben!). Die Schriftformen des Anon. III a ähneln besonders denen der Kantaten von September 1726, so daß als dritte Möglichkeit auch eine ursprünglich andersartige Verwendung — etwa zum Reformationsfest 1726 — nicht ganz unmöglich **erscheint**.
Spätere Wiederaufführung durch Traversa-Stimme mit WZ MA große Form für die Zeit um 1732 bis 1735 belegt, eine weitere Aufführung durch mutmaßliche Spätschrift in der autographen Organo-Stimme für die Zeit nach 1735, vermutlich die letzten Lebensjahre Bachs belegt (vgl. Dadelsen II). Eine Bc-Stimme mit singulärem WZ nicht sicher zuzuordnen (späte Lebenszeit Bachs?).

(Neujahr?):
BWV 225, belegt durch
Partitur *P 36/2*: WZ = ICF
Stimmen *St 122*: Kopisten = Hauptkopist **A**, **B**, Anon. IIf, IIe.
WZ der Stimmen singulär.
Während das Auftreten des Hauptkopisten A die Annahme einer früheren Entstehung nahelegen würde, geht aus den Schriftformen des Hauptkopisten B sowie der Anonymi IIf und IIe eindeutig hervor, daß diese Motette frühestens 1726 entstanden sein kann. Die späten c-Schlüsselformen des Hauptkopisten B und die vielfach vertretene Annahme, daß es sich um eine Neujahrsmotette handele, machen eine Entstehung zum 1. 1. 1727 wahrscheinlich. Nicht völlig ausgeschlossen scheint auch eine Entstehung zum Geburtstag der Fürstin zu Anhalt-Köthen, dem 30. 11. 1726. Dafür spricht u. a. das (singuläre) WZ der Stimmen: Papiermühle Oberschlema. Andere WZ dieser Papiermühle wurden in Köthener Hss. Bachscher Werke beobachtet.

(Weihnachten? Ostern?)
BWV 232^{III}, belegt durch
Stimmen *St 117*: WZ = ICF (Oboe II), Schönburger Wappen (Vl I, II, Bc, Bctr)
  Kopisten = Hauptkopist **B**, **C**, W. F. Bach, Anon. IIIh, IIIj.
Restliche Stimmen dieser Aufführung ohne WZ oder mit singulärem WZ.
Wiederaufführung dieses zum 25. 12. 1724 (s. dort) komponierten Sanctus unter Verwendung von Partitur und Dubletten von 1724. Die Singstimmen und ein einfacher Instrumentalstimmensatz wurden für diese Aufführung neu angefertigt, vermutlich weil der Stimmensatz von 1724 (außer Dubletten) beim Grafen Sporck in Lissa (Böhmen) geblieben war.
Als Aufführungsdaten kommen nach WZ und Schreibern der 25. 12. 1726 und der 13. 4. 1727 (1. Ostertag) in Frage. Das Auftreten einer Partie aus der Matthäus-Passion im Stimmenmaterial (vgl. unten zum 11. 4. 1727) könnte für Ostern 1727 sprechen.
Spätere Wiederaufführung durch Bc-Stimme von der Hand des Anon. Vr für Bachs letzte Lebensjahre belegt.

(Weltliche Kantate:)
BWV 204, belegt durch
Partitur *P 107*: WZ = ICF
Stimmen nicht erhalten.

1727

1. 1. Neujahr:
Keine Aufführung nachweisbar (vgl. aber „1726 oder 1727" zu BWV 225).

5. 1. Sonntag nach Neujahr:
BWV 58, belegt durch
Partitur *P 866*: WZ = ICF (Bogen 1,3)
Stimmen Thom, *St 389*: WZ = ICF (ältere Stimmengruppe)
  Kopisten = Hauptkopist C, Anon. IIIh, IIIb, IIIa.
Spätere Wiederaufführung, z. T. unter Umarbeitung, durch Ergänzungen in Partitur (Bogen 2) und Stimmen (jüngere Stimmengruppe) mit WZ MA große Form für die Zeit um 1732 bis 1735 belegt. Durch die Aufführung von BWV 248^V im Jahre 1735 und das Wegfallen des Sonntags in den Jahren 1731, 1732, 1736, 1737 läßt sich das Datum der Wiederaufführung mit Sicherheit auf eines der beiden Jahre 1733 oder 1734 festsetzen.

6. 1. Epiphanias:
bis   bis   } Keine Aufführung nachweisbar.
26. 1. 3. p. Ep.:

2. 2. 4. p. Ep./Mariä Reinigung:
BWV 82, belegt durch
Partitur *P 114*: WZ = ICF
Stimmen *St 54*: WZ = ICF (älteste Stimmen)
  Kopisten = Hauptkopist B, Anon. IIIh, IIIf, IIIj, IIf.
Aufführung in *c*-Moll. An Stimmen nur Violino I, II und Continuo erhalten.
Aufführungen in späterer Zeit belegt:
a) um 1731 als Sopran-Solokantate durch WZ MA mittlere Form und Schriftformen des Kopisten J. L. Krebs (s. unten zum 2. 2. 1731) in der Sopranstimme. Tonart: *e*-Moll;
b) 1735 (evtl. als Solokantate für Mezzosopran) durch weitere Stimmen für Violine I, II in *c*-Moll mit WZ ZVMILIKAV sowie Hauptkopist G, Anon. Vg (vgl. aber unten!);
c) zwischen 1745 und 1748 durch Auftreten Altnikols als Schreiber der Baß- und Bc-Stimme sowie des späten Bach als Schreiber der Oboe-da-caccia-Stimme innerhalb der spätesten Stimmengruppe mit WZ Doppeladler + HR (s. Anhang A, undatierbare Zeichen) und singulärem Posthorn-Zeichen.
Ferner ist eine Flötenstimme in *e*-Moll erhalten, die sich in die genannten Aufführungen nicht einordnen läßt, da sie durch ihr WZ MA große Form und ihren Kopisten Anon. Vh in das Jahr 1735, durch ihre Tonart aber in die unter a) genannte Aufführung verwiesen wird. Gehörte sie vielleicht zu einer Privataufführung im Bachschen Hause?

Vermutlich auch BWV 83, belegt durch
Stimmen *St 21*: WZ = ICF (nur Bctr)
Kopist = Anon. IIf.
Wiederaufführung dieser erstmals am 2. 2. 1724 (s. dort) aufge-

	führten Kantate, wobei die Kantaten 82 und 83 entweder vor bzw. nach der Predigt oder in zwei verschiedenen Kirchen erklungen sein könnten.	
6. 2.	Trauergottesdienst für J. C. von Ponickau: BWV 157, belegt durch Textdruck H I, S. 210 u. öfter (vgl. BJ 1913, S. 70f.). Aufführungsmaterial verschollen. Spätere Wiederaufführung zu Mariä Reinigung durch Überschrift in späterer Abschrift Penzels (*P 1046*) bezeugt; nicht datierbar.	N 21
9. 2.	Septuagesimae: BWV 84, belegt durch Partitur *P 108*: WZ = Posthorn Stimmen *St 52*: WZ = Posthorn (4 ×), Schönburger Wappen (9 ×) Kopisten = Hauptkopist C, Anon. IIIh, IIIj, IIIb, IIIf. Obwohl diese Kantate ihrem Text nach zu Picanders Jahrgang 1728/29 zugehört, lassen die auftretenden Schreiber eine Entstehung in dem hier vorgeschlagenen Jahre 1727 vermuten. Hierfür spricht auch die Überlieferung der Handschriften über C. P. E. Bach, die auf eine Einordnung des Werkes in Jahrgang III (nicht IV) deutet, und auch die erheblichen textlichen Abweichungen der Kantate gegenüber dem Textdruck Picanders lassen sich am leichtesten durch den größeren zeitlichen Abstand erklären.	Siehe unten

Nach 9. 2. nur noch folgende Aufführungen nachweisbar:

11. 4.	Karfreitag: Aufführung einer Passion in der Thomaskirche: Das Auftreten einiger von unbekannter Hand geschriebenen Noten aus der Matthäus-Passion in der vom Hauptkopisten C geschriebenen Viola-Stimme des Sanctus BWV 232^{III} (ohne WZ; vgl. auch den Krit. Bericht NBA II/1, S. 172f.) und die Datierung der Aufführung dieses Sanctus in die Zeit „1726 oder 1727" (s. oben) setzen voraus, daß die Arie „Mache dich, mein Herze, rein" in irgendeiner Weise schon 1727 bestanden habe. Folgende Erklärungen scheinen möglich: a) Die Arie gehörte früher einem andern Werk an und ist in der Matthäus-Passion Parodie, b) die Arie gehörte ursprünglich einer andern Passion an und wurde später in die Matthäus-Passion übernommen, c) die Matthäus-Passion wurde schon 1727 erstmals aufgeführt, d) das Sanctus wurde doch nicht 1727, sondern erst 1729 wiederaufgeführt. Die Erklärung d) ist zwar nach eingehender Prüfung von Papier- und Schreiberbefund recht unwahrscheinlich, kann aber doch mit Rücksicht auf unsere mangelhafte Unterrichtung über die Zeit um 1728/29 nicht restlos abgewiesen werden.	N 22

Zu 9. 2. (BWV 84): Der Kantate liegt offenbar ein vor 1728 gedichteter Text zugrunde, der von Picander in freier Nachdichtung in den Jahrgang 1728/29 aufgenommen wurde.

             13. 4.   1. Ostertag:
                      Vielleicht Aufführung des Sanctus BWV 232^{III} — vgl. oben „1726
                      oder 1727".
             12. 5.   Geburtstag Augusts II.:
                      BWV Anh. 9, belegt durch
                      Textdruck, Sicul, *Das frohlockende Leipzig*, 1727, S. 3 ff.
                      Aufführungsmaterial nicht erhalten.
              8. 6.   Trinitatis:
                      Vielleicht Aufführung BWV 129 — vgl. oben „1726 oder 1727".
              3. 8.   Namenstag Augusts II.:
                      BWV 193a, belegt durch
Auch Einzeldr.   Textdruck H II, S. 11 (2. Aufl. 1734)
(BT, S. 394 f.)   Aufführungsmaterial nicht erhalten.
             25. 8.   Ratswechsel:
Siehe N 19   BWV Anh. 4, belegt durch
                      Textdruck H II, S. 50ff.
                      Aufführungsmaterial verschollen.
                      Datierung nach Spitta II, 299. In der hier benutzten Ausgabe des
                      Textdrucks kein Datum auffindbar.
             31. 8.   12. p. Trin.:
                      Vielleicht Aufführung von BWV 69a, 2. Fassung, belegt durch
                      Stimmen *St 68*: WZ = MA mittlere Form
                         Kopisten = Hauptkopist C, Anon. IIIb.
                      Wiederaufführung dieser erstmals am 15. 8. 1723 (s. dort) aufge-
                      führten Kantate in etwas veränderter Fassung.
Ergänze: bis   Ab 7. 9. 13. p. Trin.:
Epiphanias 1728   Landestrauer (vgl. Spitta II, 789), keine Aufführungen mit Aus-
                      nahme von:
             17. 10. Universitäts-Festakt:
                      BWV 198, belegt durch
                      Partitur *P 41/1*: WZ = MA mittlere Form
                      Textdruck in Sicul, *Das thränende Leipzig*, 1727, u. öfter.
                      Stimmen nicht erhalten.

N 23   **1728**
                      In diesem Jahr nur folgende Aufführung sicher nachweisbar:
Lies: 5. 2.   5. 6.   Hochzeit Wolff-Hempel:
                      BWV 216, belegt durch Textdruck H II, S. 379
Siehe unten   Nur 2 Singstimmen erhalten, z. Z. nicht nachweisbar.

Siehe auch N 21   **Um 1728**
                      2. Pfingsttag:
                      BWV 173, belegt durch
                      Partitur *P 74*: WZ = MA mittlere Form
                         Kopist = Hauptkopist **B**.
                      Stimmen nicht erhalten.

Zu 5. 2. (BWV 216): Im Krit. Bericht NBA I/40, S. 28 und 218 noch ermit-
telt: WZ der Stimmen = MA (zweifellos mittlere Form), Kopist = Haupt-
kopist B.
Weitere Aufführungen 1728: Falls Häfners These zutrifft, daß das Textheft
H 1728 zum Mitlesen im Gottesdienst gedruckt worden sei (siehe dazu oben,
S. 52, Fußnote), wären vom 24. 6. 1728 an die Kantaten dieses Jahrgangs
hier einzufügen, — vorausgesetzt, daß Bach alle geplanten Kantaten auch
wirklich (selbst) komponiert hätte.

Wiederaufführung der vielleicht am 29. 5. 1724 (s. dort) aufgeführten Kantate. Eine weitere Wiederaufführung ist durch Textdruck für den 14. 5. 1731 belegt und möglicherweise mit der hier genannten identisch. Die Vermutung, daß die Partitur nicht erst für 1731, sondern für eine mehrere Jahre früher liegende Aufführung geschrieben wurde, ergibt sich jedoch aus der Feststellung, daß der Schreiber, der Hauptkopist B (der sie nach der Vorlage der autographen Partitur *P 42/2* der Kantate 173a kopierte), in der Zeit um 1731 als Schreiber von Kantatenhandschriften sonst nicht mehr in Erscheinung tritt. Da die (sehr wandelbaren) Schriftformen des Hauptkopisten B gegenüber denen der Jahre 1726/27 (letztes datierbares Auftreten am 2. 2. oder 8. 6. 1727) nicht merklich verändert sind, wäre an eine Herstellung der Partitur in den Jahren um 1728 (17. 5.) oder gar 1727 (2. 6. — dann erstmaliges Auftreten des sonst erst ab 17. 10. beobachteten WZ MA mittlere Form) zu denken.

Vgl. N 4

Die Änderung gegenüber der Fassung von 1724 (?) — belegt durch partielle Doppeltextierung der Partitur *P 42/2* — besteht in einer Einbeziehung von Tenor (Sätze 1, 2) und Alt (Satz 3) in die ursprünglich nur für Sopran und Baß komponierte Kantate, so daß aus dem Schlußsatz (Satz 6, im weltlichen Urbild Satz 8) anstelle eines Duetts ein Chor werden konnte.

Tilge den Absatz (vgl. Krit. Bericht NBA I/14, S. 27 f.)

Spätere Wiederaufführungen belegt

a) für 14. 5. 1731 durch Textdruck,
b) vermutlich für ein späteres Jahr — um 1732/35 — durch Umschlag der Partitur *P 47* mit WZ MA große Form.

Lies: Spätere Wiederaufführung belegt für ... Tilge Absatz b)

Ratswechsel (?):
BWV 120, vielleicht belegt durch
Partitur *P 871* (nicht zugänglich): WZ = Doppeladler? (Vgl. BG 24, XXXIV).
Da am 26. 6. 1730 eine Umarbeitung dieser Kantate aufgeführt wurde (vgl. unten), dürfte die Aufführung der Ratswechselkantate spätestens in das Jahr 1729 fallen.
Einzelfragen (ob Aufführung in der uns vorliegenden Form und nach der uns vorliegenden Partitur?) bedürfen jedoch noch der Klärung.

Michaelis:
BWV 149, belegt durch
Textdruck H 1728
Entwurf-Fragment in *P 175* (BWV 201)
Aufführungsmaterial nicht erhalten.
Entstehung vielleicht in zeitlicher Nähe von BWV 201, also möglicherweise 1729.

21. p. Trin.:
BWV 188, belegt durch
Partiturfragmente (verschied. Besitz): WZ = Posthorn
Textdruck H 1728
Stimmen nicht erhalten.

1. Weihnachtstag:
BWV 197a, belegt durch
Partiturfragment Heineman-Foundation: WZ = Posthorn
Textdruck H 1728
Stimmen nicht erhalten.

1729

Nur folgende Aufführungen sicher nachweisbar:

24. 3. Trauerfeier für Fürst Leopold von Anhalt-Köthen:
BWV 244a, belegt durch
Textdruck 1729[60] und H III, S. 189 (gekürzt).
Aufführungsmaterial nicht erhalten.

15. 4. Karfreitag:
BWV 244(b), belegt durch
Textdruck (heute verschollen, aber Notiz Zelters erhalten[61]).
Aufführungsmaterial dieser Aufführung nicht erhalten. Vgl. auch zum 11. 4. 1727.
Spätere Wiederaufführungen belegt
a) für 1736 durch Eintragung des Custos J. C. Rost *„mit beyden Orgeln"*[62],

Siehe unten   b) undatierbar (identisch mit 1736?) durch neuerliche Herstellung von Partitur und Stimmen (P 25, St 110),
c) nach Aufführung b) durch Herstellung einer Cembalo-Stimme anstelle der Organo-II-Stimme in St 110.

6. 6. 2. Pfingsttag:
BWV 174, belegt durch
Partitur P 115: WZ = Posthorn (Bogen 1–8, sonst singuläres WZ)
Stimmen St 57, St 456 und Privatbesitz (meist unzugänglich):
WZ = MA mittlere Form (soweit eingesehen)

Ergänze: IVb.   Kopisten = Hauptkopist **D**, C. P. E. Bach, Anon. IVa
Originales Datum in Stimmen: 1729 (lt. BG 41, XLII).

23. 10. 19. p. Trin.:
BWV Anh. 2, belegt durch
Fragment in P 36/1 (vgl. zum 24. 10.).

---

[60] Einzelheiten siehe F. Smend, *Bach in Köthen*, Berlin 1951, S. 204ff.
[61] Vgl. dazu F. Smend, *Luther und Bach*, Berlin 1947, S. 20, Anm. 17.
[62] Vgl. B. F. Richter, *Zur Geschichte der Passionsaufführungen in Leipzig*, BJ 1911, S. 51.

Zu 15. 4. (BWV 244): Durch die Identifizierung des Anon. Vg (siehe N 54), darf die Gleichsetzung der zu a) und b) genannten Aufführungen als sicher gelten.

Obwohl nur ein kurzes Fragment überliefert ist, muß doch damit gerechnet werden, daß Bach seinen Plan einer Kantatenkomposition für diesen Sonntag verwirklicht hat.

24. 10. Trauerfeier für Rektor Ernesti: *Lies richtig:*
BWV 226, belegt durch   *20. 10.*
Partitur *P 36/1*: WZ = MA mittlere Form   *Beerdigung des*
   Autographer Titel: „*Bey Beerdigung des . . . Rectoris Ernesti*"   *Rektors...*
Stimmen *St 121*: WZ = MA mittlere Form (1 × singuläres WZ)
   Autographer Titel wie Partitur
   Kopisten = **J. L. Krebs,** A. M. Bach, C. P. E. Bach.

Außerdem vermutlich 1729 anzusetzen: *Siehe unten*

Neujahr:
BWV 171, belegt durch
Partitur in Privatbesitz: WZ = Posthorn (Bogen 1—2, die übrigen beiden Bogen ähnlich GM)
Textdruck H 1728.
Stimmen nicht erhalten.

3. p. Ep.:
BWV 156, belegt durch
Textdruck H 1728.
Aufführungsmaterial nicht erhalten (Stimmen Thom offenbar nach 1750).

Estomihi:
BWV 159, belegt durch
Textdruck H 1728.
Aufführungsmaterial nicht erhalten.

2. Ostertag:
BWV-, Kantate „Ich bin ein Pilgrim auf der Welt", belegt durch
Fragment in *P 670*: WZ = CS
   Schreiber vielleicht Anon. IVa.
Das übrige Aufführungsmaterial nicht erhalten.

3. Ostertag:
BWV 145, belegt durch
Textdruck H 1728.
Aufführungsmaterial nicht erhalten.

Trauung:
BWV 120a, belegt durch
Partitur *P 670* (Fragment): WZ = Posthorn (Bogen 1—2), CS (Bogen 3)
Stimmen *St 43* (unvollständig): WZ = MA mittlere Form
   Kopisten = Hauptkopist **D**, J. L. Krebs.
Datierung in das Jahr 1729 besonders im Hinblick auf die Schrift-

Weitere Aufführungen 1729: Zur möglichen Aufführung der Kantaten des Picander-Jahrgangs H 1728 siehe oben, S. 52 und 96, Fußnoten.

formen J. L. Krebs', mit einer an Sicherheit grenzenden Wahrscheinlichkeit.

(Weltliche Kantate:)
BWV 201, belegt durch
Partitur *P 175*: WZ = Posthorn (verschiedene Zeichen)
Stimmen *St 33a*: WZ = MA mittlere Form
    Kopisten = **J. L. Krebs**, C. P. E. Bach, Anon. Vd.

Ergänze: IVb.
Siehe unten

Vielleicht gleichfalls um 1729:

1. Weihnachtstag:
BWV 63, belegt durch
Stimmen *St 9*: WZ = CS (Bc 2 ×, Bctr ähnliches WZ).
Wiederaufführung dieser aus der Weimarer Zeit stammenden und in Leipzig erstmals am 25. 12. 1723 (s. dort) aufgeführten Kantate, wegen Identität des WZ vermutlich in zeitlicher Nähe zu BWV 120a anzusetzen.

Trauung:
BWV 250—252, belegt durch
Stimmen *St 123*: WZ = Posthorn.
Partitur nicht erhalten.
Datierung im Hinblick auf WZ, aber sehr ungewiß.

1730

Nur folgende Aufführungen nachweisbar:

2. 2.   Mariä Reinigung:
    Vielleicht Aufführung BWV 82, vermutlich aber erst im folgenden Jahr (s. dort).

7. 4.   Karfreitag:
    Vielleicht Aufführung von BWV 246, belegt durch
    Partitur *P 1017*: WZ = Posthorn (Bogen 11, 12, 14).
      Kopist = C. P. E. Bach (S. 24—59).
    Stimmen nicht erhalten.
    Datierung nicht gesichert — vgl. oben, S. 52.

25. 6.   3. p. Trin./Jubelfest der Augsburger Konfession, 1. Tag:

Lies: BWV 190a
    BWV 190, Umarbeitung, belegt durch
    Textdruck H III, S. 73 ff.

26. 6.   Jubelfest, 2. Tag:

Lies: BWV 120b
    BWV 120, Umarbeitung, belegt durch
    Textdruck H III, S. 75 ff.

Lies:
BWV Anh. 4a

27. 6.   Jubelfest, 3. Tag:
    BWV Anh. 4, belegt durch
    Textdruck H III, S. 77 ff.

Zu 1729 (BWV 201): Spätere Wiederaufführung 1749; Einzelheiten siehe N 31.

25. 8. Ratswechsel:
BWV Anh. 3, belegt durch
Textdruck H III, S. 67 ff.

Aufführungsmaterial der vier letztgenannten Werke nicht nachweisbar.

17. 9. 15. p. Trin.:
BWV 51, belegt durch
Partitur *P 104*: WZ = MA mittlere Form
Stimmen *St 49*: WZ = MA mittlere Form
   Kopisten = **J. L. Krebs**, Anon. V a, V e, V b, V c.
Datierung in das Jahr 1730 infolge der Schriftformen J. L. Krebs', mit größter Wahrscheinlichkeit (s. oben, S. 53 f.); evtl. wäre jedoch auch Aufführung in einem der angrenzenden Jahre denkbar.

Undatierbar (Reformationsfest?):
BWV 192, belegt durch
Stimmen *St 71*: WZ = MA mittlere Form
   Kopisten = **J. L. Krebs,** Anon. V d, V b, V e, V a, V c.
Partitur nicht erhalten.
Datierung in unmittelbare zeitliche Nähe von BWV 51 infolge Identität der meisten Schreiber.

1731

Nur folgende Aufführungen nachweisbar:

2. 2. Mariä Reinigung:
BWV 82, belegt durch
Stimmen *St 54*: WZ = MA mittlere Form (nur Sopran)
   Kopist = J. L. Krebs.
Wiederaufführung dieser erstmals am 2. 2. 1727 (s. dort) aufgeführten Kantate in *e*-Moll. Datierung in das Jahr 1731 mit Wahrscheinlichkeit im Hinblick auf die Schriftformen J. L. Krebs'; doch ist auch 1730 denkbar.

23. 3. Karfreitag:
BWV 247, belegt durch
Textdruck H III, S. 49 ff.
Aufführungsmaterial nicht erhalten.

25. 3. 1. Ostertag:
BWV 31, belegt durch
Textdruck Leipzig.
Aufführungsmaterial nicht erhalten (Partitur) bzw. unzugänglich (*St 14*).

26. 3. 2. Ostertag:
BWV 66, belegt durch
Textdruck Leipzig.
Aufführungsmaterial nicht erhalten.

Spätere Wiederaufführung durch WZ ZVMILIKAV vielleicht für 11. 4. 1735 (s. dort) belegt.
27. 3. 3. Ostertag:
BWV 134, belegt durch
Stimmen *St 18*: WZ = MA mittlere Form (nur Organo u. Tekturen)
Textdruck Leipzig.
Wiederaufführung dieser erstmals zum 11. 4. 1724 (s. dort) aufgeführten Kantate mit neu komponierten Rezitativen.
Spätere Wiederaufführung belegt durch 3. Fassung, vertreten durch *P 44/3* mit WZ IPD in Schrifttafel+ Doppeladler (s. Anhang A, undatierbare Zeichen), vielleicht 1735 (s. dort). Nicht ganz unmöglich wäre auch, daß die durch Tekturen in *St 18* belegte Aufführung in ein früheres Jahr fiel und die durch *P 44/3* belegte mit der von 1731 (Textdruck) identisch ist.
1. 4. Quasimodogeniti:
BWV 42, belegt durch

Lies: Violone   Stimmen *St 3*: WZ = Doppeladler (nur Violine, autograph)
Textdruck Leipzig.
Wiederaufführung dieser erstmals zum 8. 4. 1725 (s. dort) aufgeführten Kantate, vermutlich unter Verwendung desselben Aufführungsmaterials.

N 25   8. 4. Misericordias Domini:
BWV 112, belegt durch
Textdruck Leipzig

Siehe unten   Partitur in Privatbesitz (nicht zugänglich): WZ = Posthorn (lt. Spitta II, 800)
Stimmen Thom: WZ = MA mittlere Form
  Kopist ähnlich Hauptkopist D.

Tilge den Absatz (WZ = 1731) { Unwahrscheinlich, aber nicht ganz unmöglich wäre, daß es sich um eine Wiederaufführung einer erstmals um 1729 (vgl. WZ!) aufgeführten Kantate handelte.

Tilge den Absatz (WZ nach 1750) { Spätere Wiederaufführung (undatierbar), belegt durch 4 Stimmen Thom mit WZ Wappen von Zedwitz (s. Anhang A, undatierbare Zeichen).

15. 4. Jubilate:
BWV 103, belegt durch
Stimmen *St 63*: Kopist der neu angefertigten Stimme *Violino Conc: ou Trav* = J. L. Krebs (WZ = singulär).
Wiederaufführung dieser erstmals am 22. 4. 1725 (s. dort) aufgeführten Kantate, vermutlich unter weitgehender Verwendung desselben Aufführungsmaterials.
Datierung auf 1731 durch Schriftformen J. L. Krebs' (s. oben, S. 54).
3. 5. Himmelfahrt:
BWV 37, belegt durch

Zu 8. 4. (BWV 112): Partitur Pierpont Morgan Library New York: WZ = Posthorn an Band, auf Steg.

Stimmen *St 100*: WZ = MA mittlere Form (außer 3 ×), Doppeladler
   Kopist = **J. L. Krebs.**
Wiederaufführung dieser erstmals am 18. 5. 1724 (s. dort) aufgeführten Kantate unter Anfertigung neuer Stimmen und Wiederverwendung der alten Dubletten (der übrige Stimmensatz inzwischen vielleicht durch Verleihen abhanden gekommen?). Datierbar
durch Schriftformen J. L. Krebs' (s. oben, S. 54).

13. 5. 1. Pfingsttag:
BWV 172, belegt durch
Stimmen *St 23* (Leipziger Stimmen): WZ = MA mittlere Form
   Kopisten = **J. L. Krebs,** Anon. Vf.
Textdruck Leipzig.
Wiederaufführung dieser bereits in Weimar 1714 und in Leipzig am
28. 5. 1724 (s. dort) aufgeführten Kantate, diesmal in *C*-Dur unter
Wiederverwendung von Weimarer Stimmenmaterial. Da auf dem
hier verwendeten Papier zwei autographe Einlegestimmen zu Satz
5 erhalten sind, die eine ohne Bezeichnung, aber offensichtlich für
Oboe geltend, die andere für obligate Orgel (Verweisung im Bctr),
muß angenommen werden, daß später noch eine weitere Aufführung
mit obligater Orgel stattgefunden hat, während die hier genannte
wohl mit obligater Oboe musiziert wurde (die Verweisung im Bctr
auf die obligate Orgelstimme ist aus einem tacet-Vermerk korrigiert;
Orgelfassung also später).

14. 5. 2. Pfingsttag:
BWV 173, belegt durch
Textdruck Leipzig.
Möglicherweise ist auch die Partitur *P 74* erst zu diesem Zeitpunkt
entstanden. Einzelheiten vgl. oben zum 29. 5. 1724 und „Um 1728".

15. 5. 3. Pfingsttag:
BWV 184, belegt durch
Textdruck Leipzig.
Partitur *P 77*: WZ des Umschlags = MA mittlere Form.
Ob die von zwei unbekannten Kopisten (darunter Kirnberger?)
geschriebene erhaltene Partitur mit singulären WZ derselben Aufführung entstammt oder später neu geschrieben wurde, bleibt
unklar.
Wiederaufführung dieser am 30. 5. 1724 (s. dort) erstmals aufgeführten Kantate, vermutlich unter Verwendung desselben Stimmenmaterials.

20. 5. Trinitatis:
BWV 194, belegt durch
Stimmen *St 48*: WZ = MA mittlere Form (nur 1 Bogen des Bc,
autograph)
Textdruck Leipzig (1. Teil der Kantate)

*Schreiber nicht
Kirnb., sondern
Nichelmann
(s. S. 71, unten)*

Wiederaufführung des ersten Teils dieses als Kirchenkantate erstmals am 2. 11. 1723 (s. dort) aufgeführten Werkes.
Da sich der offenbar um diese Zeit nachträglich ausgetauschte oder zum Ersatz eines verlorenen eingefügte Bogen des Bc auf die Sätze 5 bis 10 erstreckt, ist auch mit einer Aufführung des 2. Teils in zeitlicher Nähe (oder am selben Tag sub communione?) zu rechnen.

25. 8. Geburtstag des Grafen Flemming:
BWV Anh. 10, belegt durch
Textdruck H IV.
Aufführungsmaterial nicht erhalten.

27. 8. Ratswechsel:
BWV 29, belegt durch
Partitur *P 166*: Autographes Datum: *Bey der Rahts-Wahl 1731*.
Stimmen *St 106* WZ = MA mittlere Form.

Ergänze: IVb. Kopisten = **J. L. Krebs**, Hauptkopist E, C. P. E. Bach, Anon. V f
Leipziger Ratsakten lt. Spitta II, 281, Anm. 30.
Das WZ der Partitur (s. Anhang A, undatierbare Zeichen) ist bislang nicht mit Sicherheit datierbar; es ist außer für die vorliegende Kantate auch für 1734 und 1737 belegt.
Spätere Wiederaufführungen durch Textdrucke für die Jahre 1739 und 1749 belegt (s. unten).

18. 11. 26. p. Trin.:
BWV 70, belegt durch
Stimmen *St 95*: WZ = MA mittlere Form (nur Vc obligato und Bctr)
Kopisten = J. L. Krebs, C. P. E. Bach.
Wiederaufführung dieser erstmals am 21. 11. 1723 (s. dort) in der vorliegenden Form aufgeführten Kantate, datierbar durch Schriftformen J. L. Krebs' (s. oben S. 54).

25. 11. 27. p. Trin.:
BWV 140, belegt durch
Stimmen Thom: WZ = MA mittlere Form
Kopisten = **J. L. Krebs**, Hauptkopist E.
Partitur nicht erhalten.
Datierbar infolge der Seltenheit dieses Sonntags, der während Bachs Leipziger Amtszeit nur 1731 und 1742 auftrat (vgl. Spitta II, 797). Die Entscheidung für 1731 ergibt sich aus WZ und Schriftformen Krebs' und des Hauptkopisten E.

2. 12. 1. Advent:
BWV 36, spätere Fassung, belegt durch
Stimmen *St 82*: WZ = MA mittlere Form
Kopisten = **J. L. Krebs**, Anon. V e.
Partitur singuläres WZ.
Datierbar durch die unmittelbar mit BWV 140 übereinstimmenden Schriftformen J. L. Krebs' (vgl. oben S. 54).

Durch nicht originale Abschriften ist eine frühere Fassung dieser Adventskantate belegt (vgl. NBA I/1), die somit v o r *1731* zu datieren ist.

Um 1728/1731

1. Weihnachtstag:
BWV 110, belegt durch
Stimmen *St 92*: WZ = MA mittlere Form (3 ×)
Wiederaufführung dieser erstmals am 25. 12. 1725 (s. dort) aufgeführten Kantate unter Hinzuziehung von Ripienstimmen im Singchor.
BWV 243, belegt durch
Partitur *P 39*: WZ = MA mittlere Form.
Stimmen nicht erhalten.
Umarbeitung in D-Dur dieses ursprünglich zum 25. 12. 1723 in Es-Dur komponierten Werkes.

3. Weihnachtstag:
BWV 151, belegt durch
Stimmen Coburg: WZ = MA mittlere Form (1 ×).
Wiederaufführung dieser erstmals am 27. 12. 1725 (s. dort) aufgeführten Kantate unter Verwendung der autographen, unbezeichneten (Flöten?-) Stimme.

Neujahr:
BWV 16, belegt durch
Stimmen *St 44*: WZ = MA mittlere Form (1 ×)
  Kopist = C. P. E. Bach.
Wiederaufführung dieser erstmals am 1. 1. 1726 (s. dort) aufgeführten Kantate unter Uminstrumentierung des Obligatinstruments des 5. Satzes von Oboe da caccia in Violetta.

Estomihi:
BWV 23, belegt durch
Stimmen *St 16*: WZ = MA mittlere Form (Schlußchoral in Singstimmen).
Wiederaufführung dieser erstmals am 20. 2. 1724 (s. dort) aufgeführten Kantate, vermutlich in *c*-Moll (Schlußchoral auch in Oboenstimmen (vgl. Dadelsen II).

Lies: 7. 2. 1723

Mariä Verkündigung:
BWV 182, belegt durch
Stimmen *St 47*: WZ = MA mittlere Form (2 ×)
  Kopist = Anon. IIIb.
Wiederaufführung dieser in Leipzig erstmals am 25. 3. 1724 (s. dort) aufgeführten Kantate, mit Rücksicht auf das Auftreten des Anon. IIIb vielleicht schon 1728 zu datieren.

Lies:
3 × statt 2 ×

Karfreitag:
BWV 245, belegt durch

Tilge das (?) —
vgl. S. 57 unten

Stimmen *St 111* (3. Lesart): WZ = MA mittlere Form.
Wiederaufführung der erstmals (?) am 7. 4. 1724 (s. dort) aufgeführten Jonannes-Passion.

Mariä Heimsuchung:
BWV 147, belegt durch
Partitur *P 102*: WZ = MA mittlere Form (letzte 2 Bogen).
Das Auftreten dieses WZ in der Partitur läßt vermuten, daß die in Weimar begonnene Partitur erst zu dieser Wiederaufführung endgültig in die erweiterte Leipziger Form umgeschrieben wurde, nachdem die Ergänzungen zum 2. 7. 1723 (s. dort) zunächst provisorisch eingetragen worden sein mögen.

Reformationsfest:
BWV 79, belegt durch
Stimmen *St 35*: WZ = MA mittlere Form (2 ×)
   Kopist = C. P. E. Bach.
Wiederaufführung dieser erstmals am 31. 10. 1725 (s. dort) aufgeführten Kantate, diesmal unter Einbeziehung von Querflöten: C. P. E. Bach änderte den Titel der Oboe I-Stimme durch Rasur in „Traversiere" I, so daß der Satz 2 der Querflöte I zufiel, und schrieb zwei neue Stimmen — Oboe I und Traversiere II — aus.

Trauung:
BWV 195, belegt durch
Stimmen *St 12*: WZ = MA mittlere Form (nur Umschlag).
Möglicherweise Erstaufführung in nicht erhaltener Fassung (sofern nicht der Umschlag erst später aus älterem Papier hergestellt wurde).
Wiederaufführungen (oder 1. und 2. Aufführung) belegt
a) nicht vor 1737 in der Fassung der Texthandschrift bei *P 65* (Parodie von Sätzen der Kantate 30a vom 28. 9. 1737),
b) in Bachs letzten Lebensjahren durch späte Schriftformen Bachs sowie das Auftreten des Hauptkopisten H und des Anon. V r.

Siehe unten

1732

Nur folgende Aufführungen nachweisbar:
5. 6. Einweihung des Thomasschul-Umbaus:
BWV Anh. 18, belegt durch
Textdruck Breitkopf (Stadtgeschichtl. Museum Leipzig)
Aufführungsmaterial nicht erhalten.
Für die von F. Smend, Krit. Bericht NBA II/1, S. 164f. auf diesen Tag datierte Aufführung des Credo BWV 232^{II} läßt sich weder aus dem WZ der Partitur *P 180* noch aus den Schriftformen J. S. Bachs[63] eine Bestätigung erbringen.

---

[63] Siehe Dadelsen II.

Zu „Um 1728/1731" ergänze: (Ohne Bestimmung)
   BWV 117, belegt durch
   Partitur SPK N. Mus. ms. 34: WZ = MA mittlere Form
(Weltliche Kantate:)
   G. F. Händel, Armida abandonata, belegt durch
   Stimmen Darmstadt: WZ = MA mittlere Form (2 ×)

6. 7. 4. p. Trin.:
BWV 177, belegt durch
Partitur *P 116*: WZ = MA große Form
  autographes Datum = 1732
Stimmen Thom: WZ = MA große Form (außer 1 ×)
  Kopisten = Hauptkopist E, Anon. V e.
Spätere Wiederaufführung (undatierbar) belegt durch Bctr-Stimme mit WZ Doppeladler von der Hand des Anon. V m.

3. 8. Namenstag Augusts II.:
BWV Anh. 11, belegt durch
Textdruck H IV, S. 3 ff. (vgl. dazu BJ 1913, S. 76 ff.).
Aufführungsmaterial nicht erhalten.

Um 1732/1733

5. p. Trin.:
BWV 93, belegt durch
Stimmen Thom: WZ = MA große Form (außer 1 Bogen des Bctr)
  Kopist = Hauptkopist E.
Partitur nicht erhalten.
Aufführung datierbar durch Schriftformen des Hauptkopisten E (s. oben S. 55).
Wiederaufführung dieser erstmals am 9. 7. 1724 (s. dort) aufgeführten Kantate mit fast völlig neuem Stimmenmaterial.

1733

Nur folgende Aufführungen nachweisbar: *Siehe unten*

21. 4. Gottesdienst anläßlich der Erbhuldigung vor dem Kurfürsten (?):
(27. 7.) (Überreichung des Widmungsexemplars in Dresden:)
BWV 232^I, belegt durch
Partitur *P 180* (S. 1—95): WZ = MA große Form
Stimmen Dresden: Kopisten = W. F. Bach, C. P. E. Bach, A. M. Bach
  Widmungsdatum: 27. 7. 1733.
WZ der Stimmen singulär.

3. 8. Namenstag Augusts III.:
BWV Anh. 12, belegt durch
Textdruck H IV, S. 14 ff. (vgl. BJ 1913, S. 80 ff.).
Aufführungsmaterial nicht erhalten.

5. 9. Geburtstag des Kurprinzen:
BWV 213, belegt durch
Partitur *P 125*: WZ = MA große Form
Stimmen *St 65*: WZ = MA große Form
  Kopisten = Hauptkopist E, C. P. E. Bach, Anon. V g, V f.   *Ergänze: V s.*
Textdruck H IV, S. 22 ff.

Zu 1733, Aufführungen: Estomihi bis 4. p. Trin. (15. 2. — 28. 6.) Ausfall der Kirchenmusik wegen Landestrauer (nach Spitta II, 801, 811).

8. 12. Geburtstag der Königin:
BWV 214, belegt durch
Partitur P *41/2*: WZ = MA große Form
Stimmen (unvollständig) St *91*: WZ = MA große Form
Kopisten = Hauptkopisten E, F.

1733 oder 1734

Sonntag nach Neujahr:
BWV 58, Umarbeitung, belegt durch
Partitur P *866*: WZ = MA große Form (Bogen 2)
Stimmen Thom: WZ = MA große Form (5 ×)
Kopistin = A. M. Bach.
Wiederaufführung dieser in erster Fassung erstmals am 5. 1. 1727 (s. dort) aufgeführten Kantate.

1734

Nur folgende Aufführungen nachweisbar:

Lies: 19. 2.   17. 1. Krönungsfest Augusts III.:
BWV 205 a, belegt durch
Textdruck (früher Landesbibliothek Dresden, verschollen)
Aufführungsmaterial zu dieser Gestalt des Werkes nicht erhalten (vgl. aber oben zum 3. 8. 1725).

3. 8. Namenstag Augusts III.:
BWV 207a, belegt durch
Stimmen St *347*, St *93* (Ergänzungen): WZ = ZVMILIKAV
Kopist = Anon. V k.

N 26
Da das Datum quellenmäßig nicht belegt ist, wäre auch Aufführung ein Jahr später denkbar (vgl. BJ 1913, S. 86 u. 88).
Parodie der am 11. 12. 1726 (s. dort) aufgeführten Kantate BWV 207 unter Mitverwendung des ehemaligen Aufführungsmaterials.

5. 10. Jahrestag der Königswahl Augusts III.:
BWV 215, belegt durch
Partitur P *139*: WZ = MA große Form
Stimmen St *77*: WZ = Doppeladler
Kopisten = Hauptkopisten E, F, G, Anon. Vg, Vh, Vf.

24. 10. 18. p. Trin.:
BWV 96, belegt durch
Stimmen Thom: WZ = MA große Form (nur Violino piccolo)
Kopisten = Hauptkopist E, Anon. V e.
Wiederaufführung dieser erstmals am 8. 10. 1724 (s. dort) aufgeführten Kantate unter Verwendung des früheren Aufführungsmaterials, jedoch unter Ersetzung des Flauto piccolo durch Violino piccolo.

[1735] Zur Chronologie der Leipziger Vokalwerke J. S. Bachs 109

       Datierung auf Grund der Schriftformen des Hauptkopisten E mit
       hoher Wahrscheinlichkeit; evtl. jedoch auch später.

21. 11. Begrüßung des neuen Thomasrektors J. A. Ernesti:
       BWV Anh. 19, belegt durch
       Textdruck Breitkopf (Riemers Chronik II).
       Aufführungsmaterial nicht erhalten.

?   (ohne Bestimmung)
       BWV 97, belegt durch   N 27
       Partitur in Privatbesitz: WZ = MA große Form   New York
         autographes Datum: 1734   Public Library
       Stimmen *St 64*: WZ = MA große Form, ZVMILIKAV (1 ×)   + WELENAV
       Kopist = Anon. **Vg**.
       Zwei Stimmen singuläres WZ.   *Tilge die Zeile*

28. 11. 1. Advent:
       Telemann, „Machet die Tore weit", belegt durch
       Abschrift Bachs *P 47/3*: WZ = ZVMILIKAV.
       Stimmen nicht erhalten.   *Siehe unten*

25. 12. 1. Weihnachtstag:
       BWV 248^I, belegt durch
       Partitur *P 32*: WZ = ZVMILIKAV
         autographes Datum: 1734
       Stimmen *St 112^I*: WZ = MA große Form
         Kopisten = Hauptkopist **G**, Anon. Vg, Vl (?).

26. 12. 2. Weihnachtstag:
       BWV 248^{II}, belegt durch
       Partitur *P 32*: WZ = ZVMILIKAV
         autographes Datum: 1734
       Stimmen *St 112^{II}*: WZ = MA große Form
         Kopisten = Hauptkopisten **E**, **G**, Anon. Vg, Vh.

27. 12. 3. Weihnachtstag:
       BWV 248^{III}, belegt durch
       Partitur *P 32*: WZ = ZVMILIKAV
         autographes Datum: 1734
       Stimmen *St 112^{III}*: WZ = MA große Form
         Kopisten = Hauptkopisten E, **G**, Anon. Vi, Vg.

1735

Nur folgende Aufführungen nachweisbar:

1. 1. Neujahr:
       BWV 248^{IV}, belegt durch
       Partitur *P 32*: WZ = ZVMILIKAV
       Stimmen *St 112^{IV}*: WZ = MA große Form
         Kopisten = Hauptkopisten E, **F**, G, Anon. Vi, Vg, Vl.

Zu 28. 11. (*Telemann, „Machet die Tore weit"*):
     Stimmen *SPK Mus. ms. 21740/90*: WZ = ZVMILIKAV,
        Schönburger Wappen
       Kopist = Anon. **Vg**.

2. 1. Sonntag nach Neujahr:
BWV 248^V, belegt durch
Partitur *P 32*: WZ = ZVMILIKAV
  autographes Datum: 1734
Stimmen *St 112*^{V}: WZ = MA große Form
  Kopisten = Hauptkopist G, Anon. Vi, Vh.

6. 1. Epiphanias:
BWV 248^{VI}, belegt durch
Partitur *P 32*: WZ = ZVMILIKAV
  autographes Datum: 1734
Stimmen *St 112*^{VI}: WZ = MA große Form
  Kopisten = Hauptkopist F, G, Anon. Vh.

30. 1. 4. p. Ep.:
BWV 14, belegt durch
Partitur *P 879*: WZ = ZVMILIKAV
  autographes Datum: 1735

Ergänze:
Cambridge

Stimmen Thom, *St 398*: WZ = ZVMILIKAV (z. T. undeutlich)
  Kopisten = A. M. Bach, Anon. Vh.

2. 2. Mariä Reinigung:
BWV 82, belegt durch
Stimmen *St 54*: WZ = ZVMILIKAV (Violine I, II)
  Kopisten = Hauptkopist G, Anon. Vg.
Wiederaufführung dieser erstmals am 2. 2. 1727 (s. dort) aufgeführten Kantate in *c*-Moll. In zeitlicher Nähe vielleicht weitere Aufführung, belegt durch
Stimmen *St 54*: WZ = MA große Form (nur Trav)
  Kopist = Anon. Vh.
Aufführung in *e*-Moll.

8. 4. Karfreitag:
Vgl. zum 11. 4.

11. 4. 2. Ostertag:
BWV 66, spätere Fassung (?), belegt durch
Partitur *P 73*: WZ = ZVMILIKAV (Bogen 1—4)
Stimmen nicht erhalten.
Da die Gegenmarke des WZ (Krone mit angehängtem Posthorn) diesmal nicht auftritt, ist die Datierung unsicher (Aufführung identisch mit der von 1731?). Vielleicht Wiederaufführung dieser erst-

Lies: 1724

mals vermutlich am 10. 4. 1742 (s. dort) in erster Fassung aufgeführten Kantate. Falls die beiden in der Papiersorte differierenden Teile der Partitur *P 73* (Bogen 5—8 = WZ Doppeladler + IPD, vgl. Anhang A, undatierbare Zeichen) derselben Aufführung entstammen, würde auch die Wiederaufführung der Kantate 134, 3. Fassung, in dieses Jahr (12. 4.) zu datieren sein (vgl. oben zum 11. 4. 1724 und 27. 3. 1731), vielleicht auch die Aufführung der Lukas-Passion (Bogen 13 der Partitur mit demselben WZ).

12. 4. 3. Ostertag:
vgl. zum 11. 4.
19. 5. Himmelfahrt:
BWV 11, belegt durch
Partitur *P 44/5*: WZ = ZVMILIKAV (außer letztem Bogen).
Stimmen *St 356* nicht zugänglich. Letzter Bogen der Partitur WZ
Barock-Ornament (s. Anhang A, undatierbare Zeichen).
3. 8. Namenstag Augusts III.:   *Vgl. N 26*
Vielleicht BWV 207a (s. oben zum 3. 8. 1734) oder 208 (Wieder-   **N 28**
aufführung, belegt durch Parodietext auf Einlage in *P 43/3* mit   *Lies: P 42/3*
undeutlichem WZ); auf alle Fälle Kantatenaufführung (lt. BJ
1913, S. 86 u. 88).

Um 1732 bis Anfang 1735

6. p. Trin.:
BWV 9, belegt durch
Partitur Washington: WZ = MA große Form
Stimmen Thom, Wien: WZ = MA große Form
   Kopisten = A. M. Bach, Anon. **Ve**, **Vl**, **Vk**.

(Ohne Bestimmung)
BWV 100, belegt durch
Partitur *P 159*: WZ = MA große Form
Stimmen *St 97*:
Gruppe I: WZ = Wappen von Zedwitz (vgl. Anhang A, undatierbare Zeichen), MA große Form
   Kopisten = Anon. **Vj**
Gruppe II: WZ = Doppeladler
   Kopisten = Hauptkopist F, Anon. **Ve**, **Vf**.
Überliefert sind zwei vollständige Stimmengruppen, so daß mit mindestens zwei Aufführungen zu rechnen ist; die zweite Aufführung (Gruppe II, meist autographe Stimmen) möglicherweise erst nach 1735 anzusetzen (vgl. Dadelsen II: vielleicht 1735).
Eine vermutlich dritte Aufführung durch eine (dritte) Organo-Stimme von der Hand des Anon. **Vm** für die Zeit nach 1735 belegt.

(Weltliche Kantate:)
BWV 211, belegt durch   *Siehe unten*
Partitur *P 141*: WZ = MA große Form
Stimmen Wien: WZ = MA große Form
   Kopisten = C. P. E. Bach, Anon. **Vh**.

1. Advent:
BWV 62, belegt durch
Stimmen Thom: WZ = MA große Form (nur Violone)
   Kopistin = A. M. Bach.

Zu BWV 211: Entstehung nach Krit. Bericht NBA I/40 gegen Ende des hier genannten Zeitraumes, aber wohl vor dem 9. 9. 1734 (Inskription C. P. E. Bachs in Frankfurt/Oder) — freundlicher Hinweis H.-J. Schulzes.

*Wohl vor 1734
— siehe S. 111
unten*

Wiederaufführung dieser erstmals am 3. 12. 1724 (s. dort) aufgeführten Kantate.

1. Weihnachtstag:
BWV 91, belegt durch
Stimmen *St 392*: WZ = MA große Form (nur Continuo)
   Kopist = C. P. E. Bach.
Wiederaufführung dieser erstmals am 25. 12. 1724 (s. dort) aufgeführten Kantate.

Neujahr:
BWV 41, belegt durch
Stimmen Thom: WZ = MA große Form (nur Violino I)
   Kopistin: A. M. Bach.
Wiederaufführung dieser erstmals am 1. 1. 1725 (s. dort) aufgeführten Kantate.

3. p. Ep.:
BWV 73, belegt durch
Stimmen *St 45*: WZ = MA große Form (nur Organo, autograph).
Wiederaufführung dieser erstmals am 23. 1. 1724 (s. dort) aufgeführten Kantate.

1. Ostertag:
BWV 249, 2. Fassung, belegt durch
Stimmen *St 355*: Kopist = Anon. Vj.
Genauere Datierung dieses auf WZ Wappen von Zedwitz (s. Anhang A, undatierbare Zeichen) geschriebenen Aufführungsmaterials zur 2. Fassung (*P 34*, *St 355*, mittlere Stimmen) nicht möglich. Vielleicht auch nach 1735.
Wiederaufführung dieses als Kirchenkantate erstmals am 1. 4. 1725 (s. dort) aufgeführten Werkes, jetzt unter der Bezeichnung „Oratorium".

*Tilge
diesen
Absatz*

2. Pfingsttag:
BWV 173, belegt durch
Partitur *P 74*: WZ = MA große Form (nur Umschlag).
Wiederaufführung dieser erstmals am 29. 5. 1724 (s. dort) und in neuer Fassung um 1728 (s. dort) aufgeführten Kantate wegen WZ des Umschlags anzunehmen.

Trinitatis:
BWV 129, belegt durch
Stimmen Thom: WZ = MA große Form (nur Traversa).
Kopist der Traversa-Stimme unbekannt. Wiederaufführung dieser erstmals zu Trinitatis 1726 oder 1727 (s. dort) aufgeführten Kantate. Ob die Flötenstimme die eines andern Instruments zu ersetzen hatte oder nur anstelle einer verlorenen neu geschrieben wurde, bleibt unklar.

9. p. Trin.:
BWV 94, belegt durch
Stimmen Thom: WZ = MA große Form (nur Organo, autograph).
Wiederaufführung dieser erstmals am 6. 8. 1724 (s. dort) aufgeführten Kantate.

19. p. Trin.:
BWV 5, belegt durch
Stimmen Thom: WZ = MA große Form (nur Organo, autograph).
Wiederaufführung dieser erstmals am 15. 10. 1724 (s. dort) aufgeführten Kantate.

Geburtstag des Univ.-Prof. J. F. Rivinus am 28. 7.:
BWV 36b, belegt durch
Stimmen *St 15*: WZ = Barock-Ornament (s. Anhang A, undatierbare Zeichen)
   Kopist = Anon. Vj
Datierung dieser Kantate durch Gleichheit des WZ mit BWV 11 in das Jahr 1735 wahrscheinlich, jedoch nicht gesichert.

N 29

Aufführungen nach 1735, bis 1750[64]

Nur folgende Aufführungen sicher datierbar:

1736
30. 3. Karfreitag:
BWV 244, belegt durch
Aufzeichnungen des Custos J. C. Rost (vgl. BJ 1911, S. 51).
Wiederaufführung dieser erstmals wohl am 15. 4. 1729 (s. dort) aufgeführten Passion.

7. 10. Geburtstag Augusts III.:
Eine Glückwunschkantate, belegt durch Rechnungsbücher Breitkopf (vgl. BJ 1913, S. 88 ff.), vielleicht BWV 206.
Für die von Spitta (II, 824 ff.) vermutete Aufführung der Kantate 206 im Jahre 1734 (lt. BWV: 1733) ergeben sich aus den Originalhandschriften keinerlei Hinweise; vielmehr deuten sowohl die WZ von Partitur (blasender Postreiter — wohl 1736) und Stimmen (NM/ Wappen von Zedwitz u. singulär) als auch das Auftreten des Anon. V p auf eine Aufführung n a c h 1735, vielleicht 1736. Wenn eine Aufführung in früheren Jahren stattgefunden hat, so ist das Aufführungsmaterial dazu als verschollen anzusehen.

N 30

1737
28. 9. Huldigung in Wiederau:
BWV 30a, belegt durch
Textdruck (bei *P 43*).

---

[64] Da die WZ und Schreiber dieser Zeit nicht mehr sicher datierbar sind, werden sie nur noch dann herangezogen, wenn zuverlässigere Belege fehlen.

	1738	
Siehe unten	27. 4.	Huldigung für August III.: BWV Anh. 13, belegt durch Textdruck (in Riemers Chronik).
	1739	
	31. 8.	Ratswechsel: BWV 29, belegt durch Textdruck (in: *Nützliche Nachrichten von denen Bemühungen derer Gelehrten in Leipzig*, 1739, S. 78 ff.). Wiederaufführung dieser erstmals am 27. 8. 1731 (s. dort) aufgeführten Kantate.
N 31	**1742**	
	30. 8.	Huldigung in Klein-Zschocher: BWV 212, belegt durch Textdruck H V, S. 283 (vgl. Spitta II, 456) Partitur *P 167*: WZ = Doppeladler.
	1749	
Lies: 25. 8.	24. 8.	Ratswechsel: BWV 29, belegt durch Textdruck (bei *P 166*). Wiederaufführung dieser erstmals am 27. 8. 1731 (s. dort) aufgeführten Kantate. Die letzte mit Sicherheit datierbare Kantatenaufführung zu Bachs Lebzeiten.

Nicht sicher datierbar um 1735/50 sind folgende Aufführungen:

    1. Weihnachtstag:
    BWV 191, belegt durch
    Partitur *P 1145*: WZ = EGER/CCS
    Nach den Schriftformen J. S. Bachs (ähnlich BWV 212) wohl in die erste Hälfte der 1740er Jahre zu datieren.

    Mariä Reinigung (?):
    BWV 200, belegt durch

Streiche beide Klammervermerke   Partiturfragment in Privatbesitz (nicht nachweisbar): WZ = Doppeladler (nach Landshoff).
    Durch Schriftformen J. S. Bachs vielleicht Anfang der 1740er Jahre zu datieren. Fragment eines verschollenen und nicht rekonstruierbaren Werkes.

    Karfreitag:
    BWV 245, belegt durch
    Partitur *P 28*: WZ = Schönburger Wappen (ab S. 25)
        Kopist = Hauptkopist **H** (ab S. 21)
    Stimmen *St 111*: WZ = Schönburger Wappen, IFF/Widersehender Hirsch (späteste Stimmengruppe)
        Kopisten = Hauptkopist **H**, **V r**, **V q**.

Zu 27. 4. 1738 (BWV Anh. 13): Witterungsbedingte Verlegung der Aufführung auf den 28. 4. Siehe Krit. Bericht NBA I/37, S. 100.

WZ der Partitur S. 1—8 und 9—24 jeweils singulär.
Durch Schriftformen J. S. Bachs mindestens zwei Aufführungen
unterscheidbar, deren erste vor, die zweite nach 1742 (BWV 212)
anzusetzen sein dürfte.

*Tilge 3 Zeilen
(nur 1 Auf-
führung)*

BWV 244, belegt durch
Partitur *P 25*: WZ = Gekr. Wappen mit 3 Schwänen/IGH
Stimmen *St 110*: WZ = NM/Wappen von Zedwitz, Doppeladler,
   Kleines heraldisches Wappen von Schönburg
   Kopisten = A. M. Bach, Anon. V g, V p, V m.
Mindestens zwei Aufführungen nachweisbar, die erste vielleicht
identisch mit der zum 30. 3. 1736 (s. dort), die andere mit Cembalo
anstelle der Orgel des II. Chores, belegt durch Cembalostimme in
St 110 als Ersatz für die (gleichfalls vorhandene) Orgelstimme.

*Tilge
„vielleicht"
Ferner durch
Sti. S in rip.,
Va da gamba*

1. Pfingsttag:
BWV 34, belegt durch
Partitur *Am. B. 39*: WZ = EGER/CCS.
Durch Schriftformen J. S. Bachs (ähnlich BWV 212) wohl in die
erste Hälfte der 1740er Jahre zu datieren. Verschiedene Zusätze von
der Hand W. F. Bachs in *Am. B. 39* sind wohl erst nach 1750 anzusetzen.

Johannis:
BWV 30, belegt durch
Partitur *P 44/1*: WZ = Wappen von Zedwitz/Kursivmonogramm
Stimmen *St 31*: WZ = NM/Wappen von Zedwitz
Partitur und Stimmen durchweg autograph.
Da die Schriftformen J. S. Bachs noch früher zu sein scheinen als
die der Bauernkantate BWV 212, ist die Aufführung wahrschein-
lich zwischen 1738 (d. h. nach BWV 30a) und 1742 zu datieren.

Trauung:
BWV 197, belegt durch
Partitur *P 91*: WZ = NM/Wappen von Zedwitz.
Durch Schriftformen J. S. Bachs vermutlich in die Zeit vor 1742 zu
datieren.

BWV 195, belegt durch
Partitur *P 65*: WZ = Heraldische Lilie/Monogramm (außer Text-
   bogen)
   Kopisten = Hauptkopist **H**, Anon. V q
   Textbogen (z. T. Parodie von BWV 30a) mit singulärem WZ

Siehe unten

Stimmen *St 12*: WZ = Doppeladler (Ripienstimmen S, A, T, B),
   Heraldische Lilie/Monogramm
   Kopisten = Hauptkopist **H**, A. M. Bach, Anon. V r.

Ergänze: Vt.

Mindestens zwei Wieder(?)-Aufführungen dieser vermutlich um
1728/31 (s. dort) entstandenen Kantate, und zwar:

*Zu BWV 195: Textbogen von der Hand J. C. F. Bachs (H.-J. Schulze in:
BJ 1963/64, S. 66).*

Lies:
um 1747/48
(Schulze a.a.O.)

a) frühere Fassung, belegt durch den Textbogen für die Zeit nach dem 28. 9. 1737 (BWV 30a), vielleicht zum 11. 9. 1741. Vermutlich stammen auch die Ripieno-Singstimmen von dieser Aufführung;

b) spätere Fassung, belegt durch Partitur und übrige Stimmen für die Zeit n a c h Aufführung a), mit Rücksicht auf die autographen Schriftformen vermutlich in Bachs letzte Lebensjahre zu datieren.
Einzelheiten dazu siehe den Krit. Bericht NBA I/33.

(Trauerfeier:)
BWV 118, belegt durch
Partitur in Privatbesitz: WZ = NM/Wappen von Zedwitz, Postreiter.
Stimmen nicht erhalten.
Nach Vergleich mit datierten Dokumenten des Postreiter-WZ vielleicht um 1736/37 anzusetzen.

Siehe S. 119

Spätere Wiederaufführung mit veränderter Instrumentation belegt durch Partitur (unzugänglich) mit WZ EGER/CCS vermutlich für Bachs letzte Lebenszeit.

(Messe:)
BWV 236, belegt durch
Partitur Darmstadt: WZ = Wappen von Zedwitz/Kursivmonogramm.
Stimmen nicht erhalten.
Durch Schriftformen J. S. Bachs eher vor als nach 1742 zu datieren.
BWV 234, belegt durch
Partitur Darmstadt: WZ = Wappen von Zedwitz/Kursivmonogramm
Stimmen *St 400*: WZ = Heraldische Lilie zwischen Stegen/Monogramm

Ergänze: Vt.

Kopist = Anon. **Vq**.
Partitur durch Schriftformen J. S. Bachs eher vor als nach 1742 zu datieren. Stimmen wohl von späterer Wiederaufführung (autographe Korrekturen, vermutlich in Spätschrift).
BWV 232^{II-IV}, belegt durch
Partitur *P 180* (ab S. 97): WZ = Heraldische Lilie/Monogramm.
Durch späte Schriftformen in die letzten Lebensjahre J. S. Bachs zu datieren (vgl. Dadelsen II).

(Sanctus:)
BWV 239, belegt durch
Partiturabschrift BB *Mus. ms. 30240*: WZ = Widersehender Hirsch/IFF
Kopist = Hauptkopist **H**.
Vermutlich Wiederaufführung eines bereits in früherer Zeit aufgeführten (fremden?) Werkes; die frühere Aufführung jedoch undatier-

bar, da das WZ der von Bach geschriebenen Partitur P *13/3* undeutlich und die Originalstimmen St *113* z. Z. nicht erreichbar sind.
BWV 240, belegt durch
Partitur P *13/2*: WZ = Doppeladler
Stimmen St *115*: WZ = Doppeladler.
Kopist der Stimmen bisher nicht identifiziert.   *Kopist =*
Datierung auf Grund der vorliegenden Anhaltspunkte kaum mög-   *Hauptkopist I*
lich. Vielleicht auch vor 1735.   *Lies:*
Huldigung: *Anlaß unklar*
BWV 210a, belegt durch   *Lies: BWV 210*
Stimmen aus St *76*: WZ = Schönburger Wappen
    Kopist = J. F. Agricola (nach Dadelsen I, 20).
Hochzeit:
BWV 210, belegt durch
Stimmen aus St *76*: WZ = Schönburger Wappen
    Schreiber = J. S. Bach (Spätschrift).
Partitur beider Fassungen nicht erhalten.
Die Musik zu diesem Werk ist, wie A. Schering im BJ 1933, S. 53 ff. nachweist, in insgesamt vier Gestalten belegt; drei von ihnen sind im BWV unter der Nr. 210a zusammengefaßt und in erster Linie durch die heute unzugängliche Sopranstimme St *72* vertreten. Von dieser Stimme berichtet Spitta, daß sie nach „Schrift und Papier aus Bachs spätester Zeit" stamme (II, 466, Anm. 68), während der Umschlag nach Spitta das WZ MA aufweist, was möglicherweise auf eine noch frühere (fünfte?) Fassung deutet.
Demgegenüber ist festzustellen, daß die Sopranstimme St *72*, die u. a. einen Huldigungstext auf den Grafen Flemming enthält, nicht nach 1740, dem Todesjahr des Grafen, entstanden sein kann, während andererseits die von Bach geschriebenen Stimmen aus St *76* durch ihre ausgesprochen späten Schriftformen vermutlich nach 1740, und zwar in die zweite Hälfte der 1740er Jahre weisen. Demnach bedürfen Spittas Angaben über die Sopranstimme St *72* nach deren etwaigem Wiederauftauchen ebenso der Überprüfung wie die Ansicht Scherings (a. a. O.) über die Entstehungsfolge der einzelnen Gestalten dieses Werkes.
Soweit sich die Geschichte der vorliegenden Kantaten nun aus St *76*   **N 33**
ablesen läßt, läßt sie sich am ehesten wie folgt erklären:
a) BWV 210a, vertreten durch die Stimmen Violino I, II, Viola,   *Lies: BWV 210*
    Flauto traverso, Hautbois d'amour, geschrieben von J. F. Agri-
    cola, datierbar vermutlich um 1738/40 (Agricola in Leipzig).   *Lies: 1738/41*
    Demnach könnte es sich bei der hier genannten Aufführung um
    die oben erwähnte Huldigung für den Grafen Flemming handeln;   *Tilge 3 Zeilen*
    als Singstimme würde dann St *72* hinzuzurechnen sein.
b) BWV 210, vertreten durch die Stimmen „la Voce e Baßo per il
    Cembalo" sowie „Violone", geschrieben von J. S. Bach, datier-

bar in Bachs letzte Lebenszeit. Zu dieser Aufführung konnten die von Agricola geschriebenen Stimmen wiederverwendet werden; außer der Singstimme wurden nur die Bc-Stimmen mit Rücksicht auf die Neufassung der Rezitative neu angefertigt.

Somit erklärt der schriftkundliche Befund unsere Annahme von der Herkunft des Stimmenbestandes *St 76* aus zwei verschiedenen Aufführungen ohne Zwang (vgl. jedoch die abweichende Auffassung in Dadelsen II).

N 34

N 35 Außerdem Wiederaufführung folgender Werke:

	BWV	belegt durch Schreiber	belegt durch WZ (undatierbar)
	91	(J. S. Bach)	Doppeladler/HR
	64	Anon. V m (?)	(undeutlich)
Tilge diese Zeile	133	Anon. Vo	(singulär)
	190	Spätschrift (?) Bachs	(Eintragung auf älterem Papier)
	16	Hauptkopist H	(singulär)
1736/37 (s. N 7)	154	(J. S. Bach)	Postreiter
	82	Altnikol, Spätschrift Bachs	Doppeladler/HR
	181	(J. S. Bach)	Doppeladler/HR
Tilge diese Zeile	126	Anon. Vo	(singulär)
	249	Spätschrift Bachs, Hauptkopist H	Doppeladler/HR
	42	–	Doppeladler
	175	Anon. II h (?)	Wappen von Zedwitz
	129	Spätschrift (?) Bachs	(unklar, z. T. ohne)
	10	Spätschrift Bachs	(Eintragung in ältere Ob-Sti)
	177	Anon. Vm	Doppeladler
	170	Spätschrift (?) Bachs	(Nachtrag auf älterem Papier?)
Tilge diese Zeile	178	Anon. Vo	Wappen von Zedwitz/IWI
Tilge Vo, 1. WZ	94	Anon. Vn, Vo	Wappen von Zedwitz/IWI, Baum mit Eicheln/GL
	101	Anon. Vn	Baum mit Eicheln/GL
	102	–	Heraldische Lilie
	137	Spätschrift Bachs	(Eintragung in ältere Ob-Sti)
Tilge diese Zeile	8 (*E*-Dur)	Anon. Vn	(nicht ermittelt)
	8 (*D*-Dur)	Hauptkopist H (?), Altnikol Spätschrift Bachs	Kleines heraldisches Wappen von Schönburg (und singulär)
Siehe unten	27	Hauptkopist B	Heraldische Lilie
	47	(J. S. Bach)	Doppeladler
	96	Altnikol, Spätschrift Bachs	Heraldische Lilie/Monogramm
	139	Altnikol	(singulär)
WZ = Doppeladl.	100	Anon. Vm	(nicht festgestellt)
	69	Spätschrift Bachs (letzte Lebensjahre)	(singulär)
Siehe S. 119	118	(J. S. Bach)	EGER/CCS
	232^{III}	Anon. Vr	(ohne WZ)
	238	(J. S. Bach)	Gekr. Wappen mit 3 Schwänen

Zu BWV 27: Tilge die Vermerke Hauptkopist B und Heraldische Lilie. Aufführung belegt durch nachträgliche Umbesetzung des Obligatparts in Satz 3 mit Orgel statt Cembalo (siehe S. 90 und N 20).

Aufführungen fremder Werke: *Siehe unten*

Werk	belegt durch Schreiber	belegt durch WZ (undatiert)
JLB 8	Hauptkopist H (?)	EGER/CCS
Händel, Brockes-Passion	Hauptkopist H	Wappen v. Zedwitz/NM, Einhorn/ 3 Lilien, Widersehender Hirsch/IFF
Händel/Keiser Passions-pasticcio	Anon. Vq	singulär
Goldberg, Kantate Nr. 1	Hauptkopist H (?), Vq (?)	EGER/CCS, Wappen v. Zedwitz/ IWI
BWV Anh. 30	Spätschrift Bachs	Doppeladler

Eine Anzahl von Wiederaufführungen weiterer Werke ist durch die schwache Beglaubigung der Kopisten und WZ in Bachs später Zeit zunächst übergangen worden, da sie nicht mit hinreichender Sicherheit in die Zeit v o r 1750 fallen.

NACHTRAG

Nach Abschluß der vorliegenden Arbeiten sind noch folgende Neuerkenntnisse angefallen:

1. BWV 3: Die Originalpartitur (in Privatbesitz) hat das WZ Halbmond. Die Angaben auf S. 78 und 128 sind entsprechend zu berichten.
2. BWV 72: Eine Bc-Stimme im Bachmuseum Eisenach, WZ nicht ermittelt (mutmaßlich Schwerter II) ist außer von J. S. Bach von den Kopisten A. M. Bach, Anon. IIIb geschrieben. — Die Angaben S. 85 und 152 (zweimal) sind entsprechend zu ergänzen.   *Lies: 152 f.*
3. BWV 128: Die Originalpartitur (in Privatbesitz) hat das WZ RS. — Die Angaben S. 81 und 130 sind entsprechend zu berichten.
4. BWV 117: Die Originalpartitur (in Privatbesitz) hat das WZ MA mittlere Form. — Das Werk ist demnach in die Zeit um 1728/1731 zu datieren. Die Angaben auf S. 105, 138 und 158 sind entsprechend zu ergänzen.   *Jetzt SPK Mus. ms. 34*
5. BWV 118, 2. Fassung: Auf Grund des Schriftbefundes und des WZ EGER der Originalpartitur (in Privatbesitz) ist die Wiederaufführung von BWV 118 in Neufassung in Bachs letztes Lebensjahrzehnt zu datieren. — Die Angaben S. 116, 118, 144 und 158 sind dementsprechend zu präzisieren.

Durch die Feststellungen zu 1—3 und 5 werden die Ergebnisse dieser Arbeit bestätigt, Ziffer 4 stellt eine Neuerkenntnis dar.

Zu „Aufführungen fremder Werke" sind nachzutragen (vgl. jedoch das Vorwort zur 2. Auflage):

Caldara, Magnificat C-Dur	*Spätschrift Bachs (nach ca. 1742)*	*(nicht erkennbar)*
Palestrina, Missa sine nomine	*Spätschrift Bachs (nach ca. 1742), Hauptkopist I*	*Doppeladler*

NACHWORT

Diese Studie soll nicht geschlossen werden ohne einen nochmaligen Hinweis auf den vorläufigen Charakter der darin niedergelegten Forschungsergebnisse. Wenn auch die angewandte Methode brauchbar und die wesentlichen Ergebnisse unumstößlich zu sein scheinen, so bedürfen besonders die Einzeldarstellungen doch in jedem Falle der Nachprüfung im Rahmen der Neuen Bach-Ausgabe; es kann daher vorläufig dem Leser nicht erspart bleiben, die Stichhaltigkeit der jeweiligen Behauptungen auf Grund der beigebrachten Argumente selbst zu begutachten. Eine nach Menschenermessen hieb- und stichfeste Darstellung hätte die Vorarbeiten vieler weiterer Monate, vielleicht Jahre erfordert; in einer Zeit jedoch, die sich anschickt, das Werk Bachs in kritischer Neuausgabe vorzulegen, hätte das zu einer katastrophalen Zweigleisigkeit geführt: Während man auf der einen Seite nach den letzten Begründungen für eine längst als richtig erkannte Neudatierung der Werke Bachs gesucht hätte, wäre man auf der andern auf die unzulänglichen Ergebnisse älterer Untersuchungen und Meinungen angewiesen gewesen. So erschien der hier eingeschlagene Weg immer noch als der gangbarere.

Es liegt auf der Hand, daß die vorliegenden Ausführungen noch eine Reihe weiterer Forschungen nach sich ziehen werden. Diese erstrecken sich einerseits auf die Fortführung diplomatischer Untersuchungen, so besonders auf eine nähere zeitliche Bestimmung der seltener erfaßten Wasserzeichen und Schreiber, auf Messung des jeweils verwendeten Rastrals, auf namentliche Bestimmung der erkannten Anonymi. Besonders vielversprechend scheint der Versuch zu sein, unter den Vokalwerken eines Telemann, Stölzel und anderer nach Handschriften zu suchen, die durch ihren Befund auf eine Aufführung unter Bachs Leitung deuten, ähnlich wie dies schon mit Kantaten von Johann Ludwig Bach bewiesen werden konnte. Andererseits jedoch ergeben sich auch für weiterreichende Untersuchungen zahlreiche Aspekte. Man wird versuchen müssen, die stilistische Entwicklung in den Leipziger Werken Bachs aufzuzeigen, man wird an die Frage nach den Textdichtern mit den neugewonnenen Voraussetzungen herantreten müssen, man wird ferner die dargelegte Chronologie biographisch auswerten und das geistesgeschichtliche Problem der Stellung Bachs zur Kirchenkantate neu in Angriff nehmen müssen. Endlich führen uns aber alle hier angedeuteten Möglichkeiten immer wieder an die Grenzen, die unserer Forschung durch den Verlust an Quellen gesetzt sind. Die Tatsache, daß wir nur noch etwa drei Fünftel des einstigen Bestandes an Originalhandschriften besitzen, führt zu der Erkenntnis, daß wir für viele Perioden des Bachschen Schaffens wohl endgültig auf letzte Klarheit über die Chronologie der Werke verzichten müssen; sie führt aber auch zu der Überlegung, daß wir auf alle chronologischen Ergebnisse gern verzichten würden, könnten wir dadurch nur eine Passion oder eine Kantate aus der Vernichtung wiedererstehen lassen.

ANHANG A

Die wichtigsten Wasserzeichen in den Leipziger Originalhandschriften J. S. Bachscher Vokalwerke in chronologischer Folge

Ermittlung der Wasserzeichen durch Wisso Weiß
Datierung der Handschriften durch Alfred Dürr

Die folgenden Tabellen enthalten eine Auswahl; hinsichtlich der vollständigen Darstellung wird auf die in Arbeit befindliche Sonderdarstellung im Rahmen der Neuen Bach-Ausgabe verwiesen. Berücksichtigt wurden lediglich die Vokalwerke Bachs, da eine Einbeziehung der Instrumentalwerke bei erheblicher Ausdehnung des Stoffes nur wenig sichere Anhaltspunkte für die Datierung mit sich gebracht hätte. Ferner wurden nur solche Zeichen berücksichtigt, die in den Handschriften mindestens zweier Vokalwerke auftreten. Andererseits wurden gelegentlich auch Handschriften fremder Werke herangezogen, sofern sich eine Aufführung unter Bach belegen läßt; doch sind derartige Werke bisher nur unvollständig erfaßt.

Bei der Beschreibung der Wasserzeichen, die dem Katalog von Wisso Weiß (Ms. im Johann-Sebastian-Bach-Institut Göttingen) entnommen wurde, wird vom aufgeschlagenen Bogen ausgegangen. Sodann bedeutet a) das linke, b) das rechte Blatt des Bogens. Wechselformen werden Zeichen genannt, die bisweilen in Blatt a), bisweilen auch in Blatt b) des Bogens auftreten. Enthält nur ein Blatt des Bogens ein Zeichen, so geschieht es häufig, daß für einzelne Stimmen von geringerer Ausdehnung nur das Blatt ohne Zeichen verwendet wurde. Derartige Stimmen werden in den folgenden Tabellen ohne besondere Kennzeichnung unter demjenigen Wasserzeichen vermerkt, dem sie mutmaßlich zugehören. Ebenso wurde mit undeutlich erkennbaren Zeichen verfahren. Auch für diese Fälle muß auf die detaillierte Darstellung im Rahmen der NBA verwiesen werden.

Die Benennungen in Kurzform, die den einzelnen Zeichen beigegeben sind, wurden ausschließlich für die vorliegende Studie gewählt, um einer später festzulegenden systematischen Numerierung nicht vorzugreifen.

Die folgende Übersicht zeigt, daß für die Originalhandschriften der Werke Bachs jeweils eine größere Menge von Papier derselben Sorte für eine begrenzte Zeitspanne zur Verfügung gestanden hat. Zumal in den ersten Jahren, für die wir deshalb wohl einen erhöhten Papierbedarf annehmen dürfen, wird keine einzige Papiersorte ein Jahr lang oder gar länger verwendet, von einzelnen „Vorläufern" oder „Nachzüglern" abgesehen. Später dagegen erstreckt sich die Verwendung desselben Papiers — wenn auch mit Einschüben — nachweislich über mehrere Jahre, wie dies z. B. für das Zeichen MA mittlere Form durch die fest datierbaren Werke BWV 198 (1727), 226 (1729), 140 (1731) belegt ist. Ob daraus tatsächlich auf einen verringerten Papierbedarf in diesen Jahren geschlossen werden darf, müssen künftige Untersuchungen erweisen.

Einige Erscheinungen sind noch besonders bemerkenswert: So wird z. B. ein besonders häufig verwendetes Zeichen mehrfach ohne sichtbaren Grund für eine gewisse Zeit durch ein anderes unterbrochen:

IMK im Herbst 1723 durch MA kleine Form
Halbmond im Herbst 1724 durch Adler + H
Schwerter II um Ostern 1726 durch IAI

und öfter (vom Auftreten versprengter Zeichen ganz abgesehen).

Dieser Vorgang läßt sich wohl dadurch erklären, daß Bach (oder sein Lieferant?) einen kleineren Posten neueren Papiers erhielt und diesen auf den noch vorhandenen Bestand obenauf legte. Nach Verbrauch dieses neuen Papiers trat dann das ältere wieder zutage und wurde weiterverwendet.

Weiterhin bemerkenswert und nicht ganz deutbar ist das vorzeitige Auftreten des Halbmond-Zeichens in der Kantate 22 zum 7. 2. 1723. Das Datum ist durch die früheren Schriftformen in Violin- und c-Schlüssel des Hauptkopisten A belegt. Vielleicht liegt hier eine Verwechslung des schwer lesbaren Zeichens mit einer früher datierbaren Halbmondform derselben Papiermühle vor.

Herrn Professor Arthur Mendel danke ich für die Ermittlung der Wasserzeichen mehrerer Handschriften in amerikanischem Besitz.

Zur Chronologie der Leipziger Vokalwerke J. S. Bachs   123

„IMK"
a) IMK in Schrifttafel
b) kleiner Halbmond

In Bachs Originalhandschriften nachweisbar 7.2. und 6.6.1723 bis 30.7.1724   *Siehe unten*

Auff.-Datum	BWV Nr.	Partitur	Stimmen	Bemerkungen
1723				
7. 2.	22	P 46/1 (Abschrift Bl. 1–4, 9–10)	(nicht erhalten)	Autogr. P119 singuläres Zeichen vgl. Halbmond
?	237	P 13/4 ganz	St 114 alle Orig.-Stimmen	
6. 6.	76	P 67 ganz	St 13b alle außer Va da gamba (autogr.)	vgl. Halbmond
13. 6.	21	(nicht erhalten)	St 354 ergänzende Sti	übrige Sti aus früher Zeit
20. 6.	24	P 44/4 ganz	St 19 alle außer Ein-Einlagen	Einlagen in St 19 ohne WZ
20. 6.	185	(aus Weimarer Zeit)	St 4, neuerer Sti-Satz	älterer Sti-Satz u. Part. v. 1715
24. 6.	167	(nicht erhalten)	St 61 alle	
2. 7.	147	(urspr. Weimarer Zeit)	St 46 alle	vgl. MA mittlere Form
11. 7.	186	P 53 ganz (Abschr.)	(nicht erhalten)	
18. 7.	136	(Fragm. bei St 20)	St 20 alle	
25. 7.	105	P 99 ganz	(nicht erhalten)	
1. 8.	46	(nicht erhalten)	St 78 alle	
8. 8.	179	P 146 ganz	St 348 = 2 Sti	übrige Sti verschollen
15. 8.	69a	(nicht erhalten)	St 68 alle Sti der 1. Fassung	
22. 8.	77	P 68 ganz	(nicht erhalten)	
5. 9. (?)	138	P 158 z. T. (1 Bl.)	(nicht erhalten)	vgl. MA kleine Form
21. 11.	70	(nicht erhalten)	St 95, 10 Sti	übrige Sti von 1716, 2 Sti MA mittlere Form
25. 12.	63	(nicht erhalten)	St 9, 2 Sti	übrige Sti aus früherer Zeit
25. 12.	243	P 38 ganz	(nicht erhalten)	

WZ IMK auch in den Handschriften der beiden am 17. 1. 1723 in Leipzig aufgeführten Probestücke Graupners (Partituren: z. T.; Stimmen: alle). Vgl. N 3.

Auff.-Datum	BWV Nr.	Partitur	Stimmen	Bemerkungen
25. 12.	238	P *13/5* ganz		Sti undeutliches WZ
26. 12.	40	P *63* ganz	St *11* alle Orig.-Sti	
27. 12.	64	(nicht erhalten)	St *84* alle Orig.-Sti außer 1 Bogen	Org. = undeutl. WZ
1724				
1. 1.	190	P *127* (Fragment)	St *88* alle vorhanden	
2. 1.	153	(nicht erhalten)	St *79* alle	
6. 1.	65	P *147* ganz	(nicht erhalten)	
9. 1.	154	P *130* ganz	St *70* alle außer 1 Sti	Cembalo = Weimarer Papier
23. 1.	73	(nicht erhalten)	St *45* alle außer 1 Sti	Org. = MA große Form
30. 1.	81	P *120* ganz (?)	St *59* alle	
2. 2.	83	(nicht erhalten)	St *21* alle außer 1 Sti	Bctr = ICF
6. 2.	144	P *134* ganz	(nicht erhalten)	
13. 2.	181	(nicht erhalten)	St *66* alle außer 2 Sti	Trav, Ob s. Undatierbare Zeichen
?	18	(nicht erhalten)	St *34*, 3 Sti (Fl I, II, Vc)	übrige Sti Weimarer WZ
20. 2.	23		St *16*, 10 Sti	Partitur u. Teil der Sti aus Köthener Zeit (WZ) vgl. MA mittlere Form
25. 3.	182		St *47a* alle St 47, Vl solo	Part. u. weitere Sti von 1714 vgl. auch MA mittlere Form
7. 4.	245		St *111*, älteste Stimmen = 7 Sti	bisher = „mittlere Stimmen"
9. 4. (?)	4	(nicht erhalten)	Thom, 9 Sti	vgl. Halbmond, vgl. Schwerter I
11. 4.	134	P *1138* (Fragment)	St *18*, 7 Sti	Auff. unt. Verwendg. v. Köthener Material zu BWV 134a. Vgl. auch MA mittl. Form Part. P *44/3* aus später Zeit
16. 4.	67	P *95* ganz	St *40* alle	
23. 4.	104	(nicht erhalten)	St *17* alle	

Zur Chronologie der Leipziger Vokalwerke J. S. Bachs 125

Auff.-Datum	BWV Nr.	Partitur	Stimmen	Bemerkungen	
30. 4.	12		*St 109*, T, Bc	übrige Orig.-Sti u. Part. von 1714	
7. 5.	166	(nicht erhalten)	*St 108* alle		
14. 5.	86	*P 157* ganz	(nicht erhalten)		
18. 5.	37	(nicht erhalten)	*St 100*, 3 Sti	vgl. MA mittlere Form, Doppeladler	
21. 5.	44	*P 148* ganz	*St 86* alle		
28. 5.	172	(nicht erhalten)	Slg. Rudorff, 3 Sti	dazu Sti von 1714, vgl. auch MA mittlere Form	
28. 5.	59		*St 102* alle	Part. singuläres Zeichen	
30. 5.	184		*St 24*, 5 Stimmen	Auff. unter Verwendg. v. Köthener Material zu BWV 184a Part. aus unbekannter (späterer) Zeit mit singulärem WZ vgl. MA mittlere Form	
4. 6. (?)	165	Am. B. *105* ganz	(nicht erhalten)		
4. 6. (?)	194		*St 48*, Umschlag, Einlage zum Baß, Dubletten Vl I, II, Bc St 346, Bc in *G-Dur*	vgl. MA kleine Form Schwerter II, MA mittlere Form	
?	Anh. 24	*P 13/6*, Bl. 3	*St 327*, Vl I, II, Bctr	*P 13/6*, Bl. 1-2 und 7 Sti mit Weimarer WZ	*Vgl. Wolff, S. 162, 11*
11. 6.	20	nicht zugänglich	Thom, T, B (z. T.)	vgl. Halbmond	
25. 6.	135	Bach-Archiv, Bl. 6—9	(nicht erhalten)	vgl. Halbmond	
23. 7.	107	(nicht erhalten)	Thom, Bctr (z. T.)	vgl. Halbmond, Schönburger Wappen	
30. 7.	178	(nicht erhalten)	Thom, Vl II (z. T.)	vgl. Halbmond	

126   Alfred Dürr

N 36   „MA kleine Form"

    a) MA zwischen Stegen in Schrifttafel, kleine Buchstaben
    b) leer

Meist sehr undeutlich, Zuweisungen daher z. T. unsicher.
In Bachs Originalhss. nachweisbar 29. 8. 1723 bis 14. 11. 1723

Auff.-Datum	BWV Nr.	Partitur	Stimmen	Bemerkungen
1723				
29. 8.	25	(nicht erhalten)	St *376* alle	
30. 8.	119	P *878* ganz	(nicht erhalten)	
5. 9.	138	viell. P *158*, 4 Bogen	(nicht erhalten)	vgl. IMK
12. 9.	95	(nicht erhalten)	St *10* alle Sti	
3. 10.	48	P *109* ganz	St *53* außer 1 Sti	Vl II (Dubl.) = Weimarer Zeichen
17. 10.	109	P *112* ganz	St *56* meiste Sti	Bctr, Cemb. = undeutl. Zeichen
24. 10.	89	(nicht erhalten)	St *99* alle Sti	
2. 11.	194		St *48* alle Sti außer Umschlag, Dubletten und Einlage	P *43/3* undeutl. WZ, vgl. auch IMK, Schwerter II, MA mittlere Form
7. 11.	60	(nicht erhalten)	St *74* meiste Sti	Bc singuläres WZ, nicht datierbar
14. 11.	90	P *83* ganz	(nicht erhalten)	

N 37   „Halbmond"

    a) Mondsichel mit Gesicht nach heraldisch rechts, größere Form
    b) leer

In Bachs Originalhss. nachweisbar 7. 2. 1723 und ab 11. 6. 1724 bis 6. 5. 1725 (und 3. 11. 1726).

Auff.-Datum	BWV Nr.	Partitur	Stimmen	Bemerkungen
1723				
7. 2.	22	P *46/1*, Bl. 5–8	(nicht erhalten)	vgl. IMK
1724				
9. 4.	4	(nicht erhalten)	Thom, Bctr	vgl. IMK, vgl. Schwerter I

Tilge beide Zeilen (N 37)

AuffDatum	BWV Nr.	Partitur	Stimmen	Bemerkungen	
11. 6.	20	nicht zugänglich	Thom, meiste Sti	vgl. IMK	
18. 6.	2	nicht zugänglich	Thom, außer 1 Sti	TrbneII = Schönburger Wappen	
24. 6.	7	(nicht erhalten)	Thom alle Sti		
25. 6.	135	Bach-Archiv, Bl. 1–5	(nicht erhalten)	vgl. IMK	
2. 7.	10	Washington, ganz	Thom alle Sti		
9. 7.	93	(nicht erhalten)	Thom, Bctr, 1 Bogen	vgl. MA große Form	
23. 7.	107	(nicht erhalten)	Thom, in 9 Sti	vgl. IMK, vgl. SchönburgerWappen	
30. 7.	178	(nicht erhalten)	Thom, 14 Sti	vgl. IMK, 1 Sti spätere Zeit	
6. 8.	94	*P 47* ganz		vgl. Adler+H	
24. 9.	8	(nicht erhalten)	Brüssel, Bibl. Royale, z. T.	Stimmen Thom. s. Undatierbare WZ	*Brüssel: 9 Sti vgl. N 38*
29. 9.	130	Priv.Bes., ganz	alle bekannten (verschied. Besitz)		
1. 10.	114	Priv.Bes., ganz	Thom alle	Vgl. BG 24, S.XXI	
8. 10.	96	*P 179*, 1.Fassg. ganz	Thom., 1.Fassg. ganz	vgl.MA große Form	
15. 10.	5	Priv. Bes., ganz	Thom meiste Sti	vgl.MA große Form	
22. 10.	180	Priv. Bes., ganz	(nicht erhalten)		
29. 10.	38	(nicht erhalten)	Thom alle Sti		
31. 10.	76		Va da gamba (autogr.)	vgl. IMK	
5. 11.	115	Cambridge, ganz	(nicht erhalten)		
12. 11.	139	(nicht erhalten)	Thom, 9 Sti	Org = ohne WZ, Vl I = z.T. spätere Zeit (Arie 4)	
19. 11.	26	*P 47* ganz	Thom alle Sti		
26. 11.	116	Paris, ganz	Thom alle Sti	Bctr Mariemont ohne Zeichen	
3. 12.	62	*P 877* ganz	Thom außer 1 Sti	vgl.MA große Form	
25. 12.	91	*P 869*, 1. Fassg. vermutlich ganz	Thom alle *St 329*, 2 Orig.-Sti	vgl.MA große Form	*Lies:; St 392,*

Auff.-Datum	BWV Nr.	Partitur	Stimmen	Bemerkungen
25. 12.	232^{III}	P *13/1* ganz	*St 117*, 3 Sti	vgl. ICF, Schönburger Wappen, Mehrzahl der Sti singuläres WZ
26. 12.	121	P *867* ganz	Thom alle Sti *St 390*, 3 Sti	vgl. BG 26, S. XV
27. 12.	133	P *1215* ganz	Thom außer 3 Sti *St 387*, 3 Sti	Vl I Dubl., Bc Dubl. singuläres WZ, Vl II Dubl. nicht datierbares WZ (nach Bach?)
31. 12.	122	P *868* ganz	Thom *St 391* alle Orig.-Sti	
1725				
1. 1.	41	P *874* (Fragm.) ganz	Thom, 13 Sti	vgl. MA große Form
6. 1.	123	P *875* ganz	Thom, *St 395* alle Orig.-Sti	vgl. BG 26, S. XX
7. 1.	124	P *876* ganz	Thom, *St 396* alle Orig.-Sti	
14. 1.	3	nicht zugänglich	Thom alle Sti *St 157* = 3 Orig.-Sti	
21. 1.	111	P *880* vermutl. ganz	*St 399* = 3 Sti (Rest nicht erh.)	vgl. BG 24, S. XIV
28. 1.	92	P *873* ganz	Thom alle Sti	
2. 2.	125	(nicht erhalten)	Thom alle Orig-Sti *St 384* alle Orig.-Sti	
4. 2.	126	(nicht erhalten)	Thom alle außer 1 Sti	Bc Dubl. **singuläres** Zeichen
11. 2.	127	P *872* ganz	Thom, *St 393* alle Orig.-Sti	
2. 4.	6	P *44/2* ganz		vgl. Schwerter I
15. 4.	85		*St 51* **Umschlag** u. 2 Sti	vgl. Schwerter I
29. 4.	108	P *82* ganz außer Umschlag		vgl. RS
6. 5.	87	P *61*, 2 Bogen		vgl. RS
1726				
3. 11.	49	P *111*, 1 Bogen		vgl. ICF

Part.: Priv. Bes. ganz (s. S. 119) (annotation beside row 14. 1.)

Zur Chronologie der Leipziger Vokalwerke J. S. Bachs

„Adler + H"

N 38

a) Einköpfiger Adler, Brust belegt mit H
b) leer

In Bachs Originalhss. nachweisbar 6. 8. 1724 bis 17. 9. 1724

Lies:
bis 24. 9. 1724

Auff.-Datum	BWV Nr.	Partitur	Stimmen	Bemerkungen
1724				
6. 8.	94		Thom, 10 Stimmen	vgl. Halbmond 5 Stimmen später: Trav. siehe Undatierbare WZ. Org = MA große Form. Vl I, II, Bc siehe Undatierbare WZ
13. 8.	101	(nicht erhalten)	Thom, alle außer 1 Sti	Vl-Solo = später (s. Undatierbare WZ)
20. 8.	113	Priv.Bes. ganz	(nicht erhalten)	vgl. BG 24, S. XIX
3. 9.	33	Priv.Bes. ganz	Thom, alle Sti	
10. 9.	78	(nicht erhalten)	Thom, alle Sti	
17. 9.	99	P 647 ganz	Thom, alle Sti	vgl. BG 22, S. XXXVII

„Schwerter I"

a) Gekreuzte Schwerter, gekrönt, zwischen Zweigen, zwischen Stegen
b) leer

In jedem Blatt Hilfssteg zwischen 4. u. 5. Steg vom Bogenrand aus.
In Bachs Originalhss. nachweisbar 25. 3. 1725 bis 22. 4. 1725.

Auff.-Datum	BWV Nr.	Partitur	Stimmen	Bemerkungen
1725				
25. 3.	1	(nicht erhalten)	Thom, alle Sti	
30. 3.	245		zweite Stimmengruppe	bisher „älteste Stimmen"
1. 4.	249		St 355, 1. Stimmengruppe	vgl. Wappen v. Zedwitz vgl. Adler+HR
1. oder 3. 4.	4	(nicht erhalten)	Thom, 4 Stimmen (Cornetto, Trbne I bis III)	vgl. IMK, vgl. Halbmond
2. 4.	6		St 7 alle Sti	vgl. Halbmond

Auff.-Datum	BWV Nr.	Partitur	Stimmen	Bemerkungen
8. 4.	42	P 55 ganz	St 3 außer Vne	Vne = Doppeladler
15. 4.	85	P 106 ganz		vgl. Halbmond St 51 (außer 2 Sti) ähnliches Zeichen
22. 4.	103	P 122 ganz		vgl. RS

„RS"

a) R und S in Schrifttafel, dazwischen kleeblattartiger Dreipaß
b) leer

Zeichen sehr undeutlich, Angaben daher unzuverlässig.
In Bachs Originalhss. nachweisbar 22. 4. 1725 bis 31. 10. 1725.

	Auff.-Datum	BWV Nr.	Partitur	Stimmen	Bemerkungen
	1725				
	22. 4.	103		St 63 alle außer 1 Stimme	vgl. Schwerter I, Vl conc. später m. singulärem Zeichen
	29. 4.	108	P 82, Umschlag	St 28 alle außer 1 Sti	vgl. Halbmond, 1Bc-Sti undeutlich
	6. 5.	87	P 61, 1 Bogen	St 6 alle Sti	vgl. Halbmond
Part.: Priv. Bes. ganz (s. S. 119)	10. 5.	128	Priv.Bes. o. Z.	St 158 alle Sti	
	13. 5.	183	P 149 ganz	St 87 alle Sti	
	20. 5.	74	(nicht erhalten)	St 103 alle Sti	
	21. 5.	68	(nicht erhalten)	Thom, alle Sti	
	22. 5.	175	P 75 ganz	St 22 alle außer 1 Sti	Vc-piccolo-Sti später, s. Undatierbare WZ
	27. 5.	176	P 81 ganz	nicht zugänglich	
	19. 8.	137	(nicht erhalten)	Thom alle	
	31. 10.	79	P 89, 5. Bogen		vgl. IAI; St. 35 meist singuläres WZ, Trav, ObI = MA mittlere Form
	unbekannt	36c	P 43/2 ganz	(nicht erhalten)	

"Kelch + GAW"

a) Kelch, darunter GAW in Schrifttafel, nahe am Falz
b) leer

In Bachs Originalhss. nachweisbar 29. 7. 1725 und 26. 8. 1725

Auff.-Datum	BWV Nr.	Partitur	Stimmen	Bemerkungen
1725				
29. 7.	168		Cambridge, nur Alt vorhanden	vgl. Schönburger Wappen; übrige Sti nicht zugänglich
26. 8.	164	P 121 ganz	St 60 alle	

"Schwerter II" N 39

a) Gekreuzte Schwerter, gekrönt, zwischen Zweigen, auf Steg
b) leer

Zeichen oft undeutlich, Angaben daher nicht restlos zuverlässig
In Bachs Originalhss. nachweisbar 25. 12. 1725 bis 26. 8. 1726.

Auff.-Datum	BWV Nr.	Partitur	Stimmen	Bemerkungen
1725				
25. 12.	110	P 153 ganz	St 92 außer 3 Ripien-Stimmen	vgl. MA mittlere Form
26. 12.	57	P 144 ganz	St 83 alle	
27. 12.	151	Veste Coburg, Bogen 1–2 (auch 3?)	St 89 alle, Coburg Vl I, II, Bc	letzter (3.) Bogen d. Partitur undeutl. WZ vgl. MA mittlere Form
30. 12.	28	P 92 ganz	St 37 alle	
1726				
1. 1.	16	P 45/7 ganz	St 44 alle außer 2 Sti	Violetta MA, mittlere Form; Va später (singuläres WZ)
13. 1.	32	P 126 ganz	St 61 alle	
20. 1.	13	P 45/4 ganz	St 69 alle	
27. 1.	72	P 54 ganz	St 2 alle Orig.-Sti	
2. 2.	JLB 9	P 397 ganz	St 314 alle	
3. 2.	JLB 1	P 397 ganz	St 310 alle	Lies: St 310, 6 Sti / vgl. N 37

Auff.-Datum	BWV Nr.	Partitur	Stimmen	Bemerkungen
10. 2.	JLB 2	P 397 ganz	St 303 alle	
17. 2.	JLB 3	P 397 ganz	St 302 alle	
24. 2.	JLB 4	P 397 ganz	St 301 alle	
3. 3.	JLB 5	P 397 ganz	St 311 alle	
6. 3.	34a	(nicht erhalten)	St 73 alle	
30. 5.	43	P 44/4, Bogen 2–5		vgl. IAI
16. 6.	194	St 346, Bc in As, Choral-Einlagen (?)		übr. Sti aus St 346 IMK (s. dort) und singuläre WZ (Köthener Zeit?)
23. 6.	39	P 62, Bogen 5–6	St 8, meist außer 4 Stimmen	vgl. GM, ICF
24. 6.	JLB 17	(nicht erhalten)	St 315, alle außer 1 Stimme	vgl. GM
Statt 26. 8. lies: um 1727 (N 19) 26. 8.	193	(nicht erhalten)	St 62 z. T.	vgl. Schönburger Wappen

„IAI"

a) Schreitender Hirsch
b) IAI in Schrifttafel

In Bachs Orginalhss. nachweisbar 19. 4. 1726 bis 30. 5. 1726 (und 31. 10. 1725?)

Auff.-Datum	BWV Nr.	Partitur	Stimmen	Bemerkungen
1725				
31. 10.	79	P 89, Bogen 1–3 u. 6		St 35 singulär. Z. u. 2×MA mittlere Form
1726				
19. 4.	R. Keiser, Marcus-Passion	(in dieser Fassg. nicht erhalten)	BB Mus.ms.11471/1 2. Stimmengruppe	1. Stimmengruppe aus Weimarer Zeit
21. 4.	15	P 476 ganz	St 13a alle	
22. 4.	JLB 10	P 397 ganz	(St 308 nicht zugänglich)	
23. 4.	JLB 11	P 397 ganz	St 309 alle	
28. 4.	JLB. 6	P 397 ganz	St 317 alle außer 1 Stimme	Corno-Stimme o. Z.
5. 5.	JLB. 12	P 397 ganz	St 316 alle außer 1 Stimme	Vl-II-Sti anderes Papier ohne WZ

Auff.-Datum	BWV Nr.	Partitur	Stimmen	Bemerkungen
12. 5.	JLB 8	P 397 ganz		Stimmen s. Undatierbare Zeichen
19. 5.	JLB 14	(nicht erhalten)	St 306 alle	
30. 5.	43	P 44/6, Bogen 1	St 36 alle	vgl. Schwerter II

„GM" N 40

    a) Gekreuzte Schwerter in gekröntem Oval zwischen Zweigen, unten flankiert von G und M, zwischen Stegen
    b) leer

In Bachs Originalhss. nachweisbar 23. 6. 1726 bis 6. 10. 1726.

Auff.-Datum	BWV Nr.	Partitur	Stimmen	Bemerkungen
1726				
23. 6.	39		St 8, 4 Singstimmen	vgl. Schwerter II u. ICF
24. 6.	JLB 17		St 315, Basso	vgl. Schwerter II
22. 9.	17	P 45/5, Bogen 2–5?	St 101, nur Umschl.	vgl. Posthorn, Schönburger Wappen
26. 9.				Schreiben Bachs an den Rat der Stadt Plauen
29. 9.	19	P 45/8 ganz (?) außer Titelblatt		vgl. ICF
6. 10.	27	P 164 ganz (?)		vgl. ICF

Abweichende Form in BWV 171, Partitur. 2 letzte Bogen

„ICF" N 41

    a) leer
    b) Gekrönte Figur zwischen Zweigen, darunter Buchstaben ICF

Zeichen sehr undeutlich, Angaben daher unzuverlässig.
In Bachs Originalhss. nachweisbar 23. 6. 1726 bis 5.1.1727

Auff.-Datum	BWV Nr.	Partitur	Stimmen	Bemerkungen
1726				
23. 6.	39	P 62, Bogen 1–4		vgl. Schwerter II, GM
2. 7.	JLB 13	(nicht erhalten)	St 304 alle	
21. 7.	88	P 145 ganz	St 85 alle	

Auff.-Datum	BWV Nr.	Partitur	Stimmen	Bemerkungen
28. 7.	170	P *154* ganz	St *94* alle	
28. 7.	JLB 7		St *313* alle	Partitur s. Undatierbare Zeichen
4. 8.	187	P *84* ganz	St *29* alle Orig.-Sti	
11. 8.	45	P *80* ganz	St *26* alle	
8. 9.	35		St *32* alle	vgl. Posthorn
15. 9.	JLB 16	(nicht erhalten)	St *312* alle	
29. 9.	19	P *45/8* Titelblatt	St *25a* alle	vgl. GM
6. 10.	27		St *105* alle Orig.-Sti außer 1 Bogen	vgl. GM, 1 Bogen s. Undatierbare Zeichen
13. 10.	47	P *163*, Umschlag	St *104* alle außer 1 Sti	Partitur 2 singuläre Zeichen Org = Doppeladler
20. 10.	169		St *38* alle Orig.-Sti	vgl. Kelch + SW
27. 10.	56	P *118*, Umschlag	St *58* alle (?) außer 1 Sti	vgl. Schönburger Wappen; VII undeutliches Zeichen
3. 11.	49	P *111*, außer 1 Bogen	St *55* bis auf 2 Bogen (z. T.)	vgl. Halbmond vgl. Schönburger Wappen
10. 11.	98	P *160* ganz	St *98* alle	
15. 11.				Brief Bachs an Rat der Stadt Plauen
17. 11.	55	P *105*, Umschlag	St *50* alle	Partitur o. Z.
24. 11.	52	P *85* ganz	St *30* alle	
11. 12.	207	P *174* ganz	St *93* alle dieser Fassg. (?)	
1727				
5. 1.	58	P *866*, Bogen 1 + 3	Thom ältere Sti St *389*, Orig.-Sti	übriges Papier entstammt späterer Umarbeitung vgl. MA große Form
unklar	129	(nicht erhalten)	Thom fast alle	Trav = MA große Form, 1 Sti singulär, 1 Sti o. Z.
unklar	83		St *21*, Bctr	vgl. IMK

Lies:
St 313 meiste Sti
(A, B, Ob später)

Auff.-Datum	BWV Nr.	Partitur	Stimmen	Bemerkungen
unklar	82	P 114 ganz	St 54, älteste Sti	vgl. MA mittl. u. große Form, ZVMILIKAV
unklar	225	P 36/2 ganz		
unklar	232^{III}		St 117, Ob II	vgl. Halbmond, Schönburger Wappen
unklar	204	P 107 ganz	(nicht erhalten)	

„Schönburger Wappen" N 42

a) Großes heraldisches Wappen von Schönburg
b) meist dasselbe

In Bachs Originalhss. nachweisbar 18. 6. 1724 bis 9. 2. 1727 u. später.

Auff.-Datum	BWV Nr.	Partitur	Stimmen	Bemerkungen	
1724					
18. 6.	2		Thom, Trbne II	vgl. Halbmond	
23. 7.	107		Thom, in 5 Sti	vgl. Halbmond; vgl. IMK	
25. 12. (?)	232^{III}		St 117, 4 Sti	vgl. Halbmond; vgl. ICF; Mehrzahl der Sti singuläres WS	Statt 25. 12. (?) lies: 1726/27
1725					
29. 7.	168	P 152 ganz	außer Alt nicht zuzugänglich	vgl. Kelch + GAW	
3. 8.	205	P 173 ganz	(nicht erhalten)		
1726					
26. 8.	193	(nicht erhalten)	St 62, 5 Sti	vgl. Schwerter II	Statt 26. 8. lies: um 1727 (N 19)
22. 9.	17		St 101 alle	vgl. Posthorn; vgl. GM	
27. 10.	56	P 118, ganz, außer Umschlag		vgl. ICF	
3. 11.	49		St 55, 2 Sti	vgl. ICF	
1727					
9. 2.	84		St 52, 9 Sti	vgl. Posthorn	

AuffDatum	BWV Nr.	Partitur	Stimmen	Bemerkungen
unklar	210	(nicht erhalten)	*St 76* alle	
unklar	245	*P 28* ab S. 25	*St 111*, 5 Sti	übrige Partitur singuläres Zeichen
unklar	69		*St 68*, 1 Blatt (Bc)	vgl. IMK, vgl. MA mittlere Form

„Kelch + SW"

a) Kelch, auf Schrifttafel mit SW stehend, über dem Kelch kleines gleichschenkliges Kreuz, zwischen Stegen
b) leer

In Bachs Originalhss. nachweisbar 1. 9. 1726 und 20. 10. 1726

AuffDatum	BWV Nr.	Partitur	Stimmen	Bemerkungen
1726				
1. 9.	JLB 15	(nicht erhalten)	*St 307*, 4 Sti	vgl. Posthorn
20. 10.	169	*P 93* ganz		vgl. ICF

„Posthorn"

verschiedene Zeichen um 1726–1731

a) Posthorn an Schnur, zwischen Stegen
b) GAW in Schrifttafel (kleinere Buchstaben)

AuffDatum	BWV Nr.	Partitur	Stimmen	Bemerkungen
1726				
1. 9.	JLB 15	(nicht erhalten)	*St 307* außer 4 Sti	vgl. Kelch + SW
8. 9.	35	*P 86* ganz		vgl. ICF
14. 9.				Schreiben Bachs an den Rat der Stadt Plauen
22. 9.	17	*P 45/5*, 1 Bogen		vgl. GM, Schönburger Wappen
1727				
9. 2.	84	*P 108* ganz	*St 52*, 4 Singstimmen	vgl. Schönburger Wappen

Zur Chronologie der Leipziger Vokalwerke J. S. Bachs

Auff.-Datum	BWV Nr.	Partitur	Stimmen	Bemerkungen	
		a) GAW in Schrifttafel (größere Buchstaben) b) Posthorn mit aufgelegtem Ring an Band, auf Steg			
?	250—252	(nicht erhalten)	St 123 alle		
		a) Posthorn an Schnur, größere Form, auf Steg b) GAW freistehend, je auf Steg			
?	197a	Heineman-Foundation (Fragment)	(nicht erhalten)		
?	120a	P 670, Bogen 1—2 (Fragment)		Rest d. Part. CS, vgl. MA mittlere Form	
		a) kleines gekröntes Posthorn b) leer			
?	201	P 175, Bogen 1—5		vgl. unten u. MA mittlere Form	
		a) kleines Posthorn an Schnur, zwischen Stegen b) leer			
1729 6. 6.	174	P 115, Bogen 1—8		Partitur, Bogen 9—10 singuläres Zeichen vgl. MA mittlere Form	
?	201	P 175, Bogen 6		vgl. oben u. MA mittlere Form	
		Posthorn in Zierschild, auf Steg (Gegenmarke evtl. PB?)			
?	188	P 972 (Fragment) Mus. Fr. Wien, (Fragment)	(nicht erhalten)		
		a) Posthorn an Band, auf Steg b) GV (CV?) Wechselformen			N 43
1731 4. 4.				Zeugnis Bachs für J. A. Scheibe	
?	246	P 1017, Bogen 11, 12, 14	(nicht erhalten)	vgl. Undatierb. Zeichen; Bogen 1—10 singuläres Zeichen	
		Posthorn (nicht näher bezeichnet)			
?	112	Privatbesitz		lt. Spitta II, 800, vgl. MA mittlere Form	*Tilge beide Zeilen (N 43)*
?	171	Privatbesitz		lt. Spitta II, 802	

Alfred Dürr

N 44

„MA mittlere Form"

a) MA auf Stegen (kleinere Buchstaben)
b) leer

Wechselformen

In Bachs Originalhss. nachweisbar 17. 10. 1727 bis 2. 12. 1731.

	Auff.-Datum	BWV Nr.	Partitur	Stimmen	Bemerkungen
	1727				
	17. 10.	198	P 41/1 ganz	(nicht erhalten)	
	1729				
	6. 6.	174		St 57, St 456 alle	vgl. Posthorn
	24. 10.	226	P 36/1 ganz	St 121 außer 1 Sti	Alt/Chor 1, singuläres Zeichen
	um 1729/30	120a		St 43 alle	vgl. Posthorn, CS
	um 1729/30	201		St 33a fast alle	vgl. Posthorn
	1730				
	2. 2.	82		St 54, nur Sopr.	vgl. ICF u. a.
	17. 9.	51	P 104 ganz	St 49 alle Orig.-Sti	
	?	192	(nicht erhalten)	St 71 alle	
	1731				
	27. 3.	134		St 18, Tekturen u. 1 Sti	Partitur wohl aus späterer Zeit vgl. IMK
Tilge „(nicht erhalten)", vgl. N 43	8. 4.	112	(nicht erhalten)	Thom bis auf 4 spätere Sti	vgl. Posthorn
	3. 5.	37	(nicht erhalten)	St 100 bis auf 3 Sti	vgl. IMK, Doppeladler
	13. 5.	172		St 23, Leipz. Sti	ergänzt durch Weimarer Sti
Siehe unten	14. 5.	173	P 74 ganz außer Umschlag	(nicht erhalten)	vgl. MA große Form
	15. 5.	184	Umschlag zu P 77		vgl. IMK, P 77 mit singulärem WZ
	20. 5.	194		St 48, Bc 1 Bogen (Bl. 4–5)	vgl. IMK

Zu 14. 5. (BWV 173): Tilge die Worte „außer Umschlag" (3. Spalte) und „vgl. MA große Form" (5. Spalte).

Auff.-Datum	BWV Nr.	Partitur	Stimmen	Bemerkungen	
27. 8.	29		St *106*, alle Orig.-Sti	Partitur Herald. Lilie	
18. 11.	70	(nicht erhalten)	St *95*, 2 Stimmen	vgl. IMK	
25. 11.	140	(nicht erhalten)	Thom, alle Sti (?)		
2. 12.	36		St *82* alle außer 1 Sti	Partitur singulär. Zeichen; Org = undeutliches Zeichen	
unklar	110		St *92*, 3 Ripiensti	vgl. Schwerter II	
unklar	243	P *39* ganz			
unklar	151		Coburg, unbezeichn. (Flöten-) Sti	vgl. Schwerter II	
unklar	16		St *44*, Violetta	vgl. Schwerter II	
unklar	23		St *16*, Schlußchoral (Singstimmen)	vgl. IMK	
unklar	182		St *47*, Vl, Vne	vgl. IMK	Siehe unten
unklar	245		St *111*, 3. Lesart	„neuere Stimmen" vgl. IMK	Siehe unten
unklar	147	P *102*, letzte 2 Bogen			
unklar	195	(nur spätere Fassg. erhalten)	St *12*, Umschlag (zur Erstfassung)		
unklar	69	(nicht erhalten)	St *68*, Ergänzungen (spätere Fassung)	vgl. IMK	
unklar	79		St *35*, 2 Sti	vgl. RS, IAI	

„CS"

a) Schlägel und Eisen gekreuzt, darüber Vogel, flankiert von Buchstaben C und S
b) leer

In Bachs Originalhss. nachweisbar um 1729.

Auff.-Datum	BWV Nr.	Partitur	Stimmen	Bemerkungen
um 1729	120a	P *670*, Bogen 3		vgl. Posthorn, MA mittlere Form
?	63	(nicht erhalten)	St *9* Bc, Vne et Org.	Weiterer Bctr ähnliches WZ mit Buchstaben RS

Zu BWV 182: In Spalte „Stimmen" ergänze: Vl I in ripieno (freundlicher Hinweis Frl. Barbara Brewer).
Zu BWV 245: In Spalte „Bemerkungen" lies statt „neuere Stimmen" richtig: Einlagen zu Fassung III.

N 45   „MA große Form"

       a) MA, auf Stegen (große Buchstaben)
       b) leer

       Wechselformen

In Bachs Originalhss. nachweisbar 6. 7. 1732 bis 2. 2. 1735.

	Auff.-Datum	BWV Nr.	Partitur	Stimmen	Bemerkungen
	1732				
	6. 7.	177	P *116* ganz	Thom, alle außer 1 Sti	Org = Doppeladler
	1732/33	93	(nicht erhalten)	Thom, meiste Orig.-Sti	vgl. Halbmond
	1733				
	21. 4. (?)	232^I	P *180*, S. 1–95		Stimmen singuläres Zeichen
	5. 9.	213	P *125* ganz (?)	St *65* alle (?)	
	8. 12.	214	P *41/2* ganz	St *91* alle (unvollst. erhalten)	
	1734				
	5. 10.	215	P *139* ganz		vgl. Doppeladler
	24. 10.	96		Thom, Viol. Picc.	vgl. Halbmond
Siehe unten	?	97	New York Public Library ganz	St *64* fast alle	2 Sti singulär. Zeichen, vgl. ZVMILIKAV
	25. 12.	248^I		St *112*^{I} alle (?) Orig.-Sti	vgl. ZVMILIKAV
	26. 12.	248^{II}		St *112*^{II} alle Orig.-Sti	vgl. ZVMILIKAV
	27. 12.	248^{III}		St *112*^{III} alle Orig.-Sti	vgl. ZVMILIKAV
	1735				
	1. 1.	248^{IV}		St *112*^{V} alle Orig.-Sti	vgl. ZVMILIKAV
	2. 1.	248^V		St *112*^{V} alle Orig.-Sti	vgl. ZVMILIKAV
	6. 1.	248^{VI}		St *112*^{VI} alle Orig.-Sti	vgl. ZVMILIKAV
	2. 2.	82		St *54*, Flauto trav.	vgl. ZVMILIKAV, ICF, MA mittl. Form
	unklar	100	P *159* ganz	St *97*, Organo	vgl. Doppeladler

Zu BWV 97: In Spalte „Stimmen" lies: St *64* außer Vl I, II, Va, Bctr in G-Dur (vgl. N 27). In Spalte „Bemerkungen" lies: vgl. ZVMILIKAV, WELENAV (N 47); je 1 Sti ohne Zeichen, undeutl.

Zur Chronologie der Leipziger Vokalwerke J. S. Bachs

Auff.-Datum	BWV Nr.	Partitur	Stimmen	Bemerkungen	
unklar	9	Washington ganz	Thom, alle Musikfr. Wien		
unklar	211	P 141 ganz	Österr. N.B. Wien alle Sti		
unklar	62		Thom, Violone	vgl. Halbmond	
unklar	91		St 392, Continuo	vgl. Halbmond	
unklar	41		Thom, Vl I	vgl. Halbmond	
unklar	58	P 866, 1 Bogen	Thom, 5 Sti	(Neufassung) vgl. ICF	
unklar	73	(nicht erhalten)	St 45, Organo	vgl. IMK	
unklar	173	P 74, Umschlag		vgl. MA mittlere Form	*Tilge beide Zeilen*
unklar	129	(nicht erhalten)	Thom, Flauto trav.	vgl. ICF	
unklar	94		Thom, Organo	vgl. Halbmond, Adler + H, u. a.	
unklar	5		Thom, Organo	vgl. Halbmond	

„ZVMILIKAV"

   a) Krone mit angefügtem Posthorn
   b) ZVMILIKAV in Schrifttafel

In Bachs Originalhss. nachweisbar 3. 8. 1734 bis 21. 5. 1735.

N 46

*Lies:
Ende 1734 bis
3. 8. 1735 (?);
vgl. unten*

Auff.-Datum	BWV Nr.	Partitur	Stimmen	Bemerkungen	
1734					
3. 8.	207a	(P 174 wiederverwendet)	St 347 alle St 93, Ergänzungen	vgl. ICF	*Siehe unten*
?	97		St 64, Vl I	vgl. MA große Form	*Siehe N 47*
28. 11.	Telemann „Machet die Tore weit"	P 47/3 ganz	(nicht erhalten)		*Siehe N 46*
25. 12. bis **1735** 6. 1.	248	P 32 ganz		vgl. MA große Form	
30. 1.	14	P 879 ganz	Thom alle		
2. 2.	82		St 54, Vl I, II	vgl. MA mittlere u. große Form, ICF	

Zur Datierung BWV 207a (und damit des Auftretens dieses WZ): Da die Aufführung BWV 207a im Jahre 1735 gegenüber 1734 als wahrscheinlicher erkannt wurde (siehe N 26), ist die betreffende Eintragung vom 3. 8. 1734 auf den 3. 8. 1735 zu versetzen.

Auff.-Datum	BWV Nr.	Partitur	Stimmen	Bemerkungen
11. 4.	66	P 73, Bogen 1–4		Bogen 5–8 undatierbares Zeichen (Doppeladler + IPD)
2. 5.				Brief Bachs nach Mühlhausen
19. 5.	11	P 44, außer letztem Bogen	(nicht zugänglich)	Letzter Bogen d. Part. anderes Zeichen (Barock-Ornament)
21. 5.				Brief Bachs nach Mühlhausen

N 47
N 48 „Doppeladler"

a) Gekrönter Doppeladler mit Zepter, Herzschild
b) leer

In Bachs Originalhss. nachweisbar am 1.4. und 3. 5. 1731, 5. 10. 1734 und am 30. 8. 1742

Auff.-Datum	BWV Nr.	Partitur	Stimmen	Bemerkungen
1731				
1.4.	42		St 3, Violone	vgl. Schwerter I
3. 5.	37	(nicht erhalten)	St 100, Bc	vgl. IMK, MA mittlere Form
1734				
5.10.	215		St 77 alle dieser Fassung	vgl. MA große Form
1742				
30. 8.	212	P 167 ganz	(nicht erhalten)	
unklar	240	P 13/2 ganz	St 115 alle	
unklar	244		St 110, 21 Sti	Partitur s. Undatierb. Zeichen
unklar	177		Thom, Organo	vgl. MA große Form
unklar	47		St 104, Organo	vgl. ICF
unklar	100		St 97, 17 Sti	vgl. MA große Form
unklar	195		St 12, frühere Sti	Weitere Stimmen u. Partitur s. Undatierbare Zeichen
unklar	Anh. 30	P 195 ganz		Sti nicht erhalten

Siehe unten (applies to row BWV 47)

Tilge alles nach „ferner…"

Dasselbe WZ vielleicht in Partitur P 871, (z. Z. nicht zugänglich) zu BWV 120 (vgl. BG 24, XXXIV), ferner in der Partitur (Priv.Bes., z. Z. nicht nachweisbar) zu BWV 200 (vgl. L. Landshoff, Vorwort der Peters-Ausgabe, Leipzig 1935).

Zu BWV 47: In Spalte „Stimmen" lies statt „Organo" richtig: Vl(?) solo.

Undatierbare Wasserzeichen (außer singulären) und Zeichen
nach 1735 (summarisch aufgeführt)

a) Barock-Ornament
b) leer
BWV 11 (P *44/5*, letzter Bogen), 36b (*St 15*)

---

a) Heraldische Lilie, auf Steg
b) Monogramm, auf Steg
BWV 29 (P *166*), 27 (*St 105*, 1×), 102 (*St 41*, Umschlag), Brief J. L. Krebs' aus Leipzig v. 4. 4. 1737

---

a) leer
b) Blasender Postreiter
BWV 118 (Bl. 3), 154 (P *130*, Umschlag), 206 (P *42/1*), Briefe Bachs v. 18. Febr. 1736; 13., 15. u. 19. Aug. 1736; 20. April 1737   *Siehe unten*

---

a) Posthorn an Schnur, mit Ring belegt
b) I W I, auf Steg
BWV 206 (*St 80*, Ob I, II, Va), 215 (*St 77*, Umschlag)

---

a) Heraldisches Wappen von Zedwitz, auf Steg
b) I W I, zwischen Stegen[1]
94 (Thom, Dubl.: VII, II, Bc), 112 (Thom, Dubl.: VII, II, Bc, Bctr), 178 (Thom, Bc Dubl.), Goldberg, Kant. 1 (BB autogr. *Goldberg 1*, Letzter Bogen; *Mus. ms. 7918* in 5 Sti)   *Tilge alle WZ-Angaben (außer Goldberg nach 1750)*

---

a) N M
b) Heraldisches Wappen von Zedwitz, auf Steg
BWV 30a (P *43/1*), 30 (*St 31*, fast alle), 197 (P *91*) 118 (Bl. 1–2), 206 (*St 80* fast alle), 244 (*St 110*, 1 Bl.), Händel, Brockes-Passion (BB *Mus. ms. 9002/10*, S. 1–17, 30–47)

---

a) Wappen von Zedwitz, zwischen Stegen
b) kleines Kursivmonogramm
BWV 30 (P *44/1*), 249 (P *34*; *St 355*, 2. Lesart), 234 (Partitur Darmstadt), 236 (Partitur Darmstadt)   *Ergänze: Anh. 167 (P 659, 2. Lage)*

---

a) Heraldisches Wappen, von Zedwitz, zwischen Stegen
b) leer
BWV 100 (*St 97*, 7 Stimmen), 175 (*St 22*, 1 Bl.)

---

a) Kleines heraldisches Wappen von Schönburg
b) leer
BWV 8 (Thom, 8 Stimmen), 244 (*St 110*, 2 Stimmen)

---

[1] Dieses WZ auch in Handschriften nach 1750 beobachtet, als Kriterium für Originalquellen daher nicht ausreichend.

Zu WZ Blasender Postreiter, Briefe Bachs: Tilge die Daten 18. Febr. 1736 und 20. April 1737; füge an: 18. November 1736.

	a) Wappen der Stadt Eger, darüber EGER in Schrifttafel, auf Steg
	b) C C S in Schrifttafel
	Wechselformen
Siehe unten	BWV 34 (Am.B. *39*), 191 (P *1145*), 118 (P nicht zugänglich, lt. Spitta II, 816), JLB 8 (St *305*), Goldberg, Kantate 1 (BB *autogr. Goldberg 1* außer letztem Bogen, Mus. ms. *7918* in 11 Sti)
	a) Gekröntes Wappen mit 3 Schwänen, auf Steg
	b) I G H
	BWV 238 (St *116*, 1 Blatt), 244 (P *25*)
	a) I F F
	b) Widersehender Hirsch, stehend, mit schaufelartigem Geweih
Lies: 239 (BB Mus. ms. 30240),	BWV 239, 245 (St *111*, Einlagen u. Ergänzungen), Händel, Brockes-Passion (BB Mus. ms. *9002/10*, S. 64–67, 76–79)
	a) Gekrönter Doppeladler mit Herzschild, auf Steg ⎫ Wechselformen
	b) H R (doppellinig) ⎭
Siehe unten	BWV 82 (St *54*, späte Stimmen), 91 (P *869*, spätere Fassung), 181 (St *66*, spätere Stimmen), 249 (St *355*, 3. Lesart), 234 (Darmstadt, Bc-Stimme), JLB 7 (P *397* ganz)
	a) I P D in Schrifttafel
	b) Doppeladler
	BWV 66 (P *73*, Bogen 5–8), 134 (P *44/3*), Lukas-Passion (P *1017*, 13. Bogen ?)
	a) Heraldische Lilie, zwischen Stegen
	b) Monogramm, zwischen Stegen
Siehe unten	BWV 96 (P *179*, Einlage, Titelblatt), 195 (St *12*, spätere Stimmen), 232 (P *180* ab S. 97 außer Titelblätter), 234 (St *400*)
	a) Stilisierter Baum mit Eicheln ⎫ Wechselformen
	b) Gekröntes vierfeldriges Wappen, flankiert von G und L ⎭
	BWV 94 (Thom, Trav), 101 (Thom, Vl Solo)

Zu WZ EGER/CCS ergänze: Pergolesi-Bach, „Tilge, Höchster, meine Sünden" (BB Mus. ms. 30199).
Zu WZ Doppeladler/HR ergänze: BWV 1045 (P *614* ganz).
Zu WZ Heraldische Lilie / Monogramm ergänze: Pergolesi-Bach, „Tilge, Höchster, meine Sünden" (BB Mus. ms. 17155/16).

ANHANG B

Die wichtigsten Kopisten in den Leipziger Originalhandschriften J. S. Bachscher Vokalwerke in chronologischer Folge

Die nachstehende Übersicht enthält alle diejenigen Schreiber, die in mindestens zwei verschiedenen Leipziger Handschriften J. S. Bachscher Vokalwerke festgestellt werden konnten. Instrumentalwerke sind in der Aufstellung nicht berücksichtigt.

Die Methode einer Klassifizierung verschiedener Notenschreiber nach schriftkundlichen Gesichtspunkten konnte sich nur auf wenige Vorarbeiten[1] stützen; im allgemeinen mußte sie neu entwickelt werden, wobei am Musikwissenschaftlichen Institut der Universität Tübingen wie am Johann-Sebastian-Bach-Institut Göttingen in ähnlicher Weise vorgegangen wurde. Als Grundlage für die Beobachtungen diente dabei in erster Linie die Notenschrift selbst, während die Buchstabenschrift, also Überschrift, Textworte usw. als möglicherweise von anderer Hand hinzugefügt erst in zweiter Linie herangezogen wurde.

Angesichts der Tatsache, daß für die vorliegende Arbeit weit über zehntausend Fotokopieseiten auf die Schreiber hin durchzusehen waren, ist notwendigerweise mit einer gewissen Fehlerquote zu rechnen, die sich natürlich weniger auf die wichtigen und bekannten Schreiber erstreckt als auf solche, die nur selten erfaßt werden konnten, und dazu oft noch in verschiedenartigen Stimmen, so daß auf der einen Seite vielleicht eine Violinstimme mit kurzen Notenwerten in einer Kreuztonart, auf der anderen Seite eine Bc-Partie mit langen Notenwerten in einer Be-Tonart zum Vergleich vorlagen. Daß derartige Fakten die Einzelergebnisse beeinträchtigten, liegt auf der Hand.

Eine weitere Fehlerquelle liegt darin, daß die Schriftformen zahlreicher Schreiber vielfache Wechsel durchmachen. Bemerkenswerte Beispiele dafür wurden bereits bei der Behandlung der Hauptkopisten und ihrer Schriftformen weiter oben mitgeteilt (vgl. S. 21 ff.); es handelt sich dabei keineswegs um Einzelerscheinungen. Der Grund dafür könnte darin liegen, daß sich die Kopisten meist aus Thomasschülern jüngeren Alters rekrutierten, deren Schriftformen noch wandlungsfähig waren.[2] Das ermöglicht in einigen Fällen eine recht genaue Datierung der von ihnen geschriebenen Kopien, andererseits ist jedoch die Identität eines Schreibers bei lückenhaften Belegen über längere Zeit hin oft nur schwer festzustellen.

Die Aufteilung in Hauptkopisten und übrige Kopisten geschieht aus rein praktischen Erwägungen und bedeutet nur einen graduellen, nicht einen prinzipiellen Unterschied in den Leistungen des einzelnen Schreibers. Dasselbe betrifft die Bezeichnung „Hauptschreiber" für die einzelnen Kompositionen. Zwar ergibt sich aus dem oben auf S. 8 ff. konstruierten Normalfall eine Arbeitsteilung der Schreiber in der Weise, daß der Hauptschreiber einen einzelnen Stimmensatz aus der Partitur kopiert, während die übrigen Schreiber die Stimmendubletten nach den Erstkopien der Stimmen herstellen; in der Praxis ergeben sich jedoch zahlreiche Abweichungen von dieser Regel, so daß auch der Hauptschreiber an der

---

[1] Außer einer Anzahl von Monographien, die sich mit den Schriftformen des behandelten Komponisten befassen, sowie verschiedenen treffenden Einzelbeobachtungen bei Spitta und in der BG sind zu nennen: Dadelsen I, II, ferner I. Bengtsson och R. Danielson, *Handstilar och Notpikturer i Kungl. Musikaliska Akademiens Roman-Samling*. Studia musicologica Upsaliensia III, 1955.

[2] Aus der Tatsache, daß Friedemann Bach seit 1725, Philipp Emanuel ab 1729 und Johann Ludwig Krebs gleichfalls ab 1729 vertreten sind, darf vielleicht geschlossen werden, daß begabtere Thomasschüler von etwa 15 Jahren an zum Notenschreiben herangezogen wurden.

Herstellung der Dubletten, die Nebenschreiber am Ausschreiben von Erstkopien aus der Partitur beteiligt sind. Die im nachfolgenden angewandte Bezeichnung „Hauptschreiber" besagt daher nicht mehr, als daß der betreffende Kopist über die Herstellung der Dublette hinaus wesentlich am Abschreiben des Stimmenmaterials beteiligt ist. Zu Hauptkopisten wurden dann diejenigen Schreiber zusammengefaßt, die in mindestens zwei Werken als Hauptschreiber in Erscheinung treten.

Überall dort, wo ein Kopist nicht als Hauptschreiber vermerkt ist, werden diejenigen Stimmen, an deren Herstellung er beteiligt ist, in Klammern angegeben. Auf eine genaue Kennzeichnung der Duplierstimmen mußte jedoch aus Gründen der Übersichtlichkeit verzichtet werden. Desgleichen sei ausdrücklich darauf hingewiesen, daß der Anteil, den der betreffende Kopist an der genannten Stimme hat, verschieden groß sein kann; auch hier wurde auf eine Kennzeichnung, ob es sich um die gesamten Stimmen oder vielleicht nur um einige wenige Zeilen daraus handelt, verzichtet. Einzelangaben werden den Kritischen Berichten der NBA zu entnehmen sein.

HAUPTKOPISTEN

Die meisten Hauptkopisten lassen sich über eine längere Zeitspanne hin verfolgen. Bemerkenswert ist, daß einige Hauptkopisten ziemlich genau drei Jahre lang in Erscheinung treten, so z. B. Hauptkopist A von 1723–1725, Hauptkopist C (in seiner Eigenschaft als Hauptschreiber) von 1726–1727, Johann Ludwig Krebs von 1729–1731 und Hauptkopist E (in seiner Eigenschaft als Hauptschreiber) von 1732–1734. Möglicherweise liegt hier eine noch nicht näher erkannte Gesetzmäßigkeit vor. Die umfangreiche Arbeit, die unter ihnen besonders Hauptkopist A zu leisten hatte, der in zweieinhalb Jahren die Stimmensätze zu nahezu 100 Kantaten anzufertigen hatte, läßt an einen festbesoldeten Kopisten denken; doch fehlen dafür bisher die Belege. Nach 1735 fällt das Material nur noch derart spärlich an, daß sich ein sicheres Bild der Tätigkeit der Hauptkopisten nicht mehr geben läßt.   } *Tilge den Satz „Die...Belege."*

Hauptkopist A   N 49

Nachweisbar 7. 2. 1723 bis 30. 12. 1725[3]

Zur Entwicklung seiner Schriftformen s. oben S. 21ff. Näheres über diesen Schreiber findet sich ferner bei Dadelsen I, S. 26 („Anonymus 3").
Hauptschreiber in folgenden Werken:
a) Frühe Form des Violinschlüssels: BWV 237, 22 (*P 46*), 76, 185 (2. Stimmengr.), 24, 167.
b) Späte Form des Violinschlüssels, frühe Sechzehntelformen[4]: BWV 147, 136, 46, 69a, 25, 95, 48, 109, 89 (2. Hauptschr.), 194 (*St 48*), 60, 70, 238, 40, 64, 190, 153, 154, 73, 81, 83, 181, 182, 67, 104, 166, 44, 184 (Leipziger Stimmen), 20, 2, 7, 10, 107, 178, 94, 101, 33, 78, 114, 96, 5 (2. Hauptschr.), 38, 139, 116.
c) Gemischt frühe/späte Sechzehntelformen; meist früh: BWV 26; meist spät: 62, 127, 128, 110, 225.
d) Späte Sechzehntelformen: BWV 91, 121, 133, 122, 41, 123, 124, 3, 92, 125, 126, 1, 245, 249, 6, 42, 85, 103, 108, 87, 183, 74, 68, 175, 168 (wenig erhalten, wohl Hauptschr.), 137, 164, 79, 57, 151, 28.
e) Nicht erkennbare Sechzehntelformen (späte Form von Violin- und c-Schlüssel): BWV 179, 99.
Ferner erfaßt in BWV 21 (Ob, Trbne II–IV, Bctr; frühe Form des Violinschlüssels), 162 (Va), 23 (Vc), 134 (Text), 37 (Titelbl.), 172 (Trav, Ob), 135 (Titelbl.), 115 (Titelbl.), 111 (Titelbl.).

Hauptkopist B   N 50

Nachweisbar ab 6. 6. 1723.

Bisher meist als J. S. Bach gedeutet, von P. Wackernagel (Katalog der BB) erstmals als gesonderter Schreiber erkannt („Schreiber des Continuo"). Näheres bei Dadelsen I, S. 11, 14 und 26 („Anonymus 1"). Zur Entwicklung seiner Schriftformen siehe oben, S. 26 ff.

---

[3] Später in BWV 225.
Ferner identisch mit dem Hauptschreiber des 2. Stimmensatzes der Kantate „Mein Seele erhebt den Herrn" von G. P. Telemann, BB *Mus. ms.* 21745/25.   *Lies: „Meine"*
[4] Die Form des c-Schlüssels, gleichfalls ein Merkmal für die Entstehungsfolge, eignet sich nicht zur Klassifizierung, weil sie einen allmählichen Übergang von der H-Form in die V-Form zeigt.

Hauptschreiber in folgenden Werken:
BWV 199, 89, 4, 134, (P 1138 und VII, II), 59, Anh. 24, 8, 130, 5, JLB 7, BWV 170, 56,, 173 (P 74), 167 (P 46/2[5]).

Zweiter Hauptschreiber in folgenden Werken:

Statt 4J lies: 45, BWV 154, 2, 99, 96, 62, 123, 125, 245 (zweite Stimmengruppe), 16, 43, 39, 88, 187, 4J 102, JLB 15, BWV 17, 55, 52, 232^{III}, 129.

Ordne BWV 23 vor 76 ein

Zu BWV 23 s. oben

Vor 10: 7 (Bctr),

Ferner erfaßt in: BWV 76 (S, A), 21 (T), 24 (Vl I, II, Bctr), 147 (Ob II, Va), 136 (Bc, Bctr), 69a (Fg), 25 (Bc), 95 (Bc, Bctr), 48 (Bc), 162 (Vc), 109 (Bctr), 70 (Vl I, II, Va, Bctr), 238 (Vl II, Va), 40 (Vl I), 64 (Cornettino, Trbne II, III), 153 (Bctr), 81 (Vl I, II, Bctr), 83 (Va), 181 (Vl I, Bctr), 18 (Fl I, II, Bc), 23 (Vl I, II, Vc), 245 (T Ripieno, erste Stimmengruppe), 67 (Bctr), 104 (Bctr), 12 (T), 166 (Bctr), 37 (Vl II: Korrektur), 44 (Bc), 184 (Bctr), 194 (Bctr), 10 (Bctr), 107 (Ob d'amore I, II, Bctr), 33 (A, Bc Bctr), 78 (Schlußchoral), 38 (Trbne I–IV, Bctr), 139 (A, T, B, Ob d'amore), 116 (Bctr), 121 (Bctr), 133 (Bctr), 41 (Org), 124 (S, A, T, B), 126 (Schlußchoral, Bctr), 1 (Bctr), 249 (Bctr), 4 (Trbne

Vor 168: 176 (Bc),

II, III), 6 (Bctr), 85 (Bctr), 108 (Bctr), 87 (Bc, Bctr), 128 (Schlußchoral), 74 (Bctr), 68 (Bctr), 168 (T – die meisten Stimmen unzugänglich), 164 (Bc), 110 (Bctr), 57 (Bc, Bctr), 28 (Trbne I–III), JLB 5 (Bctr), BWV 34a (S, A, T, Bc – Stimmen unvollständig), R. Keiser, Markus-Passion (Bctr), BWV 15 (Bctr), JLB 11 (Bctr), JLB 6 (Bctr), JLB 12 (Bctr), JLB 14 (Bctr), JLB 17 (Bctr), BWV 35 (A, Va), JLB 16 (S, A, T, B), BWV 19 (Ob I, II, Taille, Vl II, Bc), 47 (B, Bc), 49 (Vl I, II, Vc, Bc), 98 (Ob II, Taille, Vl I, Bc),

Füge an: Anh. 166 (T).

207 (Vl II, Va, Bc), 225 (S, A, T), 82 (Vl I), 27 (Org obligato).

Hauptkopist C

Nachweisbar 9. 4. 1724 bis 9. 2. 1727

Statt 9. 4. lies: 26. 12.

Zur Entwicklung seiner Schriftformen s. oben S. 31 ff.
Näheres über diesen Schreiber bei Dadelsen I, S. 26 („Anonymus 2").
Hauptschreiber in folgenden Werken:

Zu BWV 4 s. unten

BWV 4 (2. Hauptschr.), 16, 32, 13, 72, JLB 9, JLB 1, JLB 2, JLB 3, JLB 4, JLB 5, BWV 34a, Keiser, Marcus-Passion (Leipziger Sti), BWV 15, JLB 11, JLB 6, JLB 12, JLB 8 (P 397), JLB 14, BWV 43, 39, JLB 17, JLB 13, BWV 88, 187, 45, 102, JLB 15, BWV 35, JLB 16, BWV 17, 19, 27, 47, 169, 56 (2. Hauptschr.), 49, 98, 55, 52, 207, 129,

Füge an: Anh. 166.

Vor 6: 4 (Bctr, Schlußchoral in meisten Sti),

232^{III} (3. Hauptschr.), 58, 84.
Ferner erfaßt in BWV 121 (Vl I, II, S, Cto), 122 (Bctr), 123 (Bctr), 3 (Bctr), 92 (Bctr), 126 (Bctr), 1 (Bctr), 245 (Trav I, II, Ob II, SATB), 6 (Vl I, II), 42 (Vl I und Schlußchoral), 85 (Bc, Ob II), 74 (Bctr), 175 (Bctr), 79 (Bc, Bctr), 151 (Bc, Va, Bctr), 28 (Bctr), JLB 7 (Bc), BWV 193 (S, A), 69a (Ergänzungen Ob, Fg, Vl I, Bc).

Hauptkopist D

Nachweisbar um 6. 6. 1729

Der mutmaßliche Hauptkopist des Jahrgangs IV. Da jedoch nahezu sämtliche Originalstimmen aus dieser Zeit verloren sind, lassen sich über ihn keine näheren Angaben machen.
Hauptschreiber in BWV 120a, sehr wahrscheinlich auch 174 (Va I, Vc I – die meisten Stimmen nicht zugänglich).

---

[5] Vielleicht keine Originalhandschrift, sondern private Kopie für den eigenen Gebrauch des Kopisten (WZ undeutlich).

Zur Chronologie der Leipziger Vokalwerke J. S. Bachs

Eine gewisse Ähnlichkeit besteht ferner mit dem Hauptschreiber in BWV 112 und der Matthäus-Passion BWV 244.

Johann Ludwig Krebs

Nachweisbar 24. 10. 1729 bis 2. 12. 1731 *Lies: 20. 10. 1729*

Zur Identifizierung des Schreibers siehe Dadelsen I, S. 23, zur Entwicklung seiner Schriftformen siehe oben S. 53f.
Hauptschreiber in BWV 226, 201, 51, 192, 37, 172, 29, 140, 36.
Ferner erfaßt in BWV 120a (Bctr), 82 (S), 103 (Vl conc.), 70 (Bctr). *Siehe unten*

Hauptkopist E

Nachweisbar 27. 8. 1731 bis 1. 1. 1735, als Hauptschreiber ab 6. 7. 1732.

Signum in BWV 248^{II}: JGH (siehe Krit. Bericht NBA II/6, S. 124, Anm. 19)

Zur Entwicklung seiner Schriftformen s. oben S. 54f.
Hauptschreiber in BWV 177, 93, 213, 214, 215, 248^{II}.
Ferner erfaßt in BWV 29 (Vl I), 140 (Vl I), 96 (Vl piccolo), 248^{III} (Bc), 248^{IV} (S, Cno, Va).

Hauptkopist F

Nachweisbar 8. 12. 1733 bis 6. 1. 1735, als Hauptschreiber ab 5. 10. 1734.

Möglicherweise kein ständiger Hauptkopist, sondern Helfer in dem verstärkten Schreiber-Bedarf Ende 1734.
Hauptschreiber in BWV 215 (3. Hauptschr.), 248^{IV}, 248^{VI}.
Ferner erfaßt in BWV 214 (Va), 100 (Org).

Füge an: 238. Ergänze: Auch Schreiber Lpz. Ms. R. 18 (Choräle)

Hauptkopist G

Nachweisbar 5. 10. 1734 bis 2. 2. 1735, als Hauptschreiber bis 6. 1. 1735.

Möglicherweise kein ständiger Hauptkopist, sondern Helfer in dem verstärkten Schreiber-Bedarf Ende 1734.
Hauptschreiber in BWV 215 (2. Hauptschr.), 248^{I}, 248^{III}, 248^{V} 248^{VI} (2. Hauptschr.).
Ferner erfaßt in BWV 248^{II} (Bc), 248^{IV} (Vl I, II), 82 (Vl I).

Hauptkopist H

Vorläufig nur annähernd datierbar: Bachs letzte Lebenszeit.
Vgl. Dadelsen I, S. 26 („Anonymus 4")

Hauptschreiber in BWV 245 (Partitur ab S. 21, letzte Stimmengruppe), 195 (Partitur, S. 1–17, 27–42, Stimmen der letzten Fassung), 239 (Partitur BB *Mus ms. 30240*), Händel, Brockes-Passion (BB *Mus. ms. 9002/10* ab S. 45).
Ferner erfaßt in BWV 16 (Va), 249 (Prinzipal).

Vielleicht identisch mit Hauptkopist H:
Schreiber von JLB 8 (Hauptschr.), Goldberg, Kantate 1 (Hauptschr.), BWV 8 (Vl I concertato, Vl II concertato, Vl II, Va).

Singuläre Hauptschreiber treten auf in BWV 244, 112 (diese beiden evtl. identisch – vgl. auch zu Hauptkopist D) und 206.

Siehe unten

Zu Johann Ludwig Krebs: Nach BG 7, S. XXI auch in BWV 31 (genannt: Trba II) erfaßt, einzuordnen vor BWV 103.

Ergänze als weiteren Hauptkopisten:

Hauptkopist I
Nicht datierbar

Hauptschreiber in BWV 240 und Palestrina, Missa sine nomine.

SONSTIGE KOPISTEN

Die römischen Ziffern I–IV zeigen den Jahrgang an, in dem der jeweilige Schreiber erstmals beobachtet wurde. Die Schreiber nach 1729 erhalten die Ziffer V.

Anonymus Ia
Nachweisbar 6. 6. 1723 bis 3. 9. 1724
BWV 76 (S in ripieno), 48 (Vl I), 162 (Vl I, II), 89 (Vl I), 60 (Vl II), 63 (Vl I), 64 (Vl II), 190 (Vl I, II, Schlußchoral in mehreren Sti), 153 (Vl II), 154 (Schlußchoral), 73 (Vl I), 245 (S in ripieno) 94 (Schlußchoral), 33 (Schlußchoral in S, T, B).

Anonymus Ib
Nachweisbar 6. 6. 1723 bis 15. 8. 1723.
BWV 76 (Vl II), 185 (Vl I, II), 136 (Vl II), 69a (Vl I).

Anonymus Ic — *Auch in Graupner, Lobet... (Bc), vgl. N 3*
Nachweisbar 13. 6. 1723 bis 7. 4. 1724.
BWV 21 (B in ripieno), 24 (Bc), 46 (Bc), 25 (Bctr), 48 (Bctr), 89 (Bctr), 60 (Bctr), 70 (Bctr), 40 (Bctr), 154 (Bctr), 73 (Bctr), 81 (Bctr), 245 (B in ripieno).

N 51 *bis 16. 6. 1776 Füge an: 194 (Bc in As; Einlagen).*

Anonymus Id
Nachweisbar 20. 6. 1723 bis 4. 6. 1724.
BWV 24 (Vl I), 167 (Bctr), 25 (Vl II), 81 (Bc), 245 (Bc), 165 (Partitur).

Anonymus Ie
Nachweisbar 20. 6. 1723 bis 29. 8. 1723.
BWV 24 (Bc), 147 (Bctr), 25 (Bc).

Anonymus If
Nachweisbar 24. 6. 1723 bis 4. 6. 1724.
BWV 167 (Bc), 153 (Bc), 194 (Bc).
Zuordnungen zweifelhaft.

Anonymus Ig — *Lies: bis 7. 11.*
Nachweisbar 2. 7. 1723 bis 8. 8. 1723.
BWV 147 (Vl I, II), 136 (Vl I), 199 (Vl I), 60 (Vl I).

Anonymus Ih
Nachweisbar 11. 7. 1723 und 9. 1. 1724.
BWV 186 (Partitur), 154 (Partitur).

Anonymus Ii
Nachweisbar 15. 8. 1723 bis 3. 10. 1723.
BWV 69a (Vl II), 25 (Vl I), 48 (Vl II).

N 52 *Anonymus Ij*
Nachweisbar 17. 10. 1723 bis 11. 6. 1724.
BWV 109 (Vl I), 89 (Vl I), 154 (Bc), 20 (Bctr), vielleicht auch 4 (Cto).

Siehe unten — *Anonymus Ik*
Nachweisbar 17. 10. 1723 bis 25. 8. 1724.
Schreibersignum I. C. L. (= Joh. Christ. Lindner? – vgl. BJ 1907, S. 67, Nr. 40).
BWV 109 (Vl II), 70 (Fg), 73 (Bc), 134 (S, Vl II), 67 (Vl II), 12 (Bc), 172 (Vl I), 194 (Vl II), vielleicht auch 95 (Vl II).

Neufassung Anonymus Ik:
Nachweisbar 8. 8. 1723 bis 4. 6. 1724.
Schreibersignum I. C. L. (= Joh. Christ. Lindner? — Vgl. BJ 1907, S. 67, Nr. 40).
BWV 199 (Vl II), 95 (Vl II), 109 (Vl II), 70 (Fg), 73 (Bc), 134 (S, Vl II), 67 (Vl II), 12 (Bc), 172 (Vl I), 194 (Vl II).

Anonymus Il
Nachweisbar 24. 10. 1723 bis 21. 5. 1724.
BWV 89 (Vl II), 63 (Vl II), 40 (Vl I), 73 (Vl II), 83 (Vl I), 245 (Vl I), 104 (Vl II), 37 (Vl I), 44 (Vl II), vielleicht auch 85 (Vl I).

Anonymus Im
Nachweisbar 24. 10. 1723 bis 21. 11. 1723.
BWV 89 (Bc), 70 (Fg), vielleicht auch 48 (Bc).

Anonymus In
Nachweisbar 26. 12. 1723 bis 2. 2. 1724.
BWV 40 (Bc), 83 (Bc), vielleicht auch 147 (Vc), 136 (Bc).

Anonymus Io
Nachweisbar 26. 12. 1723 bis 18. 6. 1724.
BWV 40 (Vl II), 245 (A in ripieno, Vl II), 134 (Vl I), 67 (Bc), 104 (Bc), 37 (Vl II), 44 (Fg), 59 (Bc), 194 (Vl I), 20 (Bctr), 2 (Bc).

Anonymus Ip
Nachweisbar 27. 12. 1723 bis 10. 5. 1725.
BWV 64 (Vl I), 190 (Vl I), 83 (Vl II), 182 (Vl), 134 (Hauptschr.), 104 (Vl I), 37 (Bctr), 7 (Vl conc.), 38 (Bctr), 122 (Bc), 127 (Schlußchoral, Bc), 245 (Ergänzungen des Schlußchorals in A, B, Ob I, II, Vl I, II, Va, Bc), 128 (Bctr).   *Tilge: A, B,*

Anonymus Iq
Nachweisbar 16. 4. 1724 bis 8. 10. 1724.
BWV 67 (Vl I), 166 (Vl I), 44 (Vl I), 172 (Vl II), 178 (Bc), 96 (Bc).

Anonymus IIa
Nachweisbar 9. 7. 1724 und 30. 7. 1724.
BWV 93 (Bctr), 178 (Bctr).

Anonymus IIb
Nachweisbar 30. 7. 1724 und 24. 9. 1724.
BWV 178 (Vl II), 8 (Vl I).
Vielleicht Frühform des Anon. IIf.   *Ergänze: vielleicht auch 130 (Vl I).*

Anonymus IIc
Nachweisbar 30. 7. 1724 bis 25. 12. 1724.
BWV 178 (Bctr), 78 (Bctr), 114 (Bctr), 62 (Bctr), 91 (Bctr).

Anonymus IId
Nachweisbar 13. 8. 1724 bis 2. 7. 1726.
BWV 101 (Cto), 78 (Bc), 99 (Bctr), 8 (S, Ob d'amore), 26 (Org), 62 (Vl II), 133 (Vl II), 111 (Vl II), 92 (Bctr), 125 (Bctr), 127 (Bctr), 4 (Cto, Trbne I), 6 (Bc), 42 (Schlußchoral, Bc), 108 (Bc), 183 (Bctr), 137 (Bctr), 164 (Bctr), 110 (Fg), JLB 9 (Bc, Bctr), JLB 3 (Bctr), JLB 4 (Bc, Bctr), BWV 34a (Bc), JLB 12 (Bc), BWV 43 (Ob II), JLB 17 (Vl I, II), JLB 13 (Ob I, II).   *Siehe unten Lies: 101 (Cto, Bctr),*

Anonymus IIe
Nachweisbar 24. 9. 1724 bis 11. 2. 1726 (oder 1. 1. 1727?).   *Lies: bis 11. 12.*
BWV 8 (Vl II), 62 (Vl I), 91 (Vl I, II), 122 (Vl I, II), 124 (Bc), 3 (Vl I), 111 (Vl I), 125 (Vl II), 127 (Vl I), 245 (Bc), 103 (Vl I), 108 (Vl I), 87 (Bc), 128 (Ob I, Ob da caccia), 183 (Vl I, II), 74 (Vl I), 175 (Vl I, II), 137 (Bc), 57 (Bc), 28 (Bc), 16 (Vl II), 32 (Vl II), JLB 9

Zu Anonymus IId: Vor 111 füge ein: 41 (Vl II), — Am Schluß füge an: Anh. 166 (A, B, Vl I, II, Va I, II, Bc).

Lies: 43 (Vl I,   (Vl I), JLB 2 (Bc), JLB 3 (Vl I), JLB 12 (Vl I), BWV 43 (Vl I), 39 (Bc), JLB 13 (Bc),
Bc),   BWV 88 (Vl I), JLB 7 (Bctr), BWV 19 (Vl I), 27 (Vl I), 47 (Bc), 169 (Bc), 56 (Vl II, Va),
49 (Vl I), 98 (Bctr), 55 (Vl I), 52 (Fg), 207 (Trav I, Ob I, Bc), 225 (B II), vielleicht auch
4 (Vl I).

Anonymus IIf

Nachweisbar 19. 11. 1724 bis 2. 2. 1727 oder 8. 6. 1727.
Siehe unten   BWV 26 (Bc), 232^{III} (Vl I, II, Bc), 133 (Vl I, Bc), 123 (Vl I), 3 (Ob d'amore, Vl II), 111
(Vl II), 127 (Vl II), 42 (Fg), 85 (Vl II, Bc), 103 (Bc), 108 (Vl II), 87 (Vl I, II), 128 (Vl I,
Ob II), 183 (Bc), 74 (Vl II), 164 (Vl I, Trav I, II), 79 (Vl I), 110 (Vl I), 28 (Vl I), 16 (Ob II),
32 (Bc), 72 (Vl I), JLB 1 (Bc), JLB 2 (Vl II), JLB 5 (Bc), JLB 11 (Vl I, II), JLB 6 (Vl II),
JLB 14 (Bc), BWV 43 (Vl II, Bc), JLB 17 (Bc), BWV 88 (Bc), 170 (Bc), 193 (Vl I), JLB
15 (Bc), JLB 16 (Vl I), BWV 17 (Vl I), 19 Vl I), II, Va), 27 (Vl I), 47 (Vl I), 56 (Bctr),
98 (Vl I), 55 (Vl I, Bc), 207 (Trav II, Vl II, Bc), 82 (Bc), 83 (Bctr), 225 (B I), 129 (Bc).

Anna Magdalena Bach

Zu ihrer Identifizierung vgl. Dadelsen I, S. 27 ff.
Nachweisbar ab 19. 11. 1724.
Vor JLB 9:   BWV 26 (S, A, T, B), 124 (Vl I, II), 111 (Vl II), 151 (Vl II), 32 (Vl I), 13 (Vl I, II), JLB
72 (Bc),   9 (Vl II), BWV 49 (unbekanntes Fragment in *P 111*), 226 (S II), 232^{I} (Vc), 58 (Vl I), 14
(Bc), 9 (Bc), 62 (Vne), 41 (Vl I), 244 (Vl I, Chor I; Bc, Chor I, II), 195 (Bc).

Anonymus IIg

Nachweisbar 25. 12. (29. 9. ?) 1724 bis 11. 2. 1725.
Vor 111: 41 (Bc),   BWV 232^{III} (Vl I), 123 (Vl II), 111 (Bc), 92 (Bctr), 125 (Vl I), 127 (Bc), vielleicht auch
Füge an: 176 (Bc).   BWV 130 (Bc).

Wilhelm Friedemann Bach

Nachweisbar ab 25. 12. 1724.
BWV 91 (Vl I, II), 133 (Cto), 123 (Vl I, II, Bc), 124 (A, Bc), 3 (Vl I, II, Bc), 111 (Vl I),
92 (Ob I, II, Vl I, II, Va), 125 (Vl I, Bc, Org), 126 (Vl I, Bc), 127 (Vl I, II, Va, Bctr), 1
(Ob da caccia), 42 (Vl II), 85 (Bc), 103 (Vl I), 108 (Bc), 87 (Bc), 128 (Vl I), 74 (Vl I), 175
(Bc), 164 (Ob II − nur Signet), 79 (Bc), 57 (Vl I, Bc), 151 (Vl I), 28 (Satzüberschriften,
Revision), 16 (Vl II), 32 (Bc, Bctr), 13 (Bc), 72 (Vl I), JLB 9 (Vl II, Va), JLB 3 (Bc,
Bctr), JLB 5 (Bc), BWV 34a (B), 15 (Vl II), JLB 12 (Vl I), JLB 14 (Vl II), BWV 193
(Va), 232^{III} (Ti), 232^{I} (Vl I); vielleicht auch Fragment BWV 130 (Vl II) in BWV 114,
ferner JLB 13 (unbez. Fragment) und BWV 35 (Taille).

Anonymus IIh

Nachweisbar 26. 12. 1724 bis 31. 10. 1725.
BWV 121 (Bc), 133 (Vl I, II), 111 (Vl II), 6 (Vl I, II), 79 (Bc), vielleicht auch 175 (Vc
piccolo).

Anonymus IIIa

Nachweisbar 26. 8. 1725 bis 5. 1. 1727 (8. 6. 1727?).
BWV 164 (Vl II), 79 (Vl II), 57 (Vl II), 28 (Ob I, Taille), JLB 1 (Vl I), JLB 2 (Vl I), JLB
3 (Bc), JLB 4 (Vl I), JLB 5 (Vl I), JLB 6 (Vl I), JLB 14 (Vl II), JLB 13 (Vl I), BWV 88
(Taille), JLB 7 (Vl I), BWV 193 (Ob I, II), JLB 16 (Vc e Fg), BWV 19 (Bc), 49 (Vne),
Füge an: 98 (Bc), 207 (Vl I), 58 (Bc), 129 (Bc).
Anh. 166
(Vl II).   Zu Anonymus IIf: Vor 123 füge ein: 41 (Vl I), — Vor 164 füge ein: 176 (Vl I),
168 (Vl II), — Am Schluß füge an: Anh. 166 (S, Vl I).

Anonymus III b
Nachweisbar 25. 12. 1725 bis nach 9. 2. 1727.
BWV 110 (Vl II), 28 (Ob II, Vl II), 16 (Vl I, Ob I), JLB 9 (Bc), JLB 2 (Bc, Bctr), JLB 3 (Vl II), JLB 4 (Vl II), JLB 5 (Vl II), BWV 15 (Vl I, II, Bc), JLB 6 (Cembalo), JLB 14, (Vl I), BWV 43 (Vl II), 39 (Fl II), JLB 13 (Vl II), 88 (Vl II), JLB 7 (Bc), BWV 45 (Vl I), JLB 15 (Bc), BWV 35 (Ob II, Bc), JLB 16 (Vl II), BWV 17 (Vl II, Bc, Bctr), 27 (Bctr; Schlußchoral in Ob I, Vl II, Va, Bc), 47 (Bctr), 169 (Bc), 56 (Va, Bctr), 55 (Trav, Ob, Vl II, Bc), 52 (Vl I), 207 (Ob II, Taille, Bc), 58 (Bctr), 84 (Vl II), 69a (Ergänzungen).

Siehe unten

Anonymus III c
Nachweisbar 26. 12. 1725 und 13. 1. 1726.
BWV 57 (Vl I, Bc), 32 (Vl II, Bc).

Anonymus III d
Nachweisbar 26. 12. 1725 bis 24. 2. 1726.
BWV 57 (Vl I), JLB 2 (Bctr), JLB 4 (Cembalo).

Anonymus III e
Nachweisbar 24. 6. 1726 bis 24. 11. 1726.
JLB 17 (Vl II), 27 (Bctr), 52 (Bctr).

Anonymus III f
Nachweisbar 24. 6. 1726 bis 9. 2. 1727.
JLB 17 (Vl I), JLB 13 (Bc), BWV 88 (Vl I, II, Bctr), 45 (Bc), 102 (Bctr), 35 (2. Hauptschr.), JLB 16 (Bctr), 19 (Vl I, Bctr), 56 (Vl I), 49 (Bc), 82 (Vl I), 84 (Bc).

N 53

Füge an:
Anh. 166 (Bctr).

Anonymus III g
Nachweisbar 21. 7. 1726 bis 20. 10. 1726.
BWV 88 (Ob I, II), JLB 15 (Vl II), BWV 17 (Vl II), 47 (Vl I), 169 (Vl I, II).

Anonymus III h
Nachweisbar 26. 8. 1726 bis 9. 2. 1727.
BWV 193 (Vl II), JLB 15 (Vl II), BWV 35 (Vl I), 19 (Vl II), 27 (Vl II), 47 (Vl II), 169 (Vl II), 56 (Vl II), 49 (Vl II), 98 (Vl II), 52 (Vl II), 207 (Vl II), 58 (Vl II), 82 (Vl II), 84 (Vl I), 232^{III} (Vl I).

Füge an:
vielleicht JLB 11 (Bc).

Anonymus III i
Nachweisbar 1. 9. 1726 bis 13. 10. 1726.
JLB 15 (Vl I), BWV 17 (Bc), 47 (Vl II).

Anonymus III j
Nachweisbar 1. 9. 1726 bis 9. 2. 1727.
JLB 15 (Vl I), BWV 27 (Cno, Bc), 169 (Ob I, II, Vl I, II), 56 (Vl I), 98 (Vl I), 207 (Vl II, Va), 82 (Vl II), 84 (Vl II), 232^{III} (Bc).

Anonymus III k
Nachweisbar 17. 11. 1726 und 11. 12. 1726.
BWV 55 (Vl II), 207 (Vl II).

Anonymus IV a
Nachweisbar 6. 6. 1729.
BWV 174 (Teile der Partitur. Va I, Vc I). Eventuell identisch mit dem Schreiber des Fragments der Kantate „Ich bin ein Pilgrim auf der Welt" (in *P 670*).

Siehe unten

Zu Anonymus IIIb: Füge ein vor JLB 9: 72 (Bc), — vor 58: 129 (Bctr?), — Am Schluß füge an: 182 (Vl, Vne), Anh. 166 (S, Vl II, Va I, II).

Als neu erfaßten Kopisten füge ein:
Anonymus IVb
Nachweisbar 6. 6. 1729 bis 27. 8. 1731. Evtl. Frühform Hauptkopist F.
BWV 174 (Vl II conc., III conc.), 201 (Bc), 29 (Bc).

Carl Philipp Emanuel Bach
Nachweisbar ab 6. 6. 1729.
Zu seiner Identifizierung s. Dadelsen I, S. 37ff.
BWV 174 (Vl I, II, Va), 226 (Ob I, II, Taille, Fg, Vne), 201 (S), 29 (Org), 70 (Vc oblig.), 16 (Violetta), 79 (Trav II, Ob I), 232 (S I, II), 213 (Va certata I, II), 91 (Bc), 211 (Cembalo), 246 (Partitur, S. 24–59).

Anonymus V a
Nachweisbar am 17. 9. 1730.
BWV 51 (Vl I), 192 (Trav, Bc).

Anonymus V b
Nachweisbar am 17. 9. 1730.
BWV 51 (Bc), 192 (Vl II).

Anonymus V c
Nachweisbar am 17. 9. 1730.
BWV 51 (Bctr), 192 (Bctr).

Anonymus V d
Nachweisbar um 1729/30.
BWV 192 (Vl I), 201 (Vl I).

Anonymus V e
Nachweisbar 17. 9. 1730 bis um 1734.
BWV 51 (Vl II), 192 (Trav II, Ob I, II), 36 (Vl I), 177 (Vl I), 96 (Vl piccolo), 9 (Hauptschr.), 100 (Vl I).

Anonymus V f
Füge an: Nachweisbar 3. 5. 1731 bis 5. 10. 1734.
238 (P Breitkopf).   BWV 172 (Vl II), 29 (Vl II), 213 (Vl II), 215 (Bc), 100 (Vl II).

N 54   *Anonymus V g*
bis 30. 3. 1736   Nachweisbar 5. 9. 1733 bis 2. 2. 1735.
Siehe unten   BWV 213 (Vl I), 215 (4. Hauptschr.), 97 (einziger Schr. außer Bach), 248^I (Fg, Org), 248^{II} (Org), 248^{III} (Org), 248^{IV} (Org), 82 (Vl II), 244 (Vl II/Chor I u. II).

Anonymus V h
Lies: Nachweisbar 5. 10. 1734 bis 2. 2. 1735.
248^v (Vl II, Bc)   BWV 215 (Vl I), 248^{II} (Korrektur in Vl I), 248^V (Bc), 248^{VI} (Korrekturen in Vl I, II), 14 (Vl I, II), 82 (Trav), 211 (Hauptschr.).

Anonymus V i
Nachweisbar 27. 12. 1734 bis 2. 1. 1735.
BWV 248^{III} (Bc), 248^{IV} (Vl I), 248^V (Vl I, II).

Anonymus V j
Um 1734.
BWV 100 (Trav, Ob d'amore, Vl I, Va), 249 (Vl I), 36b (Vl II, Va).

Anonymus V k
Siehe unten   Um 1734.
BWV 9 (Trav), 207a (Bc).

Zu Anonymus Vg: Füge ein vor 97: Telemann, „Machet die Tore weit" (Hauptschr.), Zu Anonymus Vk: Statt „Um 1734" lies: Nicht datierbar. — Zu BWV 207a lies bzw. füge an: (S, A, T, B, Bc), 206 (Bc).

Anonymus V l
Um 1734.
BWV 9 (Bc), 248^{IV} (Bc), vielleicht 248^{I} (Vl I).

Johann Friedrich Agricola
Zu seiner Identifizierung s. Dadelsen I, S. 20.
In Leipzig 1738 bis 1740; Hss. nicht datierbar.
BWV 210 (Vl I, II, Va, Trav, Ob d'amour).

Johann Christoph Altnikol
Zu seiner Identifizierung siehe Dadelsen I, S. 21.
In Leipzig 1744 bis 1748; Hss. nicht datierbar.
BWV 8 (B), 82 (B, Bc), 139 (Vl I, Einlage), 96 (Bctr-Fragment bei *P 179*).

Füge an: Pergolesi-Bach (alle Sti).

Anonymus V m
Nicht datierbar.
BWV 177 (Bctr), 244 (S in Ripieno, Cembalo), 100 (Org), vielleicht auch 64 (Org).

Anonymus V n
Nicht datierbar.
BWV 94 (Trav), 101 (Vl solo), 8 (Fl piccolo, Trav).

N 55

Anonymus V o
Nicht datierbar, vermutlich letztes Lebensjahrzehnt Bachs.
BWV 133 (Vl I), 126 (Bc), 178 (Bc), 94 (Vl I, Bc).
Durchweg in später hinzugefügten Stimmen erfaßt.

Tilge Anon. Vo (nach 1750: Krit. Bericht NBA I/21, S. 125)

Anonymus V p
Nicht datierbar. Vgl. Dadelsen I, S. 19 und Krit. Bericht NBA V/4, S. 89f.: Gottfried Heinrich Bach?
BWV 244 (Org/Chor I, II), 206 (Vl I, Bc).

Lies bzw. erg. 206 (A, Vl I, Bc), Bassani, Missa (P).

Anonymus V q
Nicht datierbar, vermutlich letztes Lebensjahrzehnt Bachs.
Vgl. Dadelsen I, S. 19f.: Joh. Chr. Friedrich Bach?
BWV 245 (letzte Stimmengruppe: Bc; Schlußchoral), Passions-Pasticcio Keiser/Händel[6] (Cembalo), 195 (Part, S. 19—25), 234 (Hauptschreiber), vielleicht auch Goldberg, Kantate 1 (2. Hauptschr.).

N 56

Lies: S. 19—25, Textbogen)

Anonymus V r
Nicht datierbar, nachweisbar in Bachs letzten Lebensjahren.
Vgl. Dadelsen I, S. 16.
BWV 245 (letzte Stimmengruppe: Bc, Ergänzungen in Vl I, II), 195 (Trba I—III, Ti, Vl I, Bc), 232^{III} (Bc).

Siehe unten

---

[6] In Privatbesitz.

Nachtrag weiterer neu ermittelter Kopisten:
Anonymus Vs
Nachweisbar um 5. 9. 1733.
BWV 213 (A, Vl I, Bc), Telemann, „Seliges Erwägen" (S, A, T, B jeweils in ripieno, Vl II).
Anonymus Vt
Nicht datierbar, vermutlich letztes Lebensjahrzehnt Bachs.
BWV 234 (Trav, Bc), 195 (S, Ob I).

Anhang C

Verzeichnis der ermittelten Aufführungen 1723 bis 1750
Nach BWV-Nummern geordnet

(Neufassung 2. Auflage)

Auff.-Kalender Seite

1. Wie schön leuchtet der Morgenstern   1725 79
2. Ach Gott, vom Himmel sieh darein   1724 72
3. Ach Gott, wie manches Herzeleid   1725 78
4. Christ lag in Todes Banden   1724 (?), 1725 . . . . 68, 80
5. Wo soll ich fliehen hin   1724, 1732/35 . . . . 75, 113
6. Bleib bei uns, denn es will Abend werden   1725, zwei Wiederaufführungen in unbekannter Zeit . 80
7. Christ unser Herr zum Jordan kam   1724 72
8. Liebster Gott, wann werd ich sterben   1724, 1735/50 . . . . 74, 118
9. Es ist das Heil uns kommen her   1732/35 111
10. Meine Seel erhebt den Herren   1724, 1744/50 . . . . 72, 118
11. Lobet Gott in seinen Reichen (Himmelfahrts-Oratorium)   1735 111
12. Weinen, Klagen, Sorgen, Zagen   1724 69
13. Meine Seufzer, meine Tränen   1726 85
14. Wär Gott nicht mit uns diese Zeit   1735 110
15. Denn du wirst meine Seele nicht in der Hölle lassen (von Johann Ludwig Bach)   1726 . . . 86
16. Herr Gott, dich loben wir   1726, 1728/31, 1735/50 . . . . 84, 105, 118
17. Wer Dank opfert, der preiset mich   1726 90
18. Gleichwie der Regen und Schnee vom Himmel fällt   1724 (?) 66
19. Es erhub sich ein Streit   1726 90
20. O Ewigkeit, du Donnerwort   1724 72
21. Ich hatte viel Bekümmernis   1723 58
22. Jesus nahm zu sich die Zwölfe   1723, 1724 . . . . 57, 67
23. Du wahrer Gott und Davids Sohn   1723 (?), 1728/31 . . . . 57, 67, 105
24. Ein ungefärbt Gemüte   1723 58
25. Es ist nichts Gesundes an meinem Leibe   1723 61
26. Ach wie flüchtig, ach wie nichtig   1724 76
27. Wer weiß, wie nahe mir mein Ende   1726, 1735/50 . . . . 90, 118
28. Gottlob! Nun geht das Jahr zu Ende   1725 84
29. Wir danken dir, Gott, wir danken dir   1731, 1739, 1749 . . . . 104, 114
30. Freue dich, erlöste Schar   1735/50 (vor 1742?) 115
30a. Angenehmes Wiederau   1737 113
31. Der Himmel lacht! Die Erde jubilieret   1724, 1731 . . . . 68, 101
32. Liebster Jesu, mein Verlangen   1726 84
33. Allein zu dir, Herr Jesu Christ   1724 74
34. O ewiges Feuer, o Ursprung der Liebe   1735/50 (nach 1742?) 115
34a. O ewiges Feuer, o Ursprung der Liebe   1726 86
35. Geist und Seele wird verwirret   1726 90
36. Schwingt freudig euch empor, frühere Fassung vor 1731, spätere Fassung   1731 104
36a. Steigt freudig in die Luft   1725 oder 1726 91
36b. Die Freude reget sich   1732/35 (1735?) 113
36c. Schwingt freudig euch empor   1725 81
37. Wer da gläubet und getauft wird   1724, 1731 . . . . 69, 102
38. Aus tiefer Not schrei ich zu dir   1724 75
39. Brich dem Hungrigen dein Brot   1726 88
40. Dazu ist erschienen der Sohn Gottes   1723 64
41. Jesu, nun sei gepreiset   1725, 1732/35 . . . . 77, 112
42. Am Abend aber desselbigen Sabbats   1725, 1731, 1735/50 . . . . 80, 102, 118
43. Gott fähret auf mit Jauchzen   1726 87
44. Sie werden euch in den Bann tun   1724 69

		Auff.-Kalender Seite

45. Es ist dir gesagt, Mensch, was gut ist 1726 89
46. Schauet doch und sehet, ob irgend ein Schmerz sei 1723 59
47. Wer sich selbst erhöhet, der soll erniedriget werden 1726, 1734/50 . . . . . 90, 118
48. Ich elender Mensch, wer wird mich erlösen 1723 61
49. Ich geh und suche mit Verlangen 1726 91
50. Nun ist das Heil und die Kraft (keine Neuerkenntnisse) . . . . —
51. Jauchzet Gott in allen Landen 1730 101
52. Falsche Welt, dir trau ich nicht 1726 91
53. Schlage doch, gewünschte Stunde (unecht) . . . . —
54. Widerstehe doch der Sünde (keine Neuerkenntnisse) . . . . —
55. Ich armer Mensch, ich Sündenknecht 1726 91
56. Ich will den Kreuzstab gerne tragen 1726 91
57. Selig ist der Mann 1725 84
58. Ach Gott, wie manches Herzeleid 1727, 1733 oder 1734 . . . . 94, 108
59. Wer mich liebet, der wird mein Wort halten 1724, vielleicht auch 1723 . . . 70
60. O Ewigkeit, du Donnerwort 1723, (nach 1750?) 63
61. Nun komm, der Heiden Heiland 1723 63
62. Nun komm, der Heiden Heiland 1724, 1732/35 . . . . 76, 111
63. Christen, ätzet diesen Tag 1723, 1729 (?) 64, 100
64. Sehet, welch eine Liebe hat uns der Vater erzeiget 1723, 1735/50 . . . . . 64, 118
65. Sie werden aus Saba alle kommen 1724 65
66. Erfreut euch, ihr Herzen 1724, 1731, 1735 (?) 68, 101, 110
67. Halt im Gedächtnis Jesum Christ 1724 69
68. Also hat Gott die Welt geliebt 1725 81
69. Lobe den Herrn, meine Seele 1743/50 118
69a. Lobe den Herrn, meine Seele 1723, 1727 . . . . 60, 96
70. Wachet! betet! betet! wachet 1723, 1731 . . . . 63, 104
71. Gott ist mein König (keine Neuerkenntnisse) . . . . —
72. Alles nur nach Gottes Willen 1726 85
73. Herr, wie du willst, so schicks mit mir 1723, 1732/35 (?) 66, 112
74. Wer mich liebet, der wird mein Wort halten 1725 81
75. Die Elenden sollen essen 1723 57
76. Die Himmel erzählen die Ehre Gottes 1723, 1724 oder 1725 (?) 58, 75, 82
77. Du sollt Gott, deinen Herren, lieben 1723 61
78. Jesu, der du meine Seele 1724 74
79. Gott der Herr ist Sonn und Schild 1725, 1728/31 . . . . 83, 106
80. Ein feste Burg ist unser Gott (keine Neuerkenntnisse) . . . . —
80a. Alles, was von Gott geboren (keine Neuerkenntnisse) . . . . —
80b. Ein feste Burg ist unser Gott 1723 . . . . 62 (N 6)
81. Jesus schläft, was soll ich hoffen 1724 66
82. Ich habe genung 1727, um 1731, 1735, 1745/48 . . . . . . 94, 100 f., 110, 118
83. Erfreute Zeit im neuen Bunde 1724, 1727 (?) 66, 94
84. Ich bin vergnügt mit meinem Glücke 1727 95
85. Ich bin ein guter Hirt 1725 80
86. Wahrlich, wahrlich, ich sage euch 1724 69
87. Bisher habt ihr nichts gebeten in meinem Namen 1725 81
88. Siehe, ich will viel Fischer aussenden 1726 88
89. Was soll ich aus dir machen, Ephraim 1723 62
90. Es reißet euch ein schrecklich Ende 1723 63
91. Gelobet seist du, Jesu Christ 1724, 1732/35, 1735/50 . . . . 76, 112, 118
92. Ich hab in Gottes Herz und Sinn 1725 78
93. Wer nur den lieben Gott läßt walten 1724, 1732/33 . . . . 72, 107
94. Was frag ich nach der Welt 1724, 1732/35, 1735/50 . . . . 73, 113, 118
95. Christus, der ist mein Leben 1723 61
96. Herr Christ, der einge Gottessohn 1724, 1734(?), 1744/48 . . . . 75, 108, 118
97. In allen meinen Taten 1734, 1735/50 (2 x) . . . . 109, 118 (N 35)

Auff.-Kalender
Seite

98. Was Gott tut, das ist wohlgetan 1726 91
99. Was Gott tut, das ist wohlgetan 1724 74
100. Was Gott tut, das ist wohlgetan 1732/35, 1735/50 . . . . 111, 118
101. Nimm von uns, Herr, du treuer Gott 1724, 1735/50 . . . . 73, 118
102. Herr, deine Augen sehen nach dem Glauben 1726, 1735/50 (1737?) 89, 118
103. Ihr werdet weinen und heulen 1725, 1731 . . . . 80, 102
104. Du Hirte Israel, höre 1724 69
105. Herr, gehe nicht ins Gericht 1723 59
106. Gottes Zeit ist die allerbeste Zeit (keine Neuerkenntnisse) . . . . —
107. Was willst du dich betrüben 1724 73
108. Es ist euch gut, daß ich hingehe 1725 80
109. Ich glaube, lieber Herr, hilf meinem Unglauben 1723 62
110. Unser Mund sei voll Lachens 1725, 1728/31 . . . . 83, 105
111. Was mein Gott will, das gscheh allzeit 1725 78
112. Der Herr ist mein getreuer Hirt 1731 102
113. Herr Jesu Christ, du höchstes Gut 1724 73
114. Ach lieben Christen, seid getrost 1724 74
115. Mache dich, mein Geist, bereit 1724 76
116. Du Friedefürst, Herr Jesu Christ 1724 76
117. Sei Lob und Ehr dem höchsten Gut um 1728/31 106
118. O Jesu Christ, meins Lebens Licht 1735/50 (2 x) 116, 118
119. Preise, Jerusalem, den Herrn 1723 61
120. Gott, man lobet dich in der Stille um 1728 97
120a. Herr Gott, Beherrscher aller Dinge 1729 (?) 99
120b. Gott, man lobet dich in der Stille 1730 100
121. Christum wir sollen loben schon 1724 77
122. Das neugeborne Kindelein 1724 77
123. Liebster Immanuel, Herzog der Frommen 1725 78
124. Meinen Jesum laß ich nicht 1725 78
125. Mit Fried und Freud ich fahr dahin 1725 78
126. Erhalt uns, Herr, bei deinem Wort 1725, 1735/50 . . . . 78, 118
127. Herr Jesu Christ, wahr' Mensch und Gott 1725 79
128. Auf Christi Himmelfahrt allein 1725 81
129. Gelobet sei der Herr, mein Gott 1726 oder 1727, 1732/35, 1735/50 . . . . . 88, 96, 112, 118
130. Herr Gott, dich loben alle wir 1724 74
131. Aus der Tiefen rufe ich, Herr, zu dir (keine Neuerkenntnisse) . . . . —
132. Bereitet die Wege, bereitet die Bahn (keine Neuerkenntnisse) . . . . —
133. Ich freue mich in dir 1724, 1735/50 . . . . 77, 118
134. Ein Herz, das seinen Jesum lebend weiß 1724, 1731, 1735 (?) 68, 102, 110
134a. Die Zeit, die Tag und Jahre macht (keine Neuerkenntnisse) . . . . —
135. Ach Herr, mich armen Sünder 1724 72
136. Erforsche mich, Gott, und erfahre mein Herz 1723 59
137. Lobe den Herren, den mächtigen König der Ehren 1725, 1744/50 . . . . 82, 118
138. Warum betrübst du dich, mein Herz 1723 61
139. Wohl dem, der sich auf seinen Gott 1724, 1744/48 . . . . 76, 118
140. Wachet auf, ruft uns die Stimme 1731 104
141. Das ist je gewißlich wahr (von Telemann, Aufführung durch Bach nicht nachweisbar) . . . —
142. Uns ist ein Kind geboren (unecht) . . . . —
143. Lobe den Herrn, meine Seele (keine Neuerkenntnisse) . . . . —
144. Nimm, was dein ist, und gehe hin 1724 66
145. Ich lebe, mein Herze, zu deinem Ergötzen 1729 (?) 99
146. Wir müssen durch viel Trübsal vielleicht 1726 . . . . 87 (N 18)
147. Herz und Mund und Tat und Leben 1723, 1728/31 . . . . 59, 106
148. Bringet dem Herrn Ehre seines Namens 1723 (?) 61
149. Man singet mit Freuden vom Sieg um 1728 (1729 ?) 97
150. Nach dir, Herr, verlanget mich (keine Neuerkenntnisse) . . . . —

	Auff.-Kalender Seite

151. Süßer Trost, mein Jesus kömmt   1725, 1728/31 . . . . 84, 105
152. Tritt auf die Glaubensbahn   (keine Neuerkenntnisse) . . . . —
153. Schau, lieber Gott, wie meine Feind   1724 65
154. Mein liebster Jesus ist verloren   1724, 1736/37 . . . . 65, 118
155. Mein Gott, wie lang, ach lange   1724 65
156. Ich steh mit einem Fuß im Grabe   1729 (?) 99
157. Ich lasse dich nicht, du segnest mich denn   nach 1727 (?) 95
158. Der Friede sei mit dir   (keine Neuerkenntnisse) . . . . —
159. Sehet, wir gehn hinauf gen Jerusalem   1729 (?) 99
160. Ich weiß, daß mein Erlöser lebt   (von Telemann, Aufführung durch Bach nicht nachweisbar) . . —
161. Komm, du süße Todesstunde   (keine Neuerkenntnisse) . . . . —
162. Ach! ich sehe, itzt, da ich zur Hochzeit gehe   1723 62
163. Nur jedem das Seine   vielleicht 1723 62
164. Ihr, die ihr euch von Christo nennet   1725 83
165. O heilges Geist- und Wasserbad   1724 71
166. Wo gehest du hin   1724 69
167. Ihr Menschen rühmet Gottes Liebe   1723 58
168. Tue Rechnung! Donnerwort   1725 82
169. Gott soll allein mein Herze haben   1726 91
170. Vergnügte Ruh, beliebte Seelenlust   1726, 1735/50 . . . . 88, 118
171. Gott, wie dein Name, so ist auch dein Ruhm   1729 (?) 99
172. Erschallet, ihr Lieder, erklinget, ihr Saiten   1724, 1731 . . . . 70, 103
173. Erhöhtes Fleisch und Blut   1724 (?), um 1728, 1731 . . . . 70, 96, 103
173a. Durchlauchtster Leopold   (keine Neuerkenntnisse) . . . . —
174. Ich liebe den Höchsten von ganzem Gemüte   1729 98
175. Er rufet seinen Schafen mit Namen   1725, 1735/50 . . . . 81, 118
176. Es ist ein trotzig und verzagt Ding   1725 81
177. Ich ruf zu dir, Herr Jesu Christ   1732, 1735/50 . . . . 107, 118
178. Wo Gott der Herr nicht bei uns hält   1724, 1735/50 . . . . 73, 118
179. Siehe zu, daß deine Gottesfurcht nicht Heuchelei sei   1723 60
180. Schmücke dich, o liebe Seele   1724 75
181. Leichtgesinnte Flattergeister   1724, 1735/50 . . . . 66, 118
182. Himmelskönig, sei willkommen   1724, 1728/31 (1728?) 67, 105
183. Sie werden euch in den Bann tun   1725 81
184. Erwünschtes Freudenlicht   1724, 1731 . . . . 70, 103
185. Barmherziges Herze der ewigen Liebe   1723 58
186. Ärgre dich, o Seele, nicht   1723 59
187. Es wartet alles auf dich   1726, 1735/50 . . . . 89, 118 (N 35)
188. Ich habe meine Zuversicht   um 1728 98
189. Meine Seele rühmt und preist   (unecht) . . . . —
190. Singet dem Herrn ein neues Lied   1724, 1735/50 . . . . 65, 118
190a. Singet dem Herrn ein neues Lied   1730 100
191. Gloria in excelsis Deo   1735/50 (nach 1742?) 114
192. Nun danket alle Gott   1730 102
193. Ihr Tore zu Zion   um 1727 89
193a. Ihr Häuser des Himmels   1727 96
194. Höchsterwünschtes Freudenfest   1723, 1724, 1726, 1731 . . . . 62, 71, 87, 103
195. Dem Gerechten muß das Licht   1728/31 (?), um 1747/48, nach 1747/48 . . . 106, 115, 116
196. Der Herr denket an uns   (keine Neuerkenntnisse) . . . . —
197. Gott ist unsre Zuversicht   um 1735/50 (vor 1742?) 115
197a. Ehre sei Gott in der Höhe 98
198. Laß, Fürstin, laß noch einen Strahl   1727 96
199. Mein Herze schwimmt im Blut   1723 (?) 60
200. Bekennen will ich seinen Namen   um 1735/50 (nach 1742?) 114
201. Geschwinde, ihr wirbelnden Winde   1729 (?), 1749 100
202. Weichet nur, betrübte Schatten   (keine Neuerkenntnisse) . . . . —

	Auff.-Kalender Seite
203. Amore traditore (keine Neuerkennntnisse)	—
204. Ich bin in mir vergnügt 1726 oderr1727	93
205. Zerreißet, zersprenget, zertrümmert die Gruft 1725	82
205a. Blast Lärmen, ihr Feinde 1734	108
206. Schleicht, spielende Wellen 1736, 1740 oder 1742	113
207. Vereinigte Zwietracht der wechselnden Saiten 1726	92
207a. Auf, schmetternde Töne 1735 (?)	108, 111
208. Was mir behagt, ist nur die muntre Jagd (keine Neuerkenntnisse)	—
208a. Was mir behagt, ist nur die muntre Jagd 1740 oder 1742	111
209. Non sa che sia dolore (keine Neuerkenntnisse)	—
210. O holder Tag, erwünschte Zeit um 1738/41, 1742 oder 1744	117
210a. O angenehme Melodei drei Aufführungen nach 1738	117
211. Schweigt stille, plaudert nicht 1732/35	111
212. Mer hahn en neue Oberkeet 1742	114
213. Laßt uns sorgen, laßt uns wachen 1733	107
214. Tönet, ihr Pauken! Erschallet, Trompeten 1733	108
215. Preise dein Glücke, gesegnetes Sachsen 1734	108
216. Vergnügte Pleißenstadt 1728	96
216a. Erwählte Pleißenstadt (keine Neuerkenntnisse)	—
217—222. (Kantaten — unecht)	—
223—224. (Kantatenfragmente — keine Neuerkenntnisse)	—
225. Singet dem Herrn ein neues Lied 1726 oder 1727	92
226. Der Geist hilft unser Schwachheit auf 1729	99
227—231. (Motetten — keine Neuerkenntnisse)	—
232ᴵ. Missa h-Moll 1733	107
232ᴵᴵ. Symbolum Nicenum letzte Lebensjahre Bachs	106, 116
232ᴵᴵᴵ. Sanctus D-Dur 1724, 1726 oder 1727, letzte Lebensjahre Bachs	77, 92, 93, 96, 116, 118
232ᴵⱽ. Osanna, Benedictus, Agnus Dei, Dona nobis Pacem, letzte Lebensjahre Bachs	116
233(a). Missa F-Dur (keine Neuerkenntnisse)	—
234. Missa A-Dur 1735/50 (letzte Lebensjahre Bachs?)	116
235. Missa g-Moll (keine Neuerkenntnisse)	—
236. Missa G-Dur 1735/50 (?)	116
237. Sanctus C-Dur 1723	57
238. Sanctus D-Dur 1723 oder 1724, um 1732/35, 1735/50	64, 113 (N 29), 118
239. Sanctus d-Moll 1735/50	116
240. Sanctus G-Dur 1735/50 (oder früher?)	117
241. Sanctus D-Dur (keine Neuerkenntnisse)	—
242. Christe eleison g-Moll (keine Neuerkenntnisse)	—
243. Magnificat D-Dur 1728/31	105
243a. Magnificat Es-Dur 1723	64
244. Matthäus-Passion (spätere Fassung) 1736, nach 1736	113, 115
244a. Klagt, Kinder, klagt 1729	98
244b. Matthäus-Passion (Frühfassung) 1727 oder 1729	95, 98
245. Johannes-Passion 1724, 1725, 1728/31, letzte Lebensjahre Bachs	67, 79, 105, 114
246. Lukas-Passion (unecht) 1730 (?), 1735/50	100, 110, 118 (N 35)
247. Markus-Passion 1731	101
248. Weihnachts-Oratorium 1734—1735	109, 110
249. Oster-Oratorium 1725, 1732/35 (?), 1735/50	79, 112, 118
250—252. Drei Choräle zu Trauungen 1729 (?)	100
1045. Kantate, Text unbekannt um 1744	118 (N 34)
Anh. 1. Gesegnet ist die Zuversicht (vermutlich unecht, keine Neuerkenntnisse)	—
Anh. 2. Kantate zum 19. p. Trin. 1729 (?)	98
Anh. 3. Gott, gib dein Gericht dem Könige 1730	101
Anh. 4. Wünschet Jerusalem Glück 1727, 1741	96, 114 (N 31)
Anh. 4a. Wünschet Jerusalem Glück 1730	100

Auff.-Kalender
Seite

Anh. 5. Lobet den Herrn, alle seine Heerscharen   (keine Neuerkenntnisse) . . . . —
Anh. 6. Dich loben die lieblichen Strahlen der Sonne   (keine Neuerkenntnisse) . . . . . . —
Anh. 7. Heut ist gewiß ein guter Tag   (keine Neuerkenntnisse) . . . . —
Anh. 8. (Köthener Neujahrs-Kantate, keine Neuerkenntnisse) . . . . —
Anh. 9. Entfernet euch, ihr heitern Sterne   1727 96
Anh. 10. So kämpfet nun, ihr muntern Töne   1731 104
Anh. 11. Es lebe der König, der Vater im Lande   1732 107
Anh. 12. Frohes Volk, vergnüge Sachsen   1733 107
Anh. 13. Willkommen, ihr herrschenden Götter der Erden   1738 114
Anh. 14. Sein Segen fließt daher wie ein Strom   1725 79
Anh. 15. Siehe, der Hüter Israel   (keine Neuerkenntnisse) . . . . —
Anh. 16. Schließt die Gruft, ihr Trauerglocken   (keine Neuerkenntnisse) . . . . —
Anh. 17. Mein Gott, nimm die gerechte Seele   (keine Neuerkenntnisse) . . . . —
Anh. 18. Froher Tag, verlangte Stunden   1732 106
Anh. 19. Thomana saß annoch betrübt   1734 109
Anh. 20. (lateinische Ode)   1723 60
Anh. 21. Magnificat (unecht) . . . . —
Anh. 24. Missa a-Moll (von J. C. Pez)   1724 71
Anh. 30. Magnificat C-Dur (Komponist unbekannt)   1735/50 119
Anh. 166. Missa e-Moll (von J. N. Bach)   um 1727 . . . . 96 (N 23)

Werke ohne BWV-Nummern (einschließlich Werke fremder Komponisten)

Auf, süß entzückende Gewalt   1725 83
Der Segen des Herrn machet reich (von Bach?)   1725 . . . . 82 (N 13)
Gelobet sei der Herr, der Gott Israel (von Bach?)   1725 . . . . 82 (N 13)
Herrscher des Himmels, König der Ehren   1740 . . . . 114 (N 31)
Ich bin ein Pilgrim auf der Welt   1729 99
Ich ruf zu dir, Herr Jesu Christ (von Bach?)   1725 . . . . 82 (N 13)
Meine Seele erhebt den Herrn (von Bach?)   1725 . . . . 82 (N 13)
Siehe, eine Jungfrau ist schwanger   1724 . . . . 67 (N 11)
Tilge, Höchster, meine Sünden (nach Pergolesi)   um 1744/48 . . . . 116 (N 32)
Wer sich rächet, an dem wird sich der Herr wieder rächen (von Bach?)   1725 . . . . . . 82 (N 13)

Johann Ludwig Bach

Kantate 1. Gott ist unsre Zuversicht   1726 85
Kantate 2. Der Gottlosen Arbeit wird fehlen   1726 85
Kantate 3. Darum will ich auch erwählen   1726 85
Kantate 4. Darum säet euch Gerechtigkeit   1726 85
Kantate 5. Ja, mir hast du Arbeit gemacht   1726 85
Kantate 6. Wie lieblich sind auf den Bergen   1726 87
Kantate 7. Ich will meinen Geist in euch geben   1726 89
Kantate 8. Die mit Tränen säen   1726, 1735/50 . . . . 87, 119
Kantate 9. Mache dich auf, werde Licht   1726 85
Kantate 10. Er ist aus der Angst und Gericht   1726 87
Kantate 11. Er machet uns lebendig   1726 87
Kantate 12. Und ich will ihnen einen einigen Hirten erwecken   1726 87
Kantate 13. Der Herr wird ein Neues im Land erschaffen   1726 88
Kantate 14. Die Weisheit kommt nicht in eine boshafte Seele   1726 87
Kantate 15. Durch sein Erkenntnis   1726 89
Kantate 16. Ich aber ging für dir über   1726 90
Kantate 17. Siehe, ich will meinen Engel senden   1726 88

Auff.-Kalender
Seite

Giovanni Battista Bassani

Missa F-Dur (Credo-Einschub von Bach)   nach 1742 . . . .   116 (N 32)

Antonio Caldara

Magnificat C-Dur   nach 1742   119

Johann Gottlieb Goldberg

Kantate 1. Durch die herzliche Barmherzigkeit   1742/50   119

Georg Friedrich Händel

Kantate: Armida abandonata   1728/31   106
Brockes-Passion   1735/50   119

Georg Friedrich Händel / Reinhard Keiser

Passions-Pasticcio   1735/50   119

Reinhard Keiser

Markus-Passion   1726   86

Giovanni Pierliugi da Palestrina

Missa sine nomine   nach 1742   119

Georg Philipp Telemann

Kantate: Machet die Tore weit   1734   109
Passion „Seliges Erwägen"   um 1732/35 (oder vor 1730?) . . . .   113 (N 29)

Nachtrag (2. Auflage)

1 (S. 5, Abkürzungen, BB:) Eine Übersicht über die Bach-Handschriften der ehemaligen Preußischen Staatsbibliothek bietet die Arbeit von Paul Kast, *Die Bach-Handschriften der Berliner Staatsbibliothek*, Trossingen 1958. Tübinger Bach-Studien, hrsg. von Walter Gerstenberg, Heft 2/3. Die dort mit Mbg bzw. mit Tb bezeichneten Signaturen befinden sich heute in der Staatsbibliothek Preußischer Kulturbesitz Berlin (West), die nicht näher gekennzeichneten in der Deutschen Staatsbibliothek Berlin (DDR). Die in der vorliegenden Arbeit als nicht zugänglich bezeichneten Signaturen sind bis heute aus ihrer kriegsbedingten Verlagerung nicht zurückgekehrt.
Demnach ist vor folgenden Signaturen statt BB nunmehr SPK einzusetzen (zur Zitierform der *Mus. ms. Bach*-Signaturen siehe S. 5):

P 28, 32, 34, 36, 44, 46, 53, 66, 68, 74, 77, 85, 86, 93, 102, 105, 114, 115, 118, 121, 127, 145, 146, 154, 158, 160, 161, 164, 167, 174, 175, 180, 476, 670, 866, 868, 869, 872, 873, 874, 876, 877, 878, 892.
St 1, 8, 9, 10, 11, 12, 13a, 13b, 17, 19, 20, 21, 22, 24, 25, 26, 28, 29, 30, 33a, 35, 37, 38, 40, 45, 46, 48, 49, 50, 52, 57, 58, 61, 62, 63, 66, 71, 74, 78, 79, 82, 83, 84, 85, 86, 87, 88, 93, 94, 95, 97, 98, 99, 100, 101, 102, 103, 105, 106, 108, 109, 110, 112, 114, 116, 117, 121, 122, 157, 158, 301, 303, 304, 305, 306, 307, 315, 316, 317, 327, 346, 347, 348, 355, 367, 376, 384, 387, 389, 390, 391, 392, 393, 395, 396, 399, 400, 456, 457, 459.
Am. B. 105.
Mus. ms. 7918, 11471/1, 21740/90, 21745/25.

2 (S. 5, Abkürzungen, Dadelsen II:) Inzwischen im Druck erschienen in der Reihe: Tübinger Bach-Studien, hrsg. von Walter Gerstenberg, Heft 4/5, Trossingen 1958.

3 (S. 21, Hauptkopist A:) Dieser Schreiber konnte inzwischen identifiziert werden: Er ist Johann Andreas Kuhnau (1703—?), der Neffe des Vorgängers Bachs im Thomaskantorat, Thomasschüler 1718—1728. Einzelheiten hierzu im Krit. Bericht NBA I/4 (Werner Neumann), S. 16. Kuhnau tritt auch als Schreiber in den Stimmen der Probestücke auf, die Christoph Graupner am 17. 1. 1723 bei seiner Bewerbung um das Leipziger Thomaskantorat aufgeführt hat, „Lobet den Herrn, alle Heiden" (Hauptschreiber) und „Aus der Tiefen rufen wir" (2. Hauptschreiber neben Graupner); vgl. dazu Friedrich Noack, *Johann Seb. Bachs und Christoph Graupners Kompositionen zur Bewerbung um das Thomaskantorat in Leipzig 1722—23*, in: BJ 1913, S. 145—162 (die Quellen im Besitz der Hessischen Landes- und Hochschulbibliothek Darmstadt). Die Schriftformen Kuhnaus weisen dieselben Charakteristika auf wie seine frühesten für Bach gefertigten Kopien (vgl. S. 22, Tafel I).

4 (S. 26, Hauptkopist B:) Dieser Schreiber konnte inzwischen identifiziert werden: Er ist Christian Gottlob Meißner (1707—1760), Thomasschüler 1719—1729. Einzelheiten hierzu siehe Hans-Joachim Schulze, *Johann Sebastian Bach und Christian Gottlob Meißner*, in: BJ 1968, S. 80—88. Auch Meißner tritt in den oben zu N 3 genannten Stimmen der Probestücke Graupners auf, und zwar als Schreiber einer untransponierten Continuo- bzw. der Violonestimme. Seine Schriftzüge gleichen denen in seinen frühesten für Bach angefertigten Kopien (vgl. S. 29, Tafel II). Besonders bemerkenswert ist die Übereinstimmung der Achtelpausen-Formen mit den in BWV 23 beobachteten: Ihr linkes Ende ist jeweils aufwärts gebogen, — eine Form, die in den übrigen Bach-Kopien Meißners nicht mehr auftritt, so daß die Herstellung der von Meißner geschriebenen Kopien aus BWV 23 bereits für den 7. 2. 1723 nunmehr als gesichert gelten darf.

5 (S. 57, Estomihi:) Im Hinblick auf die Schriftformen Meißners (siehe N 4) sowie auf die Tatsache, daß auch Graupner am 17. 1. 1723 zwei verschiedene Kantaten aufgeführt zu

haben scheint, ist der Hinweis auf eine eventuelle Aufführung der Kantate 23 durch folgenden Text zu ersetzen:

Vermutlich auch BWV 23, belegt durch
Stimmen *St 16*: WZ = IMK (Oboe d'amore in *d*-moll, Dubletten Vl, I, II, beide Vc-Stimmen)
    Kopisten = Hauptkopisten A, B (früheste Schriftformen).
Partitur und übrige Stimmen (Oboen in *c*-moll, Singstimmen, Streicher) bis auf Einlagen zum Schlußchoral in den Singstimmen auf Köthener Papier. Der laut BG 5¹ vorhandene Bc in *a*-moll ist verschollen.
Vermutlich Aufführung dieser von Köthen aus in *c*-moll und zunächst ohne Schlußchoral vorbereiteten Kantate nach der Predigt, nunmehr in *h*-moll und mit Schlußchoral (verstärkt durch Posaunen), der in den Köthener Instrumentalstimmen autograph nachgetragen wurde.
Spätere Wiederaufführung um 1728/31 durch Einlagestimmen (Schlußchoral) mit WZ MA mittlere Form zu den Singstimmen bezeugt (offenbar waren die ersten Einlagestimmen verlorengegangen oder anderweitig verwendet worden).

6   (S. 62, Reformationsfest:) Inzwischen sind zwei autographe Fragmente (Paris, Leningrad) mit Teilen aus Satz 1 und 2 einer bislang unbekannten, gleichfalls für das Reformationsfest bestimmten Fassung der Kantate „Ein feste Burg ist unser Gott" — wir nennen sie BWV 80 b — bekanntgeworden, die durch das im Leningrader Fragment auftretende WZ MA kleine Form (freundliche Mitteilung Wolf Hobohm, Magdeburg) auf den 31. 10. 1723 zu datieren ist. Sie geht demnach der Fassung BWV 80 voraus, für deren Entstehung nach wie vor keine dokumentarischen Belege bekannt sind.

7   (S. 65, BWV 154:) Die Probleme zur Entstehungsgeschichte dieses Werkes werden im Krit. Bericht NBA I/5 sowie in der 2. Auflage meiner *Studien über die frühen Kantaten J. S. Bachs*, Wiesbaden (in Vorb.) erörtert mit dem Ergebnis, daß eine frühere Fassung des Werkes zwar sehr wahrscheinlich anzunehmen, aber nicht sicher nachweisbar ist.
Eine Wiederaufführung ist auf Grund des im Umschlag auftretenden WZ Blasender Postreiter (siehe S. 143) in das Jahr 1736 oder 1737 zu datieren (vgl. die zum WZ genannten Briefdaten).

8   (S. 65, BWV 155:) Die Aufführung dieser und einer Reihe weiterer Kantaten — jeweils bezeichnet mit der Marginalie *TdrLn* — konnte inzwischen durch Textdrucke belegt werden, die Wolf Hobohm in der Saltykow-Stschedrin-Bibliothek in Leningrad aufgefunden hat. Einzelheiten hierzu siehe W. Hobohm, *Neue „Texte zur Leipziger Kirchen-Music"*, in: BJ 1973, S. 5—32. Faksimilewiedergaben der Textdrucke in: BT, S. 422—437.

9   (S. 66, BWV 18:) Obwohl die neu aufgefundenen Textdrucke (siehe N 7) stets nur den Text einer einzigen Kantate zum jeweiligen Tage mitteilen, muß dennoch damit gerechnet werden, daß Bach sowohl zu seiner Kantoratsprobe (siehe N 5) als auch bisweilen an den üblichen Sonn- und Festtagen zwei verschiedene Kantaten aufgeführt hat, und zwar vermutlich vor und nach der Predigt desselben Gottesdienstes. Doch bleibt bis zur Klärung dieser Frage auch die Möglichkeit der Aufführung in zwei verschiedenen Gottesdiensten als Alternativhypothese offen. Eine Begründung dieser Auffassung in meinem Referat *Bemerkungen zu Bachs Leipziger Kantatenaufführungen* (Bericht über die Wissenschaftliche Konferenz im Rahmen des III. Internationalen Bachfestes der DDR, Leipzig 1975, in Vorbereitung).

10   (S. 67, Estomihi:) Die Aufführung der Kantate BWV 22, belegt durch Textdruck Leningrad, ist, da das Aufführungsmaterial des Vorjahres wiederverwendet werden konnte, aus dem überlieferten Handschriftenmaterial nicht zu belegen. — Die in der 1. Auflage dieser

165

Arbeit vermutete Aufführung von BWV 23 dürfte, wie zu N 5 ausgeführt wurde, bereits am 7. 2. 1723 stattgefunden haben; doch ist eine Wiederaufführung 1724 — neben BWV 22 nach dem Aufführungsmaterial des Vorjahres — weder zu beweisen noch auszuschließen.

11 (S. 67, Mariae Verkündigung:) Durch Textdruck Leningrad (siehe N 8) belegt ist nur die Aufführung der Kantate „Siehe, eine Jungfrau ist schwanger", einer verschollenen Komposition, höchstwahrscheinlich von Bach. — Da jedoch das Aufführungsmaterial zu BWV 182 eigens neu angefertigt wurde (WZ, Kopisten!), muß mit der Aufführung auch dieser Kantate gerechnet werden, wobei sich folgende Erklärungsmöglichkeiten anbieten:
a) Die Kantate 182 wurde nach der Predigt (sub communione?) aufgeführt, ihr Text nicht gedruckt (die Frage, ob die sub communione aufgeführte „Music" in die gedruckten Textzettel mitaufgenommen wurde, ist bislang ungeklärt).
b) Die ursprünglich für Palmarum bestimmte Kantate 182, die in Leipzig die vage Bestimmung *Tempore Passionis aut Festo Mariae Annunciationis* erhielt, wurde zu anderem Anlaß aufgeführt; doch läßt sich ein derartiger Anlaß nicht ermitteln.
c) Die Kantate „Siehe, eine Jungfrau ist schwanger" wurde nach Fertigstellung des (bereits mit Septuagesimae beginnenden, also eineinhalb Monate zuvor hergestellten!) Textzettels aus heute nicht mehr erkennbarem Grunde (etwa Verhinderung Bachs an der Komposition eines neuen Werkes, unerwartet starke Inanspruchnahme durch die Vorarbeiten zur Aufführung der Johannes-Passion) gegen BWV 182 ausgetauscht.
Wir werden daher die Aufführung der Kantate 182 auf Grund der diplomatischen Merkmale ihrer Quellen weiterhin auf den 25. 3. 1724 datieren.

12 (S. 68, BWV 4:) Während Hauptkopist B (Meißner) deutlich mit seinen Schriftformen von 1724 auftritt, kann die gleiche Behauptung für Hauptkopist C (siehe S. 80) nicht aufrechterhalten werden. Die Eintragung des Schlußchorals und die Anfertigung des Bctr sind daher erst zu Ostern 1725 anzusetzen. Ob daraus zu schließen ist, daß BWV 4 im Jahre 1724 überhaupt nicht aufgeführt wurde (nach begonnener Vorbereitung des Stimmenmaterials) oder ob etwa die fehlenden Partien aus damals noch vorhandenem älterem Material musiziert wurden, bleibt ungeklärt. Da die Aufführung der Kantate 31 durch die erste Kantorei nunmehr durch Textdruck gesichert ist, könnte eine Aufführung der Kantate 4 entweder in der Universitätskirche oder in der von der zweiten Kantorei betreuten Thomaskirche stattgefunden haben.

13 (S. 82, 17. 6. — 22. 7.:) Durch die Leningrader Textfunde (siehe N 8) konnte diese Lücke teilweise geschlossen werden. Doch bleibt es unklar, ob es sich dabei um Kompositionen Bachs oder um Aufführungen fremder Werke handelt:
17. 3. 3. p. Trin.:
   Ich ruf zu dir, Herr Jesu Christ (Text: Agricola um 1530)
24. 6. Johannis:
   Gelobet sei der Herr, der Gott Israel (Text: Neumeister 1711)
1. 7. 5. p. Trin.:
   Der Segen des Herrn machet reich (Text: Neumeister 1711)
2. 7. Mariae Heimsuchung:
   Meine Seele erhebt den Herrn (Textdichter unbekannt)
8. 7. 6. p. Trin.:
   Wer sich rächet, an dem wird sich der Herr wieder rächen (Text: Neumeister 1711)
Literaturangaben siehe N 8.

14 S. 82, BWV 168:) In den USA ist das Fragment einer Vl-II-Dublette aufgetaucht (WZ unbekannt), geschrieben von Anon. II f und Hauptkopist B (Meißner). Da die Schriftformen des Anon. II f in die Zeit vor 1726 weisen, gewinnt die Datierung der Kantate an Sicherheit.

15 (S. 83, 27. 11., „Auf, süß entzückende Gewalt":) Der Name des später geadelten Bräutigams lautete zur Zeit seiner Hochzeit noch Peter Hohmann (siehe W. Neumann im Krit. Bericht NBA I/40, S. 23).

16 (S. 83, 27. 11. und S. 86, 6. 3., BWV 34a:) Hans-Joachim Schulze, *Neuerkenntnisse zu einigen Kantatentexten Bachs auf Grund neuer biographischer Daten*, in: Bach-Interpretationen, hrsg. von Martin Geck, Göttingen 1969, S. 22—28, schlägt eine Vordatierung der nur annähernd datierbaren Kantate BWV 34a auf den 27. 11. 1725 vor, die in bezug auf den Beruf des Bräutigams (Pastor) glaubhafter scheint als die von uns genannte (vgl. unsere Anm. 58). Andererseits scheint jedoch das Auftreten des Hauptkopisten C als Hauptschreiber in Zusammenhang mit dem Fehlen des Hauptkopisten A (Kuhnau) deutlich in das Jahr 1726 zu weisen. Die Datierung bleibt daher nach wie vor ungesichert.

17 (S. 83 und S. 91 f., 30. 11., BWV 36a:) Hans-Joachim Schulze schlägt in der zu N 16 genannten Schrift eine Vordatierung der Aufführung BWV 36a um 1 Jahr auf den 30. 11. 1725 vor. Grund hierfür ist eine Unstimmigkeit in den Angaben des Textdrucks (*Bey der Ersten Geburts-Feyer . . . 1726* — der erste Geburtstag der neuen Landesmutter fiel bereits in das Jahr 1725!). Da kein Aufführungsmaterial erhalten ist, bietet die vorliegende Studie keine Möglichkeiten zur Klärung

18 (S. 87, 12. 5. Jubilate:) Einem Hinweis von William H. Scheide verdanke ich folgende Erwägung: Die Tatsache, daß zu JLB 8 nur Stimmenmaterial aus späterer Zeit überliefert ist, könnte darauf deuten, daß Bach sich 1726 zwar die Partitur abgeschrieben, nicht aber die Kantate aufgeführt hat. Sollte er die Aufführung zugunsten eines anderen Werkes zurückgestellt haben, so käme hierfür BWV 146 in Frage, — eine Kantate, die in Ermangelung originalen Quellenmaterials heute nicht mehr sicher einzuordnen ist, die aber, da in ihr die ersten beiden Sätze des BWV 1052 zugrundeliegenden Konzerts Verwendung finden, sicherlich früher entstanden ist als Kantate 188, in der dessen dritter Satz wiederverwendet wurde (um 1728 — vgl. S. 98). Da nun die Jubilate-Kantaten der Jahre 1724 und 1725 bekannt sind, bieten sich für BWV 146 die Jahre 1726, 1727 und 1728 an, wobei der Datierung 1726 aus dem obengenannten Grunde ein gewisser Vorrang zukäme.

19 (S. 89, BWV 193; S. 96, Ratswechsel:) Die genaue Datierung der Kantate BWV 193 und ihr Abhängigkeitsverhältnis zu BWV 193a (siehe S. 96) einschließlich der von Friedrich Smend (*Bach in Köthen*, Berlin 1951, S. 53—55) vermuteten Köthener Urform beider bedürfen noch näherer Untersuchung. Vorläufig läßt sich lediglich feststellen:

a) Die Einordnung BWV 193 in das Jahr 1726 ist offenbar zu früh, da die Schriftformen sowohl des Hauptkopisten C (c-Schlüssel) als auch des Anon. IIIh (Violinschlüssel) mit denjenigen in den Werken BWV 232^{III} (Wiederaufführung) und 84 (beide Schreiber) sowie 82 (Anon. IIIh) übereinstimmen, also in die Zeit nach 1726 weisen, und auch die abwärts gestrichenen Halbenoten des Anon. IIIa in dieser Form (Halsansatz in der Mitte) nur noch in BWV Anh. 166 (siehe N 23) auftreten.
b) Das WZ Schwerter II ist für 1727 nicht mehr mit Sicherheit belegt — vgl. jedoch unten zu N 23.
c) Der bei Smend, a. a. O., S. 52 f. mitgeteilte Quellenbefund deutet auf eine Priorität BWV 193a vor 193.
d) Für das Jahr 1727 muß, solange die Angaben Spittas nicht widerlegt sind (siehe oben, S. 96), mit der Aufführung der Ratswechselkantate BWV Anh. 4 gerechnet werden.
Wir werden daher BWV 193 bis auf weiteres „um 1727" datieren und das Ergebnis der Untersuchungen zu NBA I/32 abwarten.

20 (S. 90, BWV 27:) Da sich Meißner (= Hauptkopist B) nur bis längstens 1731 in Leipzig aufgehalten und als Student schwerlich noch Kopierdienste für Bachs Kirchenaufführungen geleistet hat (siehe N 4), scheint die von ihm kopierte Stimme — trotz WZ Heraldische Lilie — schon 1726 entstanden zu sein und bei einer späteren Wiederaufführung die Überschrift *Organo obligato* erhalten zu haben.

21 (S. 95, BWV 157:) Die Tatsache, daß der zur Trauerfeier gedruckte Text einen weiteren Teil, überschrieben *Nach der Predigt* enthält (dieser stammt nicht von Picander, sondern von Lehms 1711 — vgl. H.-J. Schulze in: BJ 1959, S. 168 f.), daß ferner der Titel den *Innen Benannten* — Christoph Gottlob Wecker — als Urheber der Ehrung und damit doch wohl der Komposition nennt (vgl. das Faksimile in BT, S. 390 f.), läßt kaum einen anderen Schluß zu, als daß Bach den Text Picanders (H I) nicht zum 6. 2. 1727, sondern zu Mariae Reinigung (1728 oder später? — zu 1727 siehe oben, S. 94) komponiert hat.

22 (S. 95, Matthäus-Passion:) Weitere, z. T. recht überzeugende Argumente für eine erste Aufführung der Matthäus-Passion am 11. 4. 1727 bringt Joshua Rifkin, *The Chronology of Bach's Saint Matthew Passion*, in: The Musical Quarterly LXI, 1975, S. 360—387.

23 (S. 96, vor „1728":) Mit der Datierung „Um 1727" ist außer BWV 193 (siehe N 19) noch einzufügen:
(Messe:)
BWV Anh. 166 von Johann Nikolaus Bach, belegt durch
Stimmen BALpz *Mus. ms. 8*: WZ = Schwerter II, ICF; Dubletten: MA mittlere Form.
    Kopisten: Hauptkopisten C, B, Anon. III b, II d; Dubletten: Hauptkopist C, Anon. II f, III a, III f.
Schriftformen Anon. III a wie in BWV 193 — siehe N 19.
Aufführung unter Wiederverwendung einer am 16. 9. 1716 in Meiningen angefertigten Partitur. Das Stimmenmaterial stammt möglicherweise von zwei verschiedenen Aufführungen (2. Aufführung mit Horn statt vokalem cantus firmus und mit Dubletten), die jedoch, da die Schriftformen des Hauptkopisten C (Spätform des c-Schlüssels) keinen Unterschied erkennen lassen, zeitlich nahe beieinanderliegen; — oder Umdisposition anläßlich derselben Aufführung?

24 (S. 101, BWV 31:) Während die Stimmen *St 14* nach wie vor unzugänglich sind, erlauben die Ausführungen Wilhelm Rusts in BG 7, S. XXI f. einen — leider nur minimalen — Rückschluß. Rust beschreibt die Schriftzüge eines Kopisten (als denen Bachs ähnlich), der in BWV 29, 31, 36, 37 und 38 auftrete. Die mitgeteilten Notenbeispiele lassen erkennen, daß es sich um Johann Ludwig Krebs handelt und daß dieser in BWV 31 als Schreiber zumindest in der Tromba-II-Stimme (Satz 1) auftritt. Welcher Anlaß zur Neuanfertigung dieser und evtl. weiterer (Trompeten-?)Stimmen geführt hat, ist nicht zu ermitteln.

25 (S. 102, BWV 112:) Die Partitur ist inzwischen zugänglich und wurde von Robert L. Marshall (*The Compositional Process of J. S. Bach* I, Princeton University Press 1972) untersucht. Während die Annahme einer Entstehung um 1729 nunmehr auf Grund des WZ-Befundes endgültig fallen gelassen werden kann, legt die Tatsache, daß Satz 1 in relativer Reinschrift überliefert ist, die Annahme einer früheren Entstehung dieses Satzes — und dann wohl in anderem Zusammenhang — nahe. Doch erscheint Marshalls Datierung zu Misericordias Domini 1725 (a. a. O., S. 27 f.) aus prinzipiellen Erwägungen heraus zweifelhaft: Es liegt grundsätzlich näher, verschollene Kompositionen in die zahlreichen noch bestehenden Lücken zu datieren, als die ohnedies bereits besetzten Daten mit zusätzlichen, mutmaßlich unvollendet gelassenen Kompositionen zu belegen (weitere Erwägungen hierzu siehe meine Rezension in: Die Musikforschung, Jg. 28, 1975, S. 464 f.). Auch die Möglichkeit, daß der Satz 1731 mit Hilfe einer Konzeptvorlage geschrieben wurde, ist nicht auszuschließen.

26 (S. 108 und 111, BWV 207 a:) Werner Neumann hat im Krit. Bericht NBA I/37, S. 22 eine Aufführung BWV 207 a im Jahre 1735 als wahrscheinlicher erkannt.

27 (S. 109, BWV 97:) Wilhelm Rust kombiniert in BG 22, S. XXXIV den autographen Schlußvermerk *1734* mit der Umschlagsnotiz in roter Tinte *6/20* und gelangt so zum Aufführungsdatum 20. 6. 1734. In Wahrheit ist *6/20* jedoch Signatur der Firma Breitkopf &

Härtel, die das Autograph im Jahre 1820 verkauft hat (siehe *Johann Sebastian Bach. Drei Lautenkompositionen in zeitgenössischer Tabulatur... Mit einer Einführung von Hans-Joachim Schulze*, Leipzig 1975, S. VI). Ebensowenig überzeugt Rusts (von Marshall a. a. O., S. 24 übernommene) These, BWV 97 gehe auf eine Komposition Weimarer Ursprungs zurück. Wenn tatsächlich — was im Rahmen der Editionsarbeiten zur NBA zu überprüfen wäre — Teile oder die gesamte Kantate auf früher Komponiertes zurückzuführen sind (vgl. jedoch das autographe Datum!), so besteht vorläufig kein hinreichender Anlaß, dabei an Weimar zu denken.

Dagegen sind zwei Wiederaufführungen zu ergänzen, die erste vor, die zweite vermutlich nach 1742 (BWV 212), belegt durch

a) Nachträge im Bctr (*As*-dur), autograph

b) Neuanfertigung eines Bctr in *G*-dur (WZ undeutlich), autograph

28   (S. 111, BWV 208 — recte: 208 a:) Werner Neumann konnte im Krit. Bericht NBA I/36, S. 10 die Aufführung der Kantate 208 a auf den 3. 8. 1740 oder 1742 datieren. Vgl. auch N 30.

29   (S. 113, Um 1732 bis Anfang 1735, Schluß:) Nachzutragen sind folgende mögliche Aufführungen:

(Sanctus)
BWV 238, belegt durch

Partitur Breitkopf & Härtel Wiesbaden *Mus. ms. 11*: WZ = WELENAV (siehe unten, N 47)
     Kopist = Anon. V f.
Stimmen Brüssel (singuläres WZ)
     Kopist = Hauptkopist F (außer Org.)
Durch WZ und Auftreten des Hauptkopisten F datierbar in die erste Hälfte der 1730er Jahre; doch läßt sich nicht sicher belegen, daß das Material für Bachs eigene Aufführung hergestellt wurde.

(Passionsoratorium)

Noch unklarer bleibt die Frage nach dem Anlaß zur Anfertigung des folgenden Stimmenmaterials:
Georg Philipp Telemann, Passion „Seliges Erwägen", belegt durch
Stimmen Göttingen: WZ = WELENAV (nur Ob I, II, übrige Sti singuläres WZ)
     Kopisten = Hauptkopisten A, B, Anon. Vs.
Der mutmaßliche Hauptschreiber (Stimmen unvollständig) nicht identifiziert. Durch WZ und Auftreten des Anon. Vs datierbar in die erste Hälfte der 1730er Jahre. Dem widersprechen jedoch das Auftreten der in dieser Zeit nicht mehr für Bach tätigen Hauptkopisten A und B (vgl. die zu N 3 und N 4 mitgeteilten Daten) sowie für 1733 die Tatsache, daß am Karfreitag Landestrauer herrschte. — Als vorläufige Hypothese könnte die Annahme einer Aufführung durch das Bachsche Collegium musicum dienen (Aufführung eines Passionsoratoriums in den Leipziger Hauptkirchen unwahrscheinlich — vgl. aber den innerhalb Ob I, II auftretenden Vermerk: *Nach der Predigt*). Auch eine (Leipziger?) Aufführung unter fremder Leitung ist in die Erwägungen miteinzubeziehen.

30   (S. 113, BWV 206:) Werner Neumann konnte im Krit. Bericht NBA I/36, S. 163—168 die Entstehungsgeschichte der Kantate 206 weiter klären. Demnach war die Kantate für 1734 vorgesehen, damals aber zugunsten von BWV 215 zurückgestellt und ist dann vermutlich am 7. 10. 1736 erstmals aufgeführt worden. Eine Wiederaufführung als Namenstagsmusik hat dann vermutlich am 3. 8. 1740 oder 1742, und zwar in dem nicht durch BWV 208 a besetzten Jahr (vgl. N 28), stattgefunden.

31 (S. 114, vor 1742:) Einzufügen sind folgende Aufführungen:

1 7 4 0

29. 8. Ratswechsel:

BWV — „Herrscher des Himmels, König der Ehren", belegt durch
Textdruck (in: *Nützliche Nachrichten* ... 1740. Faksimile in: BT, S. 380 f.).
Aufführungsmaterial bis auf Textfragmente in Partitur BWV 208 verschollen (siehe
BJ 1961, S. 52—57).

1 7 4 0, 1 7 4 2

3. 8. Namenstag Augusts III.:
BWV 206 bzw. 208 a (siehe N 28, N 30).

1 7 4 1

28. 8. Ratswechsel:

BWV Anh. 4, belegt durch
Textdruck (in: *Nützliche Nachrichten* ... 1741. Faksimile in: BT, S. 382 f.).

1 7 4 9

Nach 12. 5. (Schulprogramm Biedermann):

BWV 201, belegt durch
Textheft (bei *P 175*, ohne WZ), datiert 1749, Spätschrift Bachs und Schreiber
J. C. F. Bach — siehe BJ 1963/64, S. 67 f. H.-J. Schulze) und Krit. Bericht NBA
I/40, S. 135 f. (W. Neumann).

32 (S. 116, nicht datierbare Werke um 1735/50:) Nachzutragen sind folgende Werke:

(Kirchenmusik, Bestimmung unbekannt:)
Palestrina-Bach, „Tilge, Höchster, meine Sünden" (51. Psalm), belegt durch
Particell BB *Mus. ms. 30199*: WZ = EGER/CCS.
Stimmen BB *Mus. ms. 17155/16*: WZ = Heraldische Lilie / Monogramm
  Kopist = **J. C. Altnickol**
Vgl. BJ 1961, S. 35—51 (E. Platen) und BJ 1968, S. 89—100 (A. Dürr). Nach
Schriftformen Bachs und Aufenthalt Altnickols in Leipzig in die Zeit 1744/48 zu
datieren, vielleicht um 1748 (BJ 1970, S. 47).

(Messe:)
Bassani, Messe *F*-dur mit Credo-Einschub von Bach, belegt durch
Partitur (teilautograph) SPK *Mus. ms. 1160*: WZ = ZVMILIKAV (u. a.)
  Kopist der nichtautographen Teile = Anon. **Vp**
Siehe Georg von Dadelsen, *Eine unbekannte Messen-Bearbeitung Bachs*, in: Festschrift K. G. Fellerer, Regensburg 1962, S. 88—94. Die Messenabschrift selbst wohl
schon um 1735/40; Bachs Credo-Einschub nach Schriftformen Bachs wohl nach 1742
(BWV 212).

33 (S. 117 f., BWV 210, 210 a:) Während für die durch St 72 bezeugten (mutmaßlich) drei
Aufführungen der Kantate 210 a vor Wiederauftauchen der verschollenen Stimme keine
Neuerkenntnisse zu erwarten sind, konnte Werner Neumann im Krit. Bericht NBA I/40,
S. 52—59 den Quellenbefund zu BWV 210 weiter klären (vgl. auch Krit. Bericht I/39 zu
BWV 210 a). Demnach ist die von uns unter a) verzeichnete Aufführung mit dem von
Agricola geschriebenen Stimmenmaterial der Fassung BWV 210 (nicht 210 a) zuzuordnen;
sie geht den drei Aufführungen BWV 210 a voraus, während ihnen die von uns unter b)
verzeichnete Wiederaufführung folgt. Die beiden autographen Zeugen dieser zweiten
Aufführung sind nach Neumann — entgegen unserer Charakteristik als Spätschrift — als
extrem kalligraphische Kopien zeitlich kaum einzuordnen; doch möchte ich daran fest-

halten, daß es sich um eine Niederschrift der 1740er Jahre handelt (nur Bachs allerletzte Lebensjahre lassen sich ausschließen), was auch mit Neumanns Datierungsvorschlägen zum 3. 4. 1742 oder zum 6. 2. 1744 übereinstimmt.

34 (S. 118, nicht datierbare Werke um 1735/50:) Nachzutragen ist:

(Kantate, Bestimmung unbekannt:)
BWV 1045, belegt durch
Partitur SPK *P 614* (Fragment): WZ = Doppeladler/HR
Nach Schriftformen Bachs etwa um 1742 (BWV 212) einzuordnen.

35 (S. 118, Wiederaufführungen:) Die Tilgungen BWV 133, 126, 178 und 94 (z. T.) im Hinblick auf den mutmaßlich erst nach 1750 anzusetzenden Wiederaufführungstermin; vgl. auch S. 143 (zu Heraldisches Wappen von Zedwitz/IWI) und 155 (zu Anon. Vo). —

Nachzutragen sind folgende Wiederaufführungen:

(statt BWV 126:)	246	Spätschrift Bachs	(nicht ermittelt)
(nach BWV 170:)	187	Spätschrift Bachs	(Eintragung in vorhandene S-Sti)
(nach BWV 139:)	97	Bachs Schrift vor ca. 1742	(Nachtrag in ältere Bctr.-Sti: N 27)
	97	Bachs Schrift nach ca. 1742	(undeutlich: N 27)

Zu BWV 246 vgl. Yoshitake Kobayashi, *Zu einem neuentdeckten Autograph Bachs*, in: BJ 1971, S. 5—12.

Nachträge zu Anhang A (Wasserzeichen)

Auff.-Datum	BWV Nr.	Partitur	Stimmen	Bemerkungen
36		zu „MA kleine Form" (S. 126)		
1723				
8. 8.	199	(Weimar)	*St 459*: Vl I	Zuweisung hypothetisch (Stege)
10. 10.	162	(nicht erhalten)	*St 1*: Vl, I, II, Vc	übrige Sti: Weimarer
31. 10.	80 b	Fragment Leningr.	(nicht erhalten)	WZ vgl. N 6
37		zu „Halbmond" (S. 126 ff.)		
1725				
1. 4.	4	(nicht erhalten)	Thom, Bctr	vgl. IMK,
(3. 4. ?)				vgl. Schwerter I
1726				
3. 2.	JLB 1		*St 310*: Vl I (u. a. ?)	vgl. Schwerter II
38		zu „Adler + H" (S. 129)		
1724				
24. 9.	8	(nicht erhalten)	Brüssel, 5 Sti	vgl. Halbmond
39		zu „Schwerter II" (S. 131 f.)		
unklar	Anh. 166		BALpz *Mus. ms. 8*, 1 Sti	vgl. Wolff, S. 161, 3, ferner N 41, N 44
40		zu „GM" (S. 133)		
unklar	Anh. 25	BALpz *Mus. ms. 9*	(nicht erhalten)	vgl. Wolff, S. 162, 14
41		zu „ICF" (S. 133 ff.)		
unklar	Anh. 166		BALpz *Mus. ms. 8*, 9 Sti	vgl. N 39, N 44
42		zu „Schönburger Wappen" (S. 135 f.)		
1734				
28. 11.	Telemann, „Machet die Tore weit"		SPK *Mus. ms. 21740* (Umschlag)	vgl. ZVMILIKAV
43		zu a) Posthorn an Band, auf Steg (S. 137) b) GV (CV?)		
1731				
8. 4.	112	Pierpont Morgan Library, N. York		vgl. MA mittl. Form

Auff.-Datum	BWV Nr.	Partitur	Stimmen	Bemerkungen
44		zu „MA mittlere Form" (S. 138 f.)		
unklar	117	SPK *N. Mus. ms.* 34	(nicht erhalten)	
unklar	Anh. 26	BALpz *Mus. ms.* 10	(nicht erhalten)	vgl. Wolff, S. 161, 2
unklar	Anh. 166		BALpz *Mus. ms. 8*, 2 Sti	vgl. N 39, N 44
unklar	Händel, Armida abandonata		Darmstadt, Vl II, Bc	Vl I ohne Zeichen
45		zu „MA große Form" (S. 140 f.)		
unklar	Lotti, Missa	BB *Mus. ms.* 13161	(nicht erhalten)	vgl. Wolff, S. 161, 8
unklar	Anh. 167	SPK *P 659*	(nicht erhalten)	vgl. Wolff, S. 162, 15
46		zu „ZVMILIKAV" (S. 141 f.)		
1734 28. 11.	Telemann, „Machet die Tore weit"	P 47/3 ganz	SPK *Mus. ms.* 21740/10, ältere Sti	vgl. N 42
unklar	Bassani, Missa F	SPK *Mus. ms.* 1160	(nicht erhalten)	vgl. Wolff, S. 161, 4
47		Füge neu ein (S. 142): „WELENAV" a) WELENAV in geschwungenem Schriftband b) S		
		In Bachs Originalschriften nachweisbar 1734 (Datum unbekannt)		
1734 ?	97		St 64, Vl, II, Va	vgl. ZVMILIKAV, MA große Form kaum Originalhandschrift
unklar	36	SPK *Am. B.* 106	(nicht erhalten)	
unklar	238	B & H Wiesbaden *Mus. ms.* 11	(Sti Brüssel singuläres WZ)	vielleicht keine Originalhandschrift
unklar	Telemann, „Seliges Erwägen"	Zugehörige P nicht ermittelt	Göttingen, Ob I, II	vielleicht keine Originalhandschrift
48		zu „Doppeladler" (S. 142)		
unklar	200	Privatbesitz	(nicht erhalten)	Variante des WZ
unklar	Palestrina, Missa sine nomine	(nicht erhalten)	BB *Mus. ms.* 16714	vgl. Wolff, S. 161, 9
unklar	Peranda, Kyrie C	(nicht erhalten)	SPK *Mus. ms.* 17079/10, Cembalo	vgl. Wolff, S. 161, 10

49 (S. 147, Hauptkopist A:) Nachzutragen sind folgende Bemerkungen:
Zur Identifizierung des Schreibers siehe oben, N 3.
Die Schriftform a) auch in den Probekantaten Graupners vom 17. 1. 1723 (Einzelheiten siehe N 3).
Zu a), BWV 76: Violinschlüssel tritt nicht auf; vereinzelt späte Sechzehntelformen; Datierung jedoch durch WZ und Datierung der Partitur (siehe oben, S. 58) sowie durch allgemeines Schriftbild gesichert.
Zu b), BWV 153: In T vereinzelt späte Sechzehntelformen.
Ferner erfaßt in der Passion „Seliges Erwägen" von G. P. Telemann (Ob I, II).

50 (S. 147 f., Hauptkopist B:) Nachzutragen sind folgende Bemerkungen:
Zur Identifizierung des Schreibers siehe oben, N 4.
Ferner erfaßt in den zu N 3 genannten Probestücken Graupners vom 17. 1. 1723 (Einzelheiten siehe N 4), in der Messe g-Moll von Johann Hugo von Wilderer (siehe Wolff, S. 162, 13) sowie in der Passion „Seliges Erwägen" von G. P. Telemann (Ob I).

51 (S. 150, Anonymus I d:) Inzwischen identifiziert als Johann Christian Köpping durch H.-J. Schulze, *Beiträge zur Bach-Quellenforschung*, in: Kongreßbericht Leipzig 1966, Kassel etc. und Leipzig 1970, S. 271.

52 (S. 150, Anonymus I j:) Inzwischen identifiziert als Christian Gottlieb Gerlach durch H.-J. Schulze (wie zu N 51).

53 (S. 153, Anonymus III f:) Inzwischen identifiziert als David Salomon Reichardt durch H.-J. Schulze (wie zu N 51).

54 (S. 154, Anonymus V g:) Inzwischen identifiziert als Friedrich Christian Samuel Mohrheim durch G. von Dadelsen (siehe Krit. Bericht NBA II/6, S. 124 sowie das Faksimile in: *Danziger Kirchen-Musik*, hrsg. von F. Keßler, Neuhausen-Stuttgart 1973, S. LXXIV).

55 (S. 155, Anonymus V n:) Nachdem sich die ursprüngliche Vermutung, die Brüsseler Stimmen zu BWV 8 könnten auch Material aus späterer Zeit (nach 1724) enthalten, sowohl aus dem Papierbefund wie auch aus inhaltlichen Gründen als unzutreffend erwiesen hat, bedarf die Zuweisung der erfaßten Eintragungen an einen und denselben Schreiber weiterer Überprüfung. Als gesichert darf gelten, daß die offenbar nachträglich gefertigten Stimmen zu BWV 94 und 101 größtenteils vom selben Schreiber angefertigt wurden; dieser ist weiterhin als Anonymus V n zu führen. Ferner tritt eine auffallend ähnliche, aber wesentlich flüchtigere Schriftform auf, und zwar in einem Trav-Teilstück zu BWV 94 sowie in den nicht von Hauptkopist B geschriebenen Partien Fl piccolo und Trav zu BWV 8. Der Schreiber dieser Partien ist möglicherweise mit Anonymus V n identisch.

56 (S. 155, Anonymus V q:) Die vermutete Identität mit Johann Christoph Friedrich Bach inzwischen erwiesen durch H.-J. Schulze, *Frühe Schriftzeugnisse der beiden jüngsten Bach-Söhne*, in: BJ 1963/64, S. 61—69, hier: S. 67.

Inhalt

Vorwort zur 2. Auflage 3

Zur Chronologie der Leipziger Vokalwerke J. S. Bachs

Abkürzungen 5

(Einleitung) 6

I. Die Bachschen Originalhandschriften 8

II. Die Überlieferung der Originalhandschriften 10

III. Versuch einer Rekonstruktion der Kantatenjahrgänge 11

IV. Relative Chronologie der Jahrgänge I bis III und der im gleichen Zeitraum entstandenen übrigen Vokalwerke 20
    1. Die Hauptkopisten 21
    2. Die Wasserzeichen 35

V. Die Datierung der Jahrgänge I bis III und der im gleichen Zeitraum entstandenen übrigen Vokalwerke 39
    1. Jahrgang I 40
    2. Jahrgang II 43
    3. Jahrgang III 49

VI. Spätere Vokalkompositionen 51
    1. Jahrgang IV 51
    2. Werke nach 1729 52

VII. Kalender der sicheren und mutmaßlichen Aufführungen von Vokalwerken unter Johann Sebastian Bach in Leipzig 56

Nachtrag 119

Nachwort 120

Anhang A: Die wichtigsten Wasserzeichen in den Leipziger Originalhandschriften J. S. Bachscher Vokalwerke in chronologischer Folge 121

Anhang B: Die wichtigsten Kopisten in den Leipziger Originalhandschriften J. S. Bachscher Vokalwerke in chronologischer Folge 145

Anhang C: Verzeichnis der ermittelten Aufführungen 1723 bis 1750. Nach BWV-Nummern geordnet (Neufassung 2. Auflage) 156

Nachtrag (2. Auflage) 163

Bach-Literatur bei Bärenreiter

Bach-Dokumente

Herausgegeben vom Bach-Archiv Leipzig unter Leitung von Werner Neumann. Vier Bände. Über 2000 Seiten, zahlreiche Tafeln mit Abbildungen und Faksimiles. Leinen. Supplement zu: Johann Sebastian Bach, Neue Ausgabe sämtlicher Werke.

Johann Sebastian Bach
Leben und Werk in Dokumenten

Bärenreiter-Taschenbuch. Zusammengestellt von Hans-Joachim Schulze aus: Bach-Dokumente (Band 1—3). 206 Seiten, 1 Faksimile und 1 Notenbeispiel im Text. Kartoniert.

Johann Sebastian Bach
Zeit, Leben, Wirken

Elf Essays von Walter Blankenburg, Georg von Dadelsen, Wolfgang Dömling, Alfred Dürr, Jürgen Eppelsheim, Ludwig Finscher, Harald Keller, Hans-Günter Klein und Christoph Wolff. Herausgegeben von Barbara Schwendowius und Wolfgang Dömling. Geleitwort von Andreas Holschneider. 179 Seiten, 158 schwarzweiße und 11 vierfarbige Abbildungen. Leinen mit Silberprägung.

Johann Nikolaus Forkel

Über Johann Sebastian Bachs Leben, Kunst und Kunstwerke. Herausgegeben und mit einem Nachwort versehen von Walther Vetter. Fünfte Auflage. 158 Seiten, 8 Tafeln mit 16 Abbildungen, 1 Frontispiz, Notenbeispiele im Text (Fig. 1—18). Leinen in Schuber.

Wilibald Gurlitt

Johann Sebastian Bach. Der Meister und sein Werk. Vierte, verbesserte Auflage. 116 Seiten, 1 Titelbild. Pappband.

Alfred Dürr

Die Kantaten von Johann Sebastian Bach. Bärenreiter-Taschenbuch, Originalausgabe. Zwei Bände. 762 Seiten, zahlreiche Notenbeispiele im Text, mehrere Register. Kartoniert.

Walter Blankenburg

Einführung in Bachs h-moll-Messe BWV 232. Bärenreiter-Taschenbuch. Dritte, für die Taschenbuchausgabe völlig neu bearbeitete Auflage. 111 Seiten, 4 Abbildungen, 1 Faksimile und zahlreiche Notenbeispiele im Text. Mit vollständigem Text des Werkes. Kartoniert.

Wilhelm Ehmann

Concertisten und Ripienisten in der h-moll-Messe Johann Sebastian Bachs. 63 Seiten. Kartoniert.

Hermann Keller

Das Wohltemperierte Klavier von Johann Sebastian Bach. Werk und Wiedergabe. Bärenreiter-Taschenbuch. Zweite, unveränderte Auflage. 197 Seiten, zahlreiche Notenbeispiele im Text. Kartoniert.

Gerhard Hahne

Die Bach-Tradition in Schleswig-Holstein und Dänemark. Eine musikhistorische Skizze. 42 Seiten, zahlreiche Notenbeispiele im Text und im Anhang. Reihe „Kieler Schriften zur Musikwissenschaft", Band 3. Kartoniert.

Günther Stiller

Johann Sebastian Bach und das Leipziger gottesdienstliche Leben seiner Zeit. 260 Seiten. Kartoniert.